数字经济时代新赛道

——工业互联网标识解析创新应用实践与探索

荆书典　编审

李庆辉　郭晨曦　张玉玺　著

山东大学出版社
SHANDONG UNIVERSITY PRESS
·济南·

图书在版编目（CIP）数据

数字经济时代新赛道：工业互联网标识解析创新应用实践与探索 / 李庆辉，郭晨曦，张玉玺著. --济南：山东大学出版社，2023.12

ISBN 978-7-5607-7960-7

Ⅰ.①数… Ⅱ.①李… ②郭… ③张… Ⅲ.①互联网络—应用—工业发展—标识—研究 Ⅳ.①F403-39

中国国家版本馆CIP数据核字（2023）第200992号

责任编辑 李昭辉
封面设计 王秋忆

数字经济时代新赛道
SHUZI JINGJI SHIDAI XIN SAIDAO
——工业互联网标识解析创新应用实践与探索

出版发行 山东大学出版社
社　　址 山东省济南市山大南路20号
邮政编码 250100
发行热线 （0531）88363008
经　　销 新华书店
印　　刷 山东新华印务有限公司
规　　格 720毫米 × 1000毫米 1/16
　　　　 18.5印张 256千字
版　　次 2023年12月第1版
印　　次 2023年12月第1次印刷
定　　价 86.60元

全力驶入新赛道（代序）

进入21世纪，特别是进入21世纪的第二个十年以来，数据作为新型的生产要素，对人类社会生产方式的变革产生了重大影响，以数据要素与数字技术的广泛使用为标志的数字经济时代已然到来。我国的数字经济规模已经从2012年的11万亿元增长到2022年的50.2万亿元，数字经济占国内生产总值比重也由21.6%提升至41.5%，数字经济已然成为有效推动经济高质量发展的新动能和新引擎。

随着数字经济的加速发展，工业互联网已经成为驱动新一轮科技革命和产业变革的关键力量。当前，工业互联网产业正在开展“竞速跑”，谁的企业活力更足、发展更快、创新能力更强，谁就能跑在前面。作为工业互联网创新发展的参与者和见证者之一，我越来越深刻地感受到，互联网在中国快速发展20多年后，正在跨入一个全新的阶段。中国主导的新一代工业互联网是基于IPv6和标识解析体系的互联网，通过对基于IPv4的传统互联网（可实现人机结合、智能终端、工业设备“万物互联”）基础上的更新换代，将实现人与计算机、智能终端、工业设备和过程信息要素的“万物智联”。通过新一代信息技术的高度融合，中国工业互联网将构建起服务于全社会要素、全产业链、全价值链、全生命周期的一个全新网络生态。

如果说互联网的上半场属于消费互联网，那么下半场的主角一定是工业互联网。作为数字经济的新引擎，中国工业互联网近年来发展迅速。

2022年11月20日，在“2022中国5G＋工业互联网大会”开幕式上，工业和信息化部信息通信管理局举行了工业互联网标识解析体系——国家顶级节点全面建成发布仪式，这标志着工业互联网标识解析体系——“5＋2”国家顶级节点全面建成，集中打造了自主可控、开放融通、安全可靠的标识解析体系，开启了工业互联网全要素、全产业链、全价值链全面连接的新时代。

潮起当击楫中流，风来要扬帆远航。踏上“数字中国”建设新征程，为数字经济发展赋能理应成为企业当仁不让的责任。通过新一代工业互联网推动数字经济快速发展，目前来看有三个重要阶段：第一个阶段是标识方法的研究，主要是探索研究服务于各社会要素的标识方法，确定标识体系，从而形成规范标准；第二个阶段是用平台支撑服务，基于标识技术规范和标准构建服务于工业互联网的核心基础设施——标识注册与标识解析系统平台，进而构建基于工业互联网唯一标识的数字化服务平台，通过平台的应用来验证标识方法；第三个阶段是场景的应用实践，主要是通过标识方法支持平台建设，平台的服务能力体现服务价值，皆是为了助力中国企业的数字化转型，提高中国企业数字经济新时代的核心竞争力。

工业互联网发展到今天，平台的服务正变得越来越完善。目前，人们可以通过工业互联网标识解析体系（如大陆通工业互联网仪表平台）注册自然人、法人、产品或者数据等，获得新的工业互联网标识解析体系中具有唯一性的识别代码，从而建立起新的信用体系。低成本地应用高可靠性、高安全性的工业互联网生态资源，既能提高产品的信用度，又可以创造新的数据资产，增加新的经济总量，使企业率先进入数字经济新时代，这也是我们期望通过本书达到的目的之一。

工业互联网既是新一代信息通信技术的产物，也是与工业、经济深度融合的新型基础设施、应用模式和工业生态，它通过对人、机、物、系统等的全面连接，构建起覆盖全产业链、全价值链的全新制造和服务体系，为工业乃至产业数字化、网络化、智能化发展提供实现途径。本书中也详细记述了工业互联网的发展历程，以及中国提出的新一代工业互联网与基于IPv4互联网发展起来的信息化时代工业互联网的不同之处，回答了工业互联网已经成为全面开启数字经济新时代“金钥匙”的历史之问。

作为工业互联网三大体系之一，工业互联网平台是工业全要素连接的枢纽和工业资源配置的核心，是大国博弈的新领域、产业布局的新方向、企业竞争的新赛道，其平台建设及应用已成为实现数字化转型的重要手段。标识解析体系是工业互联网的重要基础设施，是支撑万物互联的“神经中枢”。

“君子之学必日新。日新者，日进也。不日新者必日退，未有不进而不退者。”济南大陆机电股份有限公司（下文简称“大陆股份”）作为国家重点支持的专精特新小巨人企业、国家高新技术企业和国家火炬计划软件产业基地骨干企业，始终以科技创新为驱动力，承担了工业和信息化部2019年工业互联网创新发展工程，建设了工业互联网标识解析二级节点（仪表行业应用服务平台），为仪表行业用户提供了便捷的标识编码注册和标识解析服务，促进了仪器仪表的质量管理、重要产品追溯和产品全生命周期管理，为素有“工业的眼睛”之称的仪表行业构建起一个全新生态，必将推动中国工业互联网的进一步发展，为构建“数字中国”贡献出一份重要力量。本书第一章主要记述了工业互联网；第二章和第三章以大陆股份规划建设的大陆通工业互联网仪表平台为例，详细记述了工业互联网平台的应用场景、应用服务能力、应用价值以及我国自主规划、设计、建设的国家工业互联网标识解析体系的重大意义。

计量是实现单位统一、保证量值准确可靠的活动，是科技创新、产业发展、国防建设和保障民生的重要基础，是构建一体化国家战略体系和能力的重要支撑，关系着国计民生。本书第四章立体展示了人类有史以来，在计量1.0时代、计量2.0时代和计量3.0时代发生的深刻变革，以大陆股份主导编制国家标准《计量器具识别编码》、推动中国智慧计量的发展为切入口，全面描述了计量的发展脉络及计量3.0时代对人类未来产生的深刻影响。

人类迈入21世纪以来，大数据、人工智能、5G等数字技术的一系列突破和发展，正在给人类的生产生活带来广泛而深刻的影响。特别是数字技术催生了新一轮科技革命和产业变革，正在给全球发展和人类生产生活带来翻天覆地的变化，一个全新的数字经济新时代正加速到来。本书第五章全面记述了两个数字化的特征和数字化转型的必要性，重点展现了我国顺应信息革命大势，把“数字中国”建设作为构建中国式现代化的重要引擎，加快建设网络强国的战略选择对我们深刻理解数字经济、“数字中国”的内涵具有重要帮助。

本书第六章则以纪实文学的笔调，细致回忆了大陆股份一步步成长的往事。回首过往，感慨万千。犹记得自己初创大陆股份时，加班熬夜是家常便饭，常常忘记休息和吃饭，甚至连季节变换都忽略了。记得1994年春天的一天，我走出办公室，夜色包围了整座城市，天空中零星飘落的雨丝在昏黄的路灯下闪着光。微风拂过，它们跳跃着、飞舞着落到我手中的文件夹上。寒意褪去的泉城有了些许新绿，柳树枝头纷纷吐出嫩芽，在春雨无声无息的滋润下成长。想到初创的大陆股份，一个信念在我心中萌生——“逢山开路，遇水搭桥”，一步一个脚印地朝前走。2023年是大陆股份创立三十周年，正是基于坚定的信念，大陆股份才慢慢在泉城这片土地上生根发芽，并茁壮成长为中国工业互联网领域的一棵参天大树。

心有所信，方能行远。大陆股份始终相信中国的工业互联网发展道路会越走越宽，企业以建成仪器仪表行业首个上线的、唯一获得中国互联网域名服务许可证的工业互联网标识解析二级节点——大陆通工业互联网仪表平台为契机，聚焦智慧计量、能源管理、智能制造、绿色低碳等领域，不断丰富和拓展新的应用场景，与行业伙伴携手，构建工业互联网标识解析产业生态，让“取之不尽，用之不竭”的数据资源为数字经济和“数字中国”建设贡献力量。

本书用真实和翔实的数据、权威人士的观点和关键的政策文件，为读者呈现了数字经济时代的一条全新赛道，不仅意在让读者认识工业互联网、标识解析体系、计量等的发展历程，而且以大陆通工业互联网仪表平台为蓝本，以该平台的应用服务能力和应用场景为案例，让读者全面了解这一全球科技和产业创新的新生事物及其给人们的生活带来的变化。可以说，这是一部详细记述工业互联网发展和标识解析体系的专业著作，一部完整记述工业互联网标识解析体系重大意义和二级节点创新发展模式的读本。

在此，我要感谢山东省青年作家协会副主席、山东省企业文化学会副会长、《联合日报》社总监郭晨曦先生，山东省青年作家协会秘书长李庆辉先生，山东省食品工业协会、山东省循环经济协会副秘书长、《联合日报》社的张玉玺先生，正是他们的积极策划、细致采访、查阅大量资料和调研，以及后期的认真撰写、修改和完善，才有了本书的面世。

百舸争流千帆竞。工业互联网的帷幕刚刚拉开，标识解析的创新应用实践与探索仍在起步阶段，相信本书的出版对普及工业互联网、标识解析体系、物联网计量知识，帮助大众打开对数字经济发展新趋势的认知大门，会发挥积极的作用。

是为序。

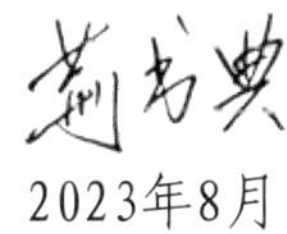

2023年8月

目录 contents

书典观察：

人类历史发展到今天，一个公认的事实是中国正在成为第四次工业革命的“弄潮儿”。随着“数字经济”“5G”“大数据”“区块链”“人工智能”等不断涌入第四次工业革命浪潮，作为工业革命的重要基石——工业互联网，已经成为众多“中国智造”“中国创造”走上世界舞台的根本支撑。

工业互联网作为新一代信息通信技术与工业、经济深度融合的新型基础设施、应用模式和工业生态，通过对人、机、物、系统等的全面连接，构建起覆盖全产业链、全价值链的全新制造和服务体系，为工业乃至产业数字化、网络化、智能化发展提供了实现途径，开启了互联网新时代。

中国提出的工业互联网是新一代的工业互联网，不同于基于IPv4互联网发展起来的信息化时代的工业互联网。中国工业互联网是基于IPv6，特别是依托自主规划设计的工业互联网标识解析体系而建设，是数字化时代的工业互联网。中国工业互联网以工业为起点，进而为社会全要素服务。

第一章·工业互联网，开启互联网新时代[①]

荆书典：工业互联网不是互联网在工业上的简单应用，而是具有更为丰富的内涵和外延。它以网络为基础，以平台为中枢，以数据为要素，以安全为保障，既是工业数字化、网络化、智能化转型的基础设施，又是互联网、大数据、人工智能与实体经济深度融合的应用模式，还是一种新业态、新产业，将重塑企业形态、供应链和产业链。

基于工业互联网的重大意义，它已经成为全球主要工业国家抢占产业竞争新制高点、重塑工业体系的共同选择。

第一节 开启互联网新序章的工业互联网

谁都无法否认，互联网是一个伟大的发明，是一场科技革命。

从1969年美国国防部创立的“阿帕网”开始算起，互联网已走过了半个多世纪的历程。如果说1989年万维网（WWW）的诞生让网络世界“忽如一夜春风来”，那么1998年Windows 98操作系统的横空出世则让“门户网站”的概念漂洋过海，真正算是让互联网“飞入寻常百姓家”。可以这么说，正是在改革开放二十周年的1998年，互联网在中国实现了从0到1的突破。

①本章参与编写人员：李福蕾。

不可否认的是，开放的互联网在中国改革开放的浪潮中扮演了至关重要的角色，上演了一首牵动中国社会与经济脉动的壮丽史诗。自1994年4月20日我国接入第一根网线开始，短短几十年的时间，中国就经历了个人计算机（PC）互联网时代、移动互联网时代和商业社交互联网时代三个阶段，而今正在迈入一个新的工业互联网时代。

到目前为止，没有哪样科技发明能像互联网一样如此深刻地改变人们的生活，汽车、飞机、高铁缩短了距离，电报、电话改善了沟通，但都没有像互联网那样无远弗届地渗透到生活的方方面面。互联网开启了一个大连接时代，让世界变成了“鸡犬之声相闻”的地球村。千百年来，人们的交流主要依靠书信、飞机，有了互联网，人们随时随地可以通过电子设备进行交流。互联网改变了人们的生活方式，网络时代出现的各种社交软件扩大了人们的交友圈，时至今日，人们的购物、订餐、出行、娱乐等日常生活几乎都离不开互联网。

可以说，互联网不仅方便了人们的吃穿住行，也丰富了人们的日常生活。特别是在消费互联网时代，互联网对经济的发展造成了根本性的影响，从门户网站推广到搜索引擎的火爆，从线上线下激烈竞争到直播带货的巨额销量，再到各种电商平台，还有共享经济、在线支付等，都极大地改变了人们的社会经济活动，互联网经济在体量和形式上实现了不断的更新迭代。

在农业方面，随着互联网的发展，信息也更加普及了。从前期购买农资产品，到后期获取农业技术，再到了解农产品的市场行情和国家政策信息，都可以通过互联网来完成，提高了农业生产的科学性和效益。同时，电子商务平台的兴起为农产品的展示和销售提供了新的渠道，农民可以直接与消费者和商家进行交流和开展交易，实现了农产品价值的最大化。

那么，在工业方面互联网又给人们带来了什么发展？2012年11月26日，美国通用电气（GE）公司发布了名为《工业互联网：打破智慧与机器的边界》的白皮书，提出了“工业互联网”（Industrial Internet）的概念。在这份白皮书中，这样定义了工业互联网的核心要素：借数字化之手，链接工业生产最核心的设备、人与数据。GE公司认为，在波澜壮阔的市场前景下，不论是满足安全要求和实时可靠的工厂内网、工厂外网和标识解析等基础业态，还是工业运营产生的智能化生产、网络化协同、数据同步、人工智能改造等新业态，工业互联网都是产业升级的核心手段。

基于GE公司提出的概念，美国工业互联网产业联盟和相关的行业标准应运而生。为响应美国政府提出的“再工业化战略”，美国制造业与信息技术（IT）巨头抱团的工业互联网联盟（IIC）和美国国防部组织的“美国数字制造与设计创新机构”（DMDII）先后成立，吸收了一批工业企业、高等院校、研究所、商业组织等加入。

在这股世界科技潮流面前，其他国家也不甘落后。

2011年1月，德国科学研究联盟最早提出了“工业4.0”的概念，并认为工业4.0是基于信息物理系统（CPS）的第四次工业革命。2013年，德国提出了“工业4.0”战略，旨在基于CPS技术帮助德国企业增强产品竞争力，实现从集中式控制向分散式增强型控制的基本模式转变，将制造业向智能化转型，提升企业的全球化能力。

2013年9月，法国政府提出了“新工业法国”战略，聚焦大数据、物联网、超级计算机等前沿科技领域，并将其作为重点发展方向，旨在通过新一代数字技术推动产业（尤其是工业）的数字化变革。

2013年10月，英国政府推出了《英国工业2050战略》。该文件指出，科技改变生产，信息通信、新材料等科学技术在未来与产品、生产网络的融合将极大地改变产品设计、制造、提供甚至使用方式，未来制造业的主要发展趋势是个性化的低成本产品需求增加、生产重新分配和制造价值链的数字化。

为保持制造业领先地位，实现进一步的赶超，日本产业界在2015年提出了“工业4.1J”计划，将工业智能化从单一企业延伸到产业整体价值链。日本的“互联网＋制造业”发展计划完全是自下而上进行推动的，该计划的主要目的是将日本分散在世界各地的工厂串联起来，实现集安全管理、资产管理、零件订购管理、远程服务、控制技术支持等于一体的智能工厂环境，利用云端技术监控系统实时观察生产情况，实现安全的资产管理、采购管理、远程服务、高级控制技术支持环境，掌握现场控制系统的异常运行情况。

值得一提的是，在全球应对工业互联网的浪潮中，当许多企业还在聚焦内部的互联互通问题时，日本产业界已经另辟蹊径，提出了“工业价值链”的策略。该策略致力于探讨企业的相互连接问题，建立一个生态系统，让企业集体受益。

再来看中国。有人认为，中国最早提出“工业互联网”的概念是在2015年。2015年7月印发的《国务院关于积极推进“互联网＋”行动的指导意见》中指出，要以智能工厂为发展方向，开展智能制造试点示范，加快推动云计算、物联网、智能工业机器人、增材制造等技术在生产过程中的应用，推进生产装备智能化升级、工艺流程改造和基础数据共享。

事实上，在中国，“工业互联网”的概念很早就有了。据笔者了解，2004年，上海可鲁系统软件有限公司就提出了“工业互联网”的概念，并一直在探索怎样把工业设备通过公用互联网互联互通。该公司认为，从技术的层面来说，工业互联网属于对交叉性学科的综合应用，涉及工业信息安全、网络通信技术、广域自动化三个领域的问题。只有把这三个领域的技术融合在一起，才能构成工业互联网的基础架构。该公司提出，可以从两个角度理解工业互联网：一是依托公众网络连接专用网络、局域网，如石油传输管线、铁路交通、电网等；二是以生产自动化为基础，实现企业全面信息化，然后再变成工业互联网。

不可否认的是，在“工业互联网”这一概念萌芽破土的时代，“产业升级”的概念正伴随着全球化工业转型升级的浪潮，让世界各国和跨国企业在广阔的想象空间和巨大的市场份额中遥相呼应，巨头间博弈与合作并存的刀光剑影拉开了帷幕。

面对作为第四次工业革命重要基石的工业互联网，中国后知后觉了吗？当然没有！中国作为目前世界上唯一拥有完整工业体系的国家，其实很早就灵敏地觉察到了工业互联网的端倪。早在2007年，位居中国电子信息百强企业之首的海尔集团就在工业互联网赛道上积极布局；2008年，中国机械工业的行业翘楚三一集团就在工业物联网领域开始探索实践；2009年，山东的济南大陆机电股份有限公司（下文简称“大陆股份”）作为国家重点支持的专精特新小巨人企业，就启动了计量器具识别编码的研究与开发工作，只是那个时候时机尚未成熟。

2017年11月，《国务院关于深化“互联网＋先进制造业”发展工业互联网的指导意见》印发，工业互联网自此正式上升为国家战略，成为新基建的重要领域。同样是在2017年11月，中共中央办公厅、国务院办公厅印发了《推进互联网协议第六版（IPv6）规模部署行动计划》。

这两份重要文件几乎同时印发并非巧合，而是有其他更深层次的用意。在2017年11月28日召开的全球网络技术大会（GNTC）上，“IPv6终身成就奖”获得者、中国工程院院士邬贺铨曾表示，中国政府明确了发展IPv6的战略和目标以及时间表，多措并举，政、产、学、研合力推动IPv6的全面部署，中国政府也在引导向工业互联网方向发展，促进互联网与实体经济的深度融合，这也为互联网的发展开辟了更大的市场。我们要抓住信息技术的发展机遇，满足智能社会的发展需求，强化创新驱动，发展数字经济。

第二节 工业互联网的美国路径

全面部署IPv6，引导向工业互联网的发展是我们的目标。不过，中国提到的工业互联网与美国的工业互联网是不同的。有哪些不同？工业互联网将为时代带来何种变革？要了解清楚这些问题，就很有必要看一看工业互联网在全球的发展轨迹。

美国为什么提出要发展工业互联网？说到底，美国工业互联网的发展是由跨国巨头企业主导的，是通过市场这只"无形的手"来推动发展的。

2008年，金融次贷危机席卷全球，造成了全球性的金融危机和经济衰退，世界各国尤其是发达国家重新认识到了制造业的重要性。金融危机之后，美国政府也加大了对振兴制造业的关注力度。2009年4月，时任美国总统奥巴马提出，要将重振制造业作为美国经济长远发展的重大战略。2009年12月，奥巴马政府出台了《重振美国制造业框架》，从战略布局、发展路径到具体措施，都完成了对制造业创新的计划部署。2011年6月，美国启动了"先进制造伙伴计划"；2012年2月，美国进一步提出了"先进制造业国家战略计划"，鼓励发展高新技术平台、先进制造工艺、数据基础设施等工业互联网基础技术。

而此时，在此次金融危机中遭受巨大损失、陷入濒临破产境地的美国GE公司，也急需寻找经济增长的新动力。2012年11月26日，GE公司发布了由战略和分析主任彼得·埃文斯（Peter C. Evans）和首席经济学家马可·安农齐亚塔（Marco Annunziata）联合撰写的白皮书《工业互联网：打破智慧与机器的边界》，标志着"工业互联网"概念的正式提出。

GE公司作为一家拥有百年历史的美国老牌工业巨头，它的经营活动跟经济周期关联度很高。换句话来讲，如果经济整体呈增长的趋势，那么GE公司很容易体现出正相关性。如何带领GE公司走向新的辉煌，公司时任首席执行官（CEO）杰夫·伊梅尔特（Jeff Immelt）给出的答案是“工业互联网”。

在这份白皮书中，工业互联网是被这样定义的：工业互联网通过全球的工业系统与先进计算、分析、低成本传感和互联网带来的新连接水平等能力相融合，汇集了两大革命的成果——工业革命带来的无数机器、设施、机群和系统网络方面的成果，与互联网革命中涌现出的计算、信息与通信系统方面近期取得的强有力的成果。

GE公司为什么选择在这个时候提出“工业互联网”？作为一家企业，首先还是基于企业自身的利益。GE公司认为，创新是生产力增长的动力。在人类发展的大部分时间里，生产效率的提升难以察觉，生活标准的改善极其缓慢。从11世纪到19世纪初，西方国家的居民年均收入花了约800年时间才翻了一倍；而在其后的150年中，西方国家的居民年均收入则达到了原先的13倍，原因就是第一次工业革命。第一次工业革命开创了以机器代替手工劳动的时代，生产力和经济增长急剧加速。工业革命是分批次展开的，蒸汽机、内燃机、电动机等新机器逐次登场。但到了20世纪70年代，美国生产力的增长速度减缓了。20世纪90年代以后，美国经济又出现了高速增长，原因是互联网的出现，也称为“第三次工业革命”，直至此次金融危机出现的2008年。

2008年金融危机爆发后，拥有巨大金融业务的GE公司损失巨大，陷入濒临破产的境地。GE公司不得不进行调整，提出增加制造部门比重的战略，还计划从依靠产品销售与售后维护赚取利润的“合同模式”，转变为通过工业互联网对数据进行分析来帮助客户企业提高效率的“按需销售”模式。

其实，在提出“工业互联网”的概念之前，GE公司就已经实现了IT技术与设备的深度融合，逐渐开始由设备制造商向智能服务商转型，企业的业务模式也已经开始从单一的设备销售向智能设备、智能分析、智能决策

“三位一体”的智能化系统供应商转型。

从更深的层面来说，GE公司提出的“工业互联网”概念也顺应了美国政府发展制造业的意图。2008年金融危机爆发后，美国政府意识到了实体经济的重要性，开始引导制造业回流，即鼓励美国的制造业企业将其投资和生产由国外向国内转移。2009年12月，美国总统行政办公室发布了《重振美国制造业框架》，以期实现“再工业化”国家战略；2011年6月，美国正式启动了“先进制造伙伴计划”，旨在加快抢占21世纪先进制造业制高点；2012年2月，美国进一步推出了“先进制造业国家战略计划”，通过实施积极的政策，鼓励制造业企业回归美国本土。

以信息技术主导第三次工业革命的美国利用强大的互联网技术为工业互联网奠定了技术基础。美国政府搭建了“国家制造业创新网络”，其中的物理信息系统、大数据分析、信息安全等关键技术，为工业互联网发展提供了强大技术支持。智能化、数字化浪潮为美国工业互联网的发展指明了方向，美国工业互联网的发展也由此而领先全球。

从根本层面来说，GE公司提出“工业互联网”的战略意图非常明显：首先是基于公司自身利益，这是根本意图。GE公司希望借助美国政府出台各种振兴实体经济政策的契机和在信息技术方面的优势，通过与制造业的深度融合，在技术标准、产业标准方面占据主动，从而在全球竞争中占据主导地位；另外，GE公司CEO杰夫·伊梅尔特曾对其战略意图进行了技术性的描述。他说：“互联网改变了我们利用信息和沟通的方式，如今，互联网还能做更多事情。通过智能机器间的连接并最终将人机连接，结合软件和大数据分析，我们可以突破物理和材料科学的限制，改变世界的运行方式。”

随后，GE公司在2013年投资建设了PaaS平台生产商Pivotal，2014年推出Predix工业互联网平台，实现了工业互联网在制造业企业内的应用。2016年，GE公司将完善后的Predix平台正式对外开放，并建成四个云计算中心，聚集了两万余名开发者。

一、GE公司的工业互联网构想与实践

GE公司提出的工业互联网实质上就是通过互联网平台把设备、生产线、工厂、供应商、产品和客户紧密地连接、融合起来。它是开放的、全球化的网络，将人、数据和机器连接起来，属于泛互联网的范畴。依靠机器以及设备间的互联互通和分析软件，工业互联网改变了以往以单体智能设备为主的模式，通过高性能设备、低成本传感器、互联网、大数据收集及分析技术等的组合，大幅提高了现有产业的效率并创造了新产业。它是全球工业系统与高级计算技术、分析技术、传感技术及互联网技术的高度融合。

关于GE公司对工业互联网的应用，意大利航空公司是个典型的例子。GE公司为其生产的每架飞机都安装了数百台传感器，可以实时采集发动机的运转情况、温度和耗油量等数据。利用GE公司的软件对海量的数据进行分析后，可以精准地给出理想的操控方案。只此一项，意大利航空公司的145架飞机每年就能节约1500万美元的燃油成本。另外，通过这些数据，可预测发动机的故障，并提前开展预防性的维修，避免因为发动机故障造成航班延误、成本增加，甚至引发安全事故。

曾任GE公司首席经济学家的马可·安农齐亚塔从定量角度，在《工业互联网：打破智慧与机器的边界》白皮书中对工业互联网的作用进行了设想。为了让其新思路更有冲击力，马可·安农齐亚塔将其命名为“1%的力量”，意思是说，如果工业互联网能够使生产率每年提高1%—1.5%，那么未来20年，它将使美国人的平均收入比当前提高25%—40%；如果世界其他地区能确保实现美国生产率增速的一半，那么工业互联网在此期间会让全球GDP增加10万亿—15万亿美元，相当于再造一个美国经济。

需要强调的是，这是GE公司自己的观点，是该公司在其最擅长的高

端制造领域取得的成效。但是，GE公司并没有给出对制造业整体的效益估算，这个“1%的力量”是否具有普遍意义还值得人们认真思考，特别是对处于成长期的中小企业来说。另外，GE公司并没有给出其工业互联网实施的成本统计，或许这也是其工业互联网计划难以实施的重要原因。

自2012年11月提出“工业互联网”的概念以来，GE公司又于2013年宣布将在未来3年内投入15亿美元开发工业互联网。2014年3月，GE公司跨界联合美国电话电报公司（AT&T）、思科公司、国际商用机器公司（IBM）和英特尔公司组建了“美国工业互联网联盟”（IIC，Industrial Internet Consortium），并大力推广“工业互联网”的概念。美国工业互联网联盟采用开放成员制，致力于使各个厂商的设备之间实现数据共享。这不仅涉及网络协议的问题，还涉及诸如IT系统中数据的存储容量、互连和非互连设备的各种参数指标，其最终目的在于通过制定通用标准，打破技术壁垒，利用互联网激活传统工业过程，更好地促进物理世界和数字世界的融合，加快互联机器与设备的开发、采集和广泛使用，促进智能分析，并为工作人员提供帮助。

2014年10月，GE公司宣布其工业互联网Predix平台（相当于工业设备版的操作系统）向全球所有公司开放，从而将互联网领域的平台与应用开发者之间的合作模式引入了工业，便于为用户大规模快速开发自定义行业应用软件提供保障。这种与智能手机领域高度类似的产业生态系统，将极大地加快工业互联网在制造业各细分行业中的生根落地。

2016年3月，时任CEO伊梅尔特明确地将GE公司称为“全球数字化工业公司”，并将工业互联网作为企业转型的方向。然而，两年多后，2018年7月31日，多家媒体报道GE公司计划出售其工业数字资产，包括工业互联网平台Predix。事实上，这并非意味着GE公司将放弃工业互联网业务，而是对其工业互联网发展战略的收缩和聚焦，实质就是摒弃走“大而全”的跨行业、跨领域平台之路，转向发展特定行业的企业级、行业级平台。

二、美国工业互联网发展的特点

美国工业互联网的发展是由跨国巨头企业主导的，是通过市场这只“无形的手”来推动发展的，其中一个可能的原因是对垄断的担忧。工业互联网是一个平台，而在美国，平台跟反垄断是关联在一起的。由GE公司牵头成立的工业互联网联盟在全球迅速扩张，不断吸纳新成员，主导着工业互联网的发展进程与节奏，这也符合资本主义国家的发展规律。

美国政府虽然没有设立专门的工业互联网推进机构，但许多有政府背景或者受联邦财政资助的机构也在推动工业互联网的发展。例如，美国联邦政府资助建立了“数字化制造与创新设计研究中心”，启动了“数字制造公共平台”作为数字化制造的开源软件平台，鼓励中小创新机构、创业者和创客等开发面向不同制造业领域的软件解决方案，为实现“先进制造业国家战略计划”，支持本国企业掌握工业互联网发展的主导权与领先权。以上可以归纳为美国工业互联网的发展与其智能化、数字化战略协调促进的特点。

美国工业互联网联盟成立的目的是促成和协调工业互联网优先发展事项，统筹推进工业互联网的技术标准化和产业化，打造工业互联网生态系统，推广工业互联网应用。作为工业互联网重要的推动组织，美国工业互联网联盟在积极推动工业互联网在世界范围内发展的同时，一直审慎对待标准制定工作，并曾明确表示不推进标准制定工作。原因在于，联盟内的企业多样化，各种利益复杂，如果推进标准制定工作和标识解析，会引起各大企业之间的纷争，影响团结，降低联盟的运行效率。

在实施智能制造的过程中，对协议的要求非常高，包括实时性、容错率等各个方面。目前来看，GE公司开发的平台中，网络与安全的问题并未得到有效解决，尤其是在企业上云之后，云安全、边缘安全、内部协议安全等问题都凸显出来，而统一的安全体系尚未建立。工业互联网的安全监测与态势感知能力是很重要的，可从全局视角对安全威胁进行发现识别、理解分析与响应处置。

数据管理也很重要。工业互联网的数据量呈几何级数增长，存储与查询问题会影响数据质量，但由于传感器设备本身的精度与环境干扰，导致数据丢包的问题时有发生。数据集成也面临着困难，离散制造业要考虑动态变化，流程制造业要考虑不同工序中的时序变化，数据呈现很大的异质性，传统的数据管理方式已经无法解决这些问题。

三、GE公司工业互联网实施的难点

按照GE公司的工业互联网理论，实施工业互联网的步骤如下：

第一步，设备的智能化改造。设备的智能化改造就是要让设备能够感知自身的状态，尤其是设备的运营状态。我们可以简单地理解为需要为设备加装仪表或传感器、嵌入式中央处理器（CPU）、控制软件等，来实现对设备数据的采集。问题是，为什么设备在出厂时没有加装？原因是，对于低价值设备，大多数情况下投资回报率达不到用户要求，特别是利润较低的制造业，少数情况下属于技术上达不到用户要求；对于高价值设备（重资产），从技术难度的角度来说，传感器等设备只能由生产厂家自行添加（用户自行改造设备、加装传感器的成本比设备制造商高），但现阶段，生产厂家为高价值设备加装传感器的主要目的是提高设备运行的自动化、智能化水平，提供设备运行状态及参数，只能算是一种附加功能。

GE公司的工业互联网想要成功实施，从设备的角度来看，一定是在设备本身自动化或智能化程度较高的行业中，比如机械加工行业生产数控机床等。而且，想要实施成功，大概率也是由设备制造厂商本身来完成，至少也要在设备制造厂商的积极参与下完成。

第二步，建立工业数据中心。可以利用成熟的网络技术云计算、数据中心等，将设备产生的数据利用网络收集起来，从而完成对工业设备数据的汇聚。这方面的技术已经相当成熟，难点是安全性问题。工业数据的存储（实时性、周期、大容量）与社交、消费数据的存储存在巨大的差异。例如，飞机、轮船的发动机出于安全或者保密的考虑，最多是连到采用TCP/IP技术的企业内网上而已。但如果换到网络保密性、完整性方面有了很大改进的IPv6网络，或许安全性问题就可以得到有效解决。

第三步，做出分析决策。利用大数据分析、机器分析等工具对收集到的数据进行分析，做出更优化的决策，来指导机器运营或机器操作者的作业过程，提高效率。这一步也是实施工业互联网最困难的一步。这一步涉及的设备种类和运行方式多，相关问题的行业性（行业的数量与工业产品的种类、数量大体一致）和专业性非常强，不仅需要分析人员具有丰富的现场工作经验，还需要分析人员具有多学科背景知识，既要熟知设备运行原理，又要掌握各种数据处理技能和分析方法，要想取得成效，必然是一个迭代优化的过程。

GE公司最初提出“工业互联网”的概念是基于公司自身的成功实践。究其原因，GE公司不仅是世界高端智能设备制造商，在设备运行状态数据的采集方面本来就有优势，而且其还有一支附属于自身各个业务集团的高水平IT队伍，开发出了Predix平台，这也是GE公司的工业互联网策略能够推进的有力保障。

但是，GE公司工业互联网模式的推广却遇到了极大的挑战。事实上，在GE公司打出“工业互联网”这面大旗之前，其支撑平台Predix就已经存在了，只是平台的通用性、开放性与GE公司宏大的战略构想不匹配而已。GE公司发展工业互联网和平台的初衷是，将其在高端装备制造领域取得的成功经验和软/硬件成果进行提炼并通用化，研发类似计算机操作系统的通用平台，为本行业或其他行业的客户服务，再借鉴互联网的发展模式，开发一个开放式的平台，形成一个创新生态，聚集起数十万、数百万用户以及第三方软件开发者或解决方案供应商，然后像互联网公司那样坐收流量带来的巨额红利。

通过多年的发展，GE公司的工业互联网平台Predix并没有取得像谷歌、微软、脸书和百度等互联网公司那样爆发式的增长。据一些媒体传出来的消息，GE公司准备将Predix卖掉，并将其数字部门分离成独立的业务部门，独立运营。在GE公司看来，Predix平台依然有价值，当时的路线也没错，但想在短期内取得高额投资回报已无可能。2021年，由GE公司提出并主导成立的美国工业互联网联盟全面转型物联网，名称也改为“美国工业物联网联盟”（IIC，Industrial IoT Consortium），至此，所有的创始成员均已退出。截至2022年11月，IIC官网显示成员企业共有116家，相比2020年的150余家有大幅缩减；而且目前主要的领导企业是微软和华为，成员也以欧美企业为主。

大陆股份董事长荆书典认为，开发Predix平台确实是降低实施工业互联网成本的一个重要手段，能够降低设备数据采集的难度、大数据存储的难度和开发专用分析决策软件的难度，但对大多数应用案例而言，平台很难降低设备智能化改造的难度和专业性数据分析的难度，这是由工业系统的专业性和复杂度所决定的。另外，Predix平台是基于第一代互联网IPv4开发的，未加入标识解析体系，这注定了它的局限性。

四、美德两国工业互联网的不同

美国GE公司提出的“工业互联网”是与“消费互联网”相对应的概念，其技术路径主要是国际化大公司主导，核心是构建工业信息高速公路，促进协同创新、标准制定，提升互通性、安全性。因此，工业互联网更侧重网络和信息服务，它只是“互联网＋”工业的基础支撑。

《纽约时报》的一篇报道也能予以佐证：2009年6月的一天，时任GE公司CEO的伊梅尔特正在跟公司的技术人员讨论研发中的喷气发动机，他们给发动机装上了许多传感器，每一次飞行都能产生大量数据。

这些数据到底能做什么？能带来什么价值呢？伊梅尔特陷入了沉思。他坚定地认为，数据有朝一日会变得跟机器本身一样有价值，也可能比机器本身更有价值。但在当时，GE公司却没法利用这些数据。于是在2011年，GE公司悄悄设立了一个软件中心。也正是这一软件中心的建立，让GE公司实现了工业设备与IT设备的相互融合，于2012年秋季提出了“工业互联网”的概念。

2015年，伊梅尔特宣布成立“通用电气数字部门”（GE Digital），推行数字化转型，将公司内部的所有数字职能整合到一个部门，将软件和数据分析糅合到工业产品中。

数据对GE公司意味着什么？实际上，GE公司工业设备的成本中，90%并不在采购上，而是在维护上：当机器数量过少、利用率高时常会发生问题，而当机器数量过多、利用率低时则消耗太大；明明只是个小问题，使用者却未曾经过专门的维护培训，需要专业人员来检查，耗费大量的人力、物力成本等。一旦这些机器可以产生联网的数据，那么无论是从操作还是从管理的角度来说，都会大幅降低成本，这也是GE公司提高软件性能、发展工业互联网的原因之一。

借助全球首个工业互联网平台Predix，GE公司于2016年对外宣称自己为“全球数字化工业公司”，为此，伊梅尔特还曾放出豪言：“GE昨天还是一家制造业公司，一觉醒来已经成为一家软件和数据公司了。”

相比之下，德国提出的“工业4.0”是在本国基本完成“工业3.0”的基础上提出的，其技术路径更强调设备和技术的升级，发展愿景是建设高度智能化的无人工厂。

20世纪80年代到90年代初，美国积极推动计算机、互联网的技术进步，由其引领的互联网革命深深地改变了人们的生活方式，作为老牌工业强国的德国迫切希望阻止信息技术对制造业的支配，进而引领新一轮工业革命，成为新游戏规则的制定者。

“工业4.0”是由德国政府主导和推动的，对比美国产业互联互通的“工业互联网”，“工业4.0”更侧重于工厂内部的智能生产。德国一直保持稳定的制造业劳动力，同时在早期阶段就将新技术发展融入工业产品的生产过程当中。“工业4.0”是从集中生产向分散生产的方式转变，它将嵌入式系统生产技术和智能生产工艺流程连接在一起，为从根本上改变工业与生产价值链和商业模式（如智能工厂）的新技术时代的到来铺平了道路。从技术上讲，“工业4.0”是指从嵌入式系统到信息物理系统的技术演变。

2013年12月，德国电气电子和信息技术协会（VDE）发布了德国首个“工业4.0”标准化路线图，意味着“工业4.0”战略建议方案中的标准化行动方案开始进入实践阶段，也标志着整个“工业4.0”战略开始在德国落地实施。与此同时，德国西门子等公司也同步开展了数字化工厂的全球布局和实验性建设。2014年8月，德国联邦政府出台了《数字化行动议程（2014—2017）》，倡导用数字化创新驱动经济社会发展，为把德国建设成未来数字强国部署战略方向。2016年，德国联邦经济与能源部发布了《数字战略2025》，在国家战略层面明确了德国数字化转型的基本路径，并提出了十大行动步骤。2017年，德国又发布了《数字平台》白皮书，制定了“数字化的秩序政策”。2019年11月，德国联邦经济和能源部发布了《国家工业战略2030：对德国和欧洲工业政策的指导方针》，有针对性地扶持重点工业领域，保证和提高德国的工业竞争力。这些政策无一不是在推进智能互联，协助德国企业实践“工业4.0”。此外，为鼓励技术创新，德国政府加大了税收优惠力度，并设置了高科技创业基金，对实施“工业4.0”的创新型企业给予风险投资支持。

德国的“工业4.0”惠及不同的企业，其数字化和网络化有助于企业优化价值链，客户不再是被迫从制造商设置的固定产品系列中做出选择，相反，他们可以单独组合单个功能和组件。对大公司而言，市场规模和营业额随着业务的丰富而上升，内部运营成本会由于价值链数字化程度的提高而降低，客户的满意度也会提高。

另外，全球采购和分布式处理始终需要相当大的协调和时间管理能力，而“工业4.0”能够让信息接近实时，大的国际化公司因此能在全球分布式生产系统中快速响应客户端的需求，并随时让客户了解进度。而对处在生产过程末端的消费者来说，“工业4.0”的到来意味着，他们只需要等待不长的时间就可以得到自己定制的个性化产品。

除了能给大公司带来好处，“工业4.0”也与中小企业息息相关：对中小企业来说，供应链将演变为高度自适应的网络，通过集成“工业4.0”的概念和技术，中小企业可以提供个性化的产品和服务，高度适应消费者需求的变化。

由此可见，“工业4.0”是德国根据自身的发展特点，结合传统制造业的优势而推出的超越计划，主要是把传统制造业转型成电子型制造业，并在制造业中加入新的服务，纯粹是靠制造业推动。德国不走美国工业互联网的路径，而是根据自身在制造研发领域的优势，力图实现弯道超车。“工业4.0”更侧重于智能制造，核心是体现信息技术与制造技术深度融合的数字化、网络化、智能化制造，这是发展互联网工业、推进深度融合的主攻方向，但并不是唯一方向，更重要的是还要涵盖互联网与工业融合创新催生的新技术、新产业、新业态、新模式。

然而，连接系统标准化的缺失是“工业4.0”在推行过程中遇到的一大困难，这将妨碍不同设备和系统之间的对接，进而阻碍互联互通的实现。就目前来看，英、法、日等国同样面临这样的难题。

对比美国的“工业互联网”与德国的“工业4.0”，很显然，“工业互联网”的概念和内涵比“工业4.0”更大。在欧盟的统计定义中，“工业”与“制造业”是等同的概念，而且德国提出的“工业4.0”概念应该主要指制造业；而在美国，工业互联网是互联网应用的延伸，从将人、商业、信息连接起来拓展至将人、数据和机器连接起来，这种连接并不局限于工业或制造业领域。从其业务拓展来看，实际是在推动消费互联网向产业互联网演进，例如GE公司推出的40款工业互联网产品中，石油、天然气平台监测管理，铁路机车效率分析，医院管理系统等产品已经超出了工业领域，而进一步向服务领域拓展。

“工业互联网”与“工业4.0”的实现路径侧重也不尽相同。在世界各主要发达经济体中，美国是创新实力最强的国家之一，尤其是在此轮以互联网为核心的科技革命与产业变革中，美国在信息通信、新能源、新材料等领域拥有全球领先的创新实力和比较优势。德国是传统制造强国，装备制造业在全球竞争优势突出，不仅拥有类似大众集团、西门子公司等大型跨国企业，而且还有一批专精特新的全球隐形冠军，但在互联网技术的创新和应用方面则难以与美国抗衡。正是出于这样的发展差异，德国提出的“工业4.0”战略在理念上强调了工业的本体地位，在推进中则主要侧重将先进的信息通信技术加快融入传统制造领域，以实现向智能制造、智慧服务方向的转型，可以称之为“制造业＋互联网”的路径。与此相比，美国提出的“工业互联网”则突出了新时期工业发展的时代特征，更加注重软件、网络和大数据技术，试图实现在不同设备、不同人之间通信、控制和计算的集成，充分利用美国在互联网技术领域的领先优势，加快对传统产业的渗透与改造，可以称之为“互联网＋制造业”的路径。

第三节　中国新一代工业互联网风起云涌

荆书典：中国提出的工业互联网是新一代的互联网，它既不同于大多数人理解的“工业互联网”和GE公司提出的“工业互联网”，也不同于德国的“工业4.0”。之前的这些工业互联网是第一代工业互联网，大多是指由美国主导的，基于第一代互联网，从物联网、移动互联网发展到工业互联网，是“工业3.0”时代的工业互联网，是在IPv4互联网基础上发展起来的信息化时代的工业互联网。这个工业互联网只能被称为“工业+互联网”或“互联网+工业”，这也注定了它的局限性。

新一代工业互联网是数字化时代的工业互联网，与其他国家最大的不同就是，它是由中国政府主导，组织国内外专家按照国际新一代互联网IPv6标准体系建设的，服务于全球的新一代互联网，也可被称为“第二代工业互联网”。这种工业互联网的技术架构不仅是把IP地址的数量级从2^{32}扩展至2^{128}，更重要的是依托我国自主规划设计的工业互联网标识解析体系，创新应用了“标识”的概念，足够多的ID标识可以给社会的所有要素赋予一个唯一的识别编码。这种工业互联网以工业为起点，是服务于全社会要素、全产业链、全价值链、全生命周期的生态体系。作为工业互联网建设的核心，国家规划建设的创新应用服务平台也符合我国的基本国情及发展实际。

一、中国为什么建设工业互联网

改革开放以来，得益于工业化、市场化和全球化的红利，中国已经发展成为工业大国，中国的制造业更是在全球供应链中占据重要地位。早在2010年，中国制造业的规模已经超过美国，跃居世界第一。随着快速崛起的新兴经济体以更为低廉的成本优势加入竞争，中国部分以代工为主的生产企业面临着巨大的生存压力。尤其是面对劳动力、原材料和环保等成本的不断上涨，中国制造业企业开始加大对信息化、自动化、智能化的投入，以期实现在价值链上的攀升。

2012年美国GE公司“工业互联网”概念和2013年德国“工业4.0”概念的提出，加速了中国工业互联网的发展步伐。“工业1.0”发生在英国，让英国成为世界霸主；“工业2.0”让德国、美国等国家迅速崛起；“工业3.0”由美国主导，美国的霸主地位一直持续到今天。如果按照德国“工业

4.0”的标准来划分，我国的工业主体还处于“补2.0的课，普及3.0，同时正在朝着4.0发展”的阶段。相比之下，大部分发达国家都发展到了“工业3.0”阶段。从一个工业大国向一个工业强国转变的过程，实质上就是推进工业现代化的过程，而我国工业强国战略的核心任务就是推进工业现代化进程。在普及“工业3.0”的同时，要用“工业4.0”的理念改造传统产业，发展新产业、新业态。

2017年11月28日，由我国互联网国家工程中心牵头发起的“雪人计划”已在全球范围内完成了25台IPv6根服务器架设，其中4台在中国部署，包含1台主根服务器和3台辅根服务器，这让我国自主规划设计并建设国家工业互联网标识解析体系成为可能。2022年11月20日，在2022年中国5G＋工业互联网大会开幕式上，工业互联网标识解析体系——国家顶级节点全面建成发布仪式举行，标志着我国工业互联网标识解析体系——“5＋2”国家顶级节点全面建成。同时，这也标志着我国的工业互联网正式进入了产业深耕、赋能发展的新阶段。

国内工业互联网经过几年时间的发展，已经形成了网络、平台、安全三大体系。其中，网络是工业互联网实现互联互通的基础，平台是发展工业互联网的核心，安全则是工业互联网的保障。而对于网络体系来说，则以标识解析为核心。

二、我国工业互联网的发展历程

在2020年8月12日召开的第二十二届中国科协年会工业互联网与5G创新发展论坛上，荆书典先生指出，中国提出的工业互联网是基于IPv6标准体系建设的、服务于全球的新一代互联网（见图1–1）。无独有偶，在2021年4月23日召开的第四届中国MEMS智能传感器产业发展大会暨企业家论坛上，中国工程院院士、管理科学与信息系统工程专家杨善林也表示，工业互联网是全新的网络，而不是互联网应用。

图1-1 荆书典在第二十二届中国科协年会工业互联网与5G创新发展论坛上致辞

目前来看，我国的工业互联网大致经历了自我探索实践、合作交流、自主研发三个阶段，现在已经走出了一条符合我国国情的新一代互联网发展之路。

在我国，无论是IT界还是工业界，无论是学术界还是产业界，都对工业互联网表现出了极大的关注。我国工业互联网的起步方式主要是引进、学习和消化国外设备与技术，进行二次开发和应用，从而提高本国自身的工业控制自动化技术水平。在美国GE公司提出“工业互联网”概念和德国提出“工业4.0”概念以前，我国工业界已经开始探索，国内科技巨头也已经开始探索工业云平台的建设。

2009年，阿里巴巴公司率先在工业云平台领域开展研究，旨在帮助制造业龙头企业解决转型升级过程中的痛点和难点问题，打造工业互联网标杆示范项目。这一时期的阿里巴巴公司逐步与制造、交通、能源等众多领域的领军企业进行合作，成为一些工业企业搭建云平台的重要推手。2010年2月，腾讯云正式对外提供云服务，腾讯开放平台接入首批应用，通过开放平台支持各行各业的数字化转型。2011年，华为公司依托其资本和云计算研发实力，发布了华为云平台，面向互联网增值服务运营商、大中小型企业、政府、科研院所等广大企事业用户，提供包括云主机、云托管、云存储等基础云服务，以及超算、内容分发与加速、视频托管与发布、企业IT、应用托管等服务和解决方案。

对比美德两国，我国目前既面临制造业劳动力成本上升、制造业向东南亚等地区外流的问题，又面临生产模式粗放、效率低，难以提升竞争实力的问题。2014年10月10日，在中德双方签署的《中德合作行动纲要》中，有关"工业4.0"合作的内容共有四条，第一条就明确提出工业生产的数字化对未来中德经济发展具有重大意义。最重要的是，中德两国还商定将在标准问题上紧密合作，并将"工业4.0"议题纳入中德标准化合作委员会议程；同时明确了"工业4.0"在世界范围内的成功取决于国际通行的规则与标准，双方将继续加强中德标准化合作委员会框架下的现有合作，致力于开展更具系统性和战略性的合作。

2015年，被认为是中国版"工业4.0"的"中国制造2025"被正式提出。在政策支持和企业的积极探索下，中国工业互联网行业进入了快速发展期，呈现出企业背景多元化、服务类型多样化、与制造业的融合更为紧密等特征。

2015年10月25日，大陆股份建设的中国首个"计量器具公共服务平台"上线。2016年7月，徐工集团发布了国内首个自主研发并具有自主知识产权的汉云（Xrea）工业互联网平台。2016年12月，树根互联发布了以工业互联网操作系统为核心的根云平台。2017年2月，海尔集团也发布了具有自主知识产权的COSMOPlat工业互联网平台。2019年11月6日，仪表行业领域的首个工业互联网标识解析二级节点——大陆通工业互联网仪表平台在山东济南正式上线。

为加快我国工业互联网的发展，推进工业互联网产、学、研、用协同发展，在工信部的指导下，2016年2月1日，由工业、信息通信业、互联网等领域的百余家单位共同发起成立了“工业互联网产业联盟”。

2017年11月，国务院出台了《关于深化“互联网＋先进制造业”发展工业互联网的指导意见》，工业互联网上升为国家战略，我国加速推进工业互联网发展、加速数字经济和实体经济融合发展的政策规划稳步推进。2018年，“工业互联网”首次写入《政府工作报告》，当年6月，工信部发布了《工业互联网发展行动计划（2018—2020年）》，着力于初步建成工业互联网基础设施和产业体系。2020年3月，工信部出台《关于推动工业互联网加快发展的通知》，提出了六方面二十条举措，为我国加快工业互联网创新发展提供了行动指南。2021年2月，工信部印发了《工业互联网创新发展行动计划（2021—2023年）》，目标指向“工业互联网新型基础设施建设量质并进，新模式、新业态大范围推广，产业综合实力显著提升”。2022年4月，工信部发布了《工业互联网专项工作组2022年工作计划》，围绕工业互联网提档升级，提出了夯实基础设施、深化融合应用、强化技术创新、培育产业生态等重点任务，进一步推动行业加速发展。2023年的政府工作报告中也指出，支持工业互联网发展，有力促进制造业的数字化、智能化。

工信部数据显示，2022年，工业互联网已经全面融入45个国民经济大类，具有影响力的工业互联网平台超过240家，跨行业、跨领域平台达28个，为产业升级注入了新动能。

在国家层面上，2018年12月25日，工业4.0研究院牵头发起了“开源工业互联网联盟”等组织；工信部成立了直属事业单位中国工业互联网研究院，各省也相继成立了工业互联网协会，组织形式更为立体化和多元化，进一步加快推进了我国工业互联网的发展进程。

目前来看，近几年来，我国工业互联网发展态势良好，提升了产业融合创新水平，加快了制造业数字化转型步伐，推动了实体经济高质量发展。工业互联网、5G、数据中心等数字基础设施日益成为新型基础设施的重要组成部分。这些高科技领域既是基础设施，又是新兴产业；既有巨大的投资需求，又能撬动庞大的消费市场，乘数效应、边际效应显著。

以山东省为例，为深入实施工业互联网创新发展战略，加快建成国际领先的网络基础设施、融合应用平台、关联支撑产业和安全保障体系，培育具有山东特色的工业互联网产业生态，更好地支持制造强省、网络强省建设，2020年9月18日，山东省人民政府办公厅印发了《关于加快工业互联网发展若干措施的通知》。2022年6月30日，山东省工业和信息化厅、山东省财政厅印发了《山东省推动工业互联网高质量发展省级财政支持政策实施细则》，旨在发挥财政资金的引导作用，加快推进工业互联网创新发展，助力全省新旧动能转换。

三、我国工业互联网的发展特征

荆书典：工业互联网作为新兴产物，其内涵和外延也在不断拓展。按照工业互联网产业联盟给出的定义，工业互联网是新一代网络信息技术与制造业深度融合的产物，是实现产业数字化、网络化、智能化发展的重要基础设施，通过人、机、物的全面互联，全要素、全产业链、全价值链的全面连接，推动形成全新的生产制造和服务体系，是经济转型升级的关键依托、重要途径、全新生态。

有人说工业互联网就是“工业＋互联网”，或者说是“工业的互联网”，其实这种观点是不对的。一方面，“工业互联网”中的“工业”并不是单单指工业，而是百行千业。根据我们国家颁布的《国民经济行业分类》（GB/T 4754—2017），产业一共分为三类。简单来说，第一产业是农林牧渔，第二产业是采矿、制造、能源、建筑，第三产业是指除第一产业、第二产业以外的其他行业。第三产业的范围极广，包括：服务业、批发和零售业，交通运输、仓储和邮政业，住宿和餐饮业，信息传输、软件和信息技术服务业，金融业，房地产业，租赁和商务服务业，教育卫生，文化娱乐等等。工业仅仅是第二产业的组成之一。

另一方面，即使是表面上理解工业互联网，也不是“让工业上网”这么的简单，它首先通过连接（通信）技术，实现工业生产全流程要素资源的连接，然后通过计算技术，存储并运算数据，挖掘数据价值，优化生产流程，从而实现降本增效，因此工业和互联网一定不是简单的叠加，而是要发生“化学反应”，让工业上网只是工业互联网的一个最基本的前提而已。所以，工业互联网一定是传统工业全流程，也就是我们提到的操作技术OT与信息通信技术IT的深度融合，这两者之间必不可少的一定是数据，并且数据一定是流动的，数据流动所带来的价值就是这个“化学反应”的结果。

作为世界制造业大国之一的中国，有关未来工业互联网发展的愿景、战略、政策的阐述是具有代表性的。

美国在2012年提出了“工业互联网”；德国在2013年提出了“工业4.0”；我国在2015年提出了“中国制造2025”，2017年之后则采用“工业互联网”的概念，并在2018年之后的“新基建”布局中，把工业互联网当作重点发展领域之一。由此可以看出，作为一种新事物、新概念，我国对工业互联网的认识是在逐步深化的。

目前大家听到和看到的“工业互联网”概念分为以下三种：

（1）与GE公司提出的“工业互联网”概念的原意相一致。

（2）与美国工业物联网联盟的概念相一致。

（3）“互联网＋工业”“工业＋互联网”或互联网体系与工业体系的融合。

随着2022年11月20日“5＋2”国家顶级节点的全面建成，我国自主可控、开放融通、安全可靠的标识解析体系宣告形成，我国“工业互联网”的概念将会进一步丰富和完善。

工业互联网具有全维度、全流程、全企业、全要素的连接和融合特征，给企业带来的转型价值主要表现为企业经营效率与产品质量的提升，或单位产品的资源消耗与能源消耗减少。就像邬贺铨院士指出的那样，发展工业互联网需要新思路，要推动IT（信息技术）与OT（运营技术）融合，IT企业与OT企业紧密合作尤为必要。

荆书典先生认为，跟以消费为特征的互联网＋服务业相比，工业互联网场景下的企业生产网络通常不需要全球联网，企业内网连接设备的多样性使标准化难度较大，企业对工业互联网的需求是个性化的。工业互联网具有全维度、全流程、全企业、全要素的连接和融合特征，即互联网不单是只与某个具体门类的工业融合，而是可覆盖所有的传统工业门类；互联网不仅是只与工业企业的某个环节融合，而是与采购、设计、生产、销售、客服等一系列环节均可实现融合；互联网不只是与传统工业部门融合，而是与所有的传统产业融合，尤其是还与传统生产性服务业融合，进而促进传统产业转型升级。因此，从商业模式上看，传统消费互联网主要是基于全球网络互联而增大消费价值，其模式无法直接复制到工业互联网领域。

从当前中国、美国、德国及其他国家工业互联网的发展态势来看，有这样几个特征：一是全球工业互联网两极多元的总体格局日渐清晰，美国主导的国际工业互联网联盟已经快速成为全球最重要的工业互联网推广组织，德国将工业互联网确立为“工业4.0”的重要依托，成为除美国之外全球工业互联网最活跃的推手。二是以工业互联网平台为核心的生态竞争不断升级。当前，以平台为核心的产业竞争正在工业互联网领域重演，GE、西门子、博世、施耐德、ABB等国际工业巨头纷纷强化全球布局，以既有高端装备和产品为基础，打造可实现工业设备连接、工业大数据分析和工业应用服务等强大功能的工业互联网平台，形成“云＋端”与“制造＋服务”、物理与数字融为一体的平台新优势，力图形成对全球生产要素和资源配置的掌控能力；而思爱普（SAP）、微软、IBM、英特尔、AT&T等信息通信业巨头凭借它们在云计算、大数据、新一代网络等方面的软硬件系统及解决方案优势，也纷纷涉足工业互联网领域。三是以标准化为战略制高点的前瞻性布局全面提速。标准一直是决定行业主导权的关键因素，对新兴产业的技术路线走向、产业体系设计以及产业化等至关重要。在工业互联网起步阶段，标准化已经成为各国推进的战略重点，因此可以说，工业互联网战略具有国际关系中普适的竞合（竞争—合作）特征。

从2002年起，我国开始走工业化与信息化“两化融合”的新型工业化道路，到“两化深度融合”（2013年）再到“中国制造2025”（2015年），进而发展到提出中国的工业互联网（2017年），显然有后发工业化国家实现跨越式发展，进而由工业化大国走向工业化强国的明确战略意图。

第四次工业革命的核心是制造业的数字化、网络化、智能化，但目前我国制造业的竞争力仍具有第二次工业革命（“工业2.0”）的特征，即规模化和低成本。目前，我国绝大多数制造业企业在核心技术、核心零部件领域仍然停留在从“工业2.0”向“工业3.0”的过渡阶段，同时还需要解决人才、就业等复杂社会问题，步子不宜迈得过大，需要“工业2.0”“工业3.0”和“工业4.0”齐头并进。目前我国符合“工业3.0”标准的企业不到10%，这就亟须借助工业互联网的布局，实现从工业化大国升级成为工业化强国的战略目标。工信部原副部长杨学山曾指出，构建制造强国现代工业体系，既要有互联网视野，也要有信息技术视野，更要有工业发展视野，将三种视野深度融合，互相配合，才能实现工业由大变强，才能实现工业高质量发展。

从工信部颁布的多个政策文本中，可以明显看出我国工业互联网的特点：一是目标导向，二是精准发力。工业互联网属于生产力范畴，其包含构成生产力的三大基本要素：以生产工具为主的劳动资料（网络、平台、数据），引入生产过程的劳动对象（物件、机器、车间、企业），具有一定生产经验与劳动技能的劳动者（人才）。另外，工业互联网建立在高科技的基础上，物联网、移动互联、云计算、大数据、人工智能、区块链、5G等技术应用于生产制造过程，融入生产力诸多基本要素之中，能够转化为巨大的实际生产能力。

2017年11月发布的《关于深化“互联网＋先进制造业”发展工业互联网的指导意见》中，代表工业化升级的工业互联网成为我国“两化”深度融合有关政策文本的核心概念，与工业互联网的网络、平台、标识解析体系、应用程序（App）、工业大数据、数字中心、工业云、企业上云、安全、5G＋等概念的政策文本配套关联，并在2018年以后的“新型基础设施建设”（以下简称“新基建”）概念下进行了以下新的政策安排：

第一，网络体系。根据2019年1月工信部和国家标准化委员会颁布的《工业互联网综合标准化体系建设指南》（以下简称《标准化体系建设指南》）的说明，网络体系是工业互联网的基础，将连接对象延伸到工业全系统、全产业链、全价值链，可实现人、物品、机器、车间、企业等全要素，以及研发、设计、生产、管理、服务等各环节的泛在深度互联，包括网络连接、标识解析、边缘计算等关键技术。在《工业互联网发展行动计划（2018—2020年）》（以下简称《行动计划》）中，既提出了“初步建设工业互联网网络基础设施和标识解析体系”这样的质性目标，更有建成5个标识解析国家顶级节点，标识注册量超过20亿的量化目标。另外，工信部还出台了工业互联网网络建设及推广指南等专项政策文本。

第二，平台体系。根据《标准化体系建设指南》的说明，平台体系是工业互联网的核心，是面向制造业数字化、网络化、智能化需求，构建基于海量数据采集、汇聚、分析的服务体系，支撑制造资源泛在连接、弹性供给、高效配置的载体。平台体系包括平台与数据、工业App等关键技术。《行动计划》发展的总体目标是，到2020年年底，初步形成工业互联网平台体系，分期分批遴选10个左右跨行业、跨领域平台，推动30万家以上工业企业上云，培育超过30万个工业App。为了进一步推进平台体系建设，工信部还出台了工业互联网App培育工程、平台建设与推广指南、平台评价方法、工业大数据、数据中心、工业云、企业上云等精准发力的政策文本。

第三，安全体系。根据《标准化体系建设指南》的说明，安全体系是工业互联网的保障，通过构建涵盖工业全系统的安全防护体系，打造满足工业需求的安全技术体系和相应管理机制，识别和抵御来自内部及外部的安全威胁，化解各种安全风险，是工业互联网可靠运行、实现工业智能化的安全可信保障。根据《行动计划》总体目标要求，到2020年年底，建立健全安全管理制度机制，全面落实企业内网络安全主体责任，制定设备、平台、数据等至少10项相关安全标准，同步推进标识解析体系安全建设，显著提升安全态势感知和综合保障能力。同时，工信部及相关部门出台了《加强工业互联网安全工作的指导意见》《网络数据安全标准体系建设指南（征求意见稿）》等推进工业互联网安全体系建设的专项政策文本。

2018—2020年是我国工业互联网的起步发展期，工业和信息化部会同工业互联网专项工作组各单位，实施了《工业互联网发展行动计划（2018—2020年）》，发布实施了10余项落地性文件，不断完善政策体系，实施工业互联网创新发展工程，带动总投资近700亿元，遴选了4个国家级工业互联网产业示范基地和258个试点示范项目，打造了一批高水平的公共服务平台，培育了一批龙头企业和解决方案供应商。网络基础、平台中枢、数据要素、安全保障作用进一步显现，工业互联网新型基础设施不断夯实，新模式、新业态创新活跃，产业生态不断壮大，各地方、产业各界共识不断凝聚，积极性不断提升，为下一步发展打下了坚实基础。

截至2020年12月，《行动计划》全部完成，部分重点任务和工程超预期完成，网络基础、平台中枢、数据要素、安全保障作用进一步显现。为深入实施工业互联网创新发展战略，推动工业化和信息化在更广范围、更深程度、更高水平上融合发展，2020年12月22日，工信部印发了《工业互联网创新发展行动计划（2021—2023年）》，提出了5方面、11项重点行动和10项重点工程，着力解决工业互联网发展中的深层次难点、痛点问题，推动产业数字化，带动数字产业化。

另外，5G是打通工业互联网平台“最后一公里”的桥梁，对此，我国实施了“5G＋工业互联网”工程，要求打造5个产业公共服务平台，内网建设改造覆盖10个重点行业，形成至少20个典型工业应用场景。除5G＋工业互联网外，人工智能可用来提高工业PaaS层的核心竞争力。大数据中心作为构建工业数据处理体系的核心，在“新基建”战略政策中与工业互联网一起被作为重点发展领域，进行统筹规划、协调发展的政策安排。

四、我国发展工业互联网的意义

荆书典认为，工业互联网是新一代信息通信技术与工业经济深度融合的新型基础设施、应用模式和工业生态，能够支撑构建起覆盖全产业链、全价值链的智能化制造和服务体系。发展工业互联网对于构建新发展格局，完善我国的科技创新体系，推动绿色低碳发展具有重要意义，具体来说有以下方面。

第一，工业互联网支撑新发展格局构建。在产业高端化方面，工业互联网将有效促进从微观企业生产到宏观工业经济运行的透明高效，为工业经济由粗放式向集约化转变、由价值链低端向高端跃升提供支撑，对提升我国的工业竞争能力，形成新的价值分工格局具有重要的作用。在产业智能化方面，工业互联网连通产业链上下游，壮大生产性服务业，构建资源共享的协同制造体系、智能柔性的产业链供应链体系、大规模定制的消费体验方式，对畅通一、二、三产业融合，形成新的协同发展格局具有关键作用。

第二，工业互联网驱动工业科技创新。工业互联网叠加物联网、大数据、人工智能等各类数字技术，赋能于产品设计、材料研制、工艺研发、加工制造等各个工业环节，能够改变传统上主要依赖理论推导、实验科学的创新范式，通过数据挖掘、建模仿真、软件定义，将极大提高产品、材料与工艺的创新效率，缩短研发周期。目前，尖端材料研发、新型医药研制、工艺创新与零部件结构设计等领域已经展现出巨大潜力。我国具有数据资源的天然优势，发展工业互联网将有助于加速我国的工业科技创新，并有望实现基础短板领域的突破。

第三，工业互联网带动绿色低碳发展。工业互联网的实时监测、动态优化与全局协同能力在供能、用能两端都将发挥出核心支撑作用：在供能侧，数字技术将有效支撑清洁可再生能源供电和消纳能力，促进能源结构转变；在用能侧，数字技术将成为工业生产、城市运行等各领域能耗、排放监测，优化与循环利用的关键基础。未来，预计数字技术的融合应用将为全社会带来15%—40%的碳排放减少。

第四，工业互联网驱动实体经济数字化转型。工业互联网已经成为数字经济的主战场和新引擎，正加快推动工业乃至实体经济全要素、全产业链、全价值链的全面连接，构建数据驱动的生产制造和服务体系，推动生产方式、商业模式、产业组织的创新变革，成为抢抓新工业革命历史机遇、促进产业转型升级和经济高质量发展的关键路径。

第四节 中国为什么大力发展IPv6

在荆书典看来，2016年，“雪人计划”已经在中国、美国、日本、印度、俄罗斯、德国、法国等全球16个国家完成了25台IPv6根服务器架设，其中1台主根和3台辅根部署在中国，形成了13台原有IPv4根服务器加25台IPv6根服务器的新格局。那么，根服务器到底是什么？它为何如此重要？与IPv4相比，IPv6到底有什么不同？我国为什么大力推进IPv6的建设？

一、根服务器到底是什么

根服务器的全名叫“根域名服务器”（Root Name Server），主要用来管理互联网的主目录，也是整个互联网世界的地址簿，其最基础也最重要的功能就是提供顶级域名解析服务。根服务器存在的意义就在于管理事先设计好的互联网域名，在用户操作时，找到对应的域名并实现网络连接。根服务器是国际互联网最重要的战略基础设施，是支撑互联网通信的中枢。换句话说，根服务器就是整个互联网世界的地址登记表，就像在现实世界中只有通过地址才能找到某个人的家，在虚拟世界里，必须通过根服务器才能访问入网的各类网站和设备。

由于互联网发展历史的影响以及第四版互联网协议（IPv4）的技术限制，现有根服务器的数量长期以来一直被限定在13台（这13台根服务器的名字分别为“A”至“M”），其中1台为主根服务器，在美国；其余12台为辅根服务器，美国9台，欧洲2台（位于英国和瑞典），亚洲1台（位于日本）。所有根服务器均由美国政府授权的互联网域名与号码分配机构（ICANN）统一经营管理，负责全球互联网域名根服务器、域名体系和IP地址等的经营管理。

2016年，全球在16个国家共架设了25台IPv6根服务器，包括3台主根服务器和22台辅根服务器，其中中国1台主根服务器、3台辅根服务器，美国1台主根服务器、2台辅根服务器，日本1台主根服务器，印度3台辅根服务器，法国3台辅根服务器，德国2台辅根服务器，俄罗斯、意大利、西班牙、奥地利、瑞士、荷兰、智利、南非及澳大利亚各1台辅根服务器。

二、根服务器为何如此重要

在国外，许多计算机科学家将根服务器称作“真理”（TRUTH），其重要性可通过下面的例子来说明。

2014年1月21日，农历腊月廿一，此时正值春运第六天，火车站迎来了春运客流第一轮高峰。下午3时10分左右，多个网站突然大规模瘫痪，包括百度、淘宝、腾讯、京东等诸多网站均有多个网页无法正常打开，使用网盘的用户发现无法连接成功，部分网页的图片也无法正常浏览。正在“12306”网站购买火车票的用户发现，登录、选票都很正常，但最后支付时却出现问题，网页刷新百余次，依然未能支付成功。下午4时50分，国内域名系统（DNS）服务商DNSpod透露，国内访问根服务器已恢复正常，但是由于各地DNS服务器还有缓存，因此彻底消除影响可能将需要12个小时。当天，中国互联网络信息中心（CNNIC）发微博称，经初步评估，此故障是因国内通用顶级域名的根解析出现问题所致。国家创新与发展战略研究会网络空间战略研究中心有关负责人在接受《环球时报》采访时表示，中国顶级域名根服务器故障导致大部分网站受影响事件值得关注。

其实早在2013年，中国国内就发生过两次根服务器故障：一次是在2013年7月6日，上海联通DNS设备发生故障，导致2G和3G手机用户无法上网；另一次是在2013年8月25日，“.cn”根服务器全线故障。2014年的网络故障第一次引起了国内普通民众对根服务器重要性的讨论和网络安全性的思考。

三、主根服务器美国管控之困

一切要从互联网的起源说起。1946年，美国诞生了第一台电子计算机。1969年10月29日，随着美国斯坦福大学和加州大学洛杉矶分校的计算机首次连接起来，互联网前身、美国军方组建的“阿帕网”诞生。1973年，阿帕网跨越大西洋，利用卫星技术与英国、挪威的计算机实现连接，世界范围内的“登录”开始了。1981年，因特网（Internet）协议版本4（IPv4）在RFC 791中正式被定义，IPv4成为Internet协议的第一个主要版本，一直沿用至今。1983年，域名系统诞生，网址开始以“.com”“.net”

等后缀命名（在此之前网址用数字标识）。1989年，万维网（WWW）诞生，互联网开始走向普通民众。而我国正式全功能接入国际互联网是在1994年4月20日，这一天，中关村地区教育与科研示范网络（NCFC）通过美国Sprint公司接入国际互联网的64K国际专线开通，1994年也被认为是中国开启互联网时代的元年。

由此可见，Internet起源于美国，在20世纪90年代之前一直是一个为军事、科研服务的网络。在20世纪90年代初，由美国国家科学基金会（NSF）为Internet提供资金，并代表美国政府与国家服务工业（NSI）公司签订了协议，将Internet顶级域名系统的注册、协调与维护职责都交给NSI公司，而Internet的地址资源分配则交由互联网数字分配机构（IANA）来分配。

1998年年初，美国商业部发布了Internet域名和地址管理的绿皮书，认为美国政府有对Internet的直接管理权，因此该绿皮书在发布后遭到了除美国外几乎所有国家及机构的反对。随着Internet的全球性发展，越来越多的国家对由美国独自管理Internet的方式表示不满，强烈呼吁对Internet的管理进行改革。美国政府在征求了大量意见后，于1998年6月5日发布了白皮书，提议在保证稳定性、竞争性、民间协调性和充分代表性的原则下，在1998年10月成立一家民间性的非营利机构——互联网名称与数字地址分配机构（ICANN）。

ICANN作为一家为"多方利益相关者"服务的非营利性机构，负责协调全球运营及IP地址政策，涉及域名、数字资源和协议分配三部分。由于互联网诞生于美国，因此全球域名和IP地址管理的核心职能多年来经由美国政府与ICANN签订合同，授权由ICANN负责协调管理，而美国国家电信和信息局对这个机构如何运行具有最终话语权。

直至2016年10月1日（美国东部时间），美国商务部下属机构国家电信和信息局将互联网域名管理权交给ICANN，两者之间的授权管理合同于当日自然失效，不再续签。至此，美政府理论上不再拥有该领域的主导权，标志着作为世人日常生活一部分的互联网迈出了走向全球共治的重要一步。

四、如何突破“根服务器”困局

互联网域名系统（特别是根服务器）是互联网架构中最重要的核心基础设施和战略资源，是互联网通信的入口和基础。由于我国互联网技术起步较晚，因此IPv4根服务器没有一台在我国境内。

为了让全球用户享有更高效便捷、安全稳定的域名根服务器，从2002年开始，ICANN就开始联合全球的根服务器管理机构设立根镜像服务器，以减少突发事件造成的影响。每台根服务器会设置一定数量的根镜像服务器，根服务器与其镜像服务器使用同样的IP地址提供服务，具有相同的解析服务功能。到目前为止，全球已经建立了1100多台根镜像服务器，中国有10台。

为了打破根服务器困局，2015年6月23日，ICANN在第53届会议上正式对外发布了由中国下一代互联网工程中心领衔发起的，基于全新技术架构的全球下一代互联网（IPv6）根服务器测试和运营实验项目——雪人计划（Yeti DNS Project）。2016年，“雪人计划”已经在中国、美国、日本、印度、俄罗斯、德国、法国等全球16个国家完成了25台IPv6根服务器架设，其中1台主根服务器和3台辅根服务器部署在中国，形成了13台原有IPv4根服务器加25台IPv6根服务器的新格局。

【延伸阅读】

1. IPv6与IPv4相比有什么不同?

IP指网际互连协议，是整个TCP/IP协议族的核心，也是构成互联网的基础，负责源主机和目的主机的地址，并传输数据。有人把互联网比作一套“快递系统”，IP地址就是快递地址，也是业内常说的“门牌号”；而IP协议则是快递公司制定的“工作流程和制度”。通俗地说，如果没有IP协议以及基于它的IP地址，我们就没办法用微信聊天、进行网络购物等。

IPv4又称互联网通信协议第四版，是第一个被广泛使用，构成现今互联网技术基石的协议。IPv4协议规定IP地址由32位二进制数组成，分成4段，每段8位，用十进制数字表示，每段数字范围为0—255，段与段之前用句点隔开，例如192.168.1.255。

IPv4从1981年诞生到今天，已经使用了40多年，特点是简单、可靠、大家互信。但IPv4有一个致命的问题就是数量：IPv4地址是32位的二进制数，意味着IP地址在逻辑上的最大总量为2^{32}-1，也就是4294967295（约43亿）个。在当时设计规划时的1981年，这个地址数量是一个天文数字。但是，互联网的发展速度超过所有人的想象，随着个人电脑、智能设备、移动电话、移动服务提供商（ISP）的兴起，IP地址被迅速消耗。

就在IPv4诞生10年后的1991年，国际互联网工程任务组（IETF）就预测IPv4地址将会在2010年左右耗尽，并在1992年提出了IP协议第六版，简称IPv6。事实也是如此，2012年，IPv4顶级地址（top-level）已经全部耗尽，所有IPv4地址空间已分配给全球五大区域的互联网注册机构。2019年11月26日15时35分，位于荷兰阿姆斯特丹的IP地址管理机构正式宣布，全球43亿个IPv4网址也已经全部分配完毕，已经没有IPv4网址可以分配给ISP和其他大型网络基础设施提供商。

相比于IPv4，IPv6可以提供海量网络地址和更强的网络承载能力，在提升数据处理效率和网络安全性上效果显著，是下一代互联网可采用的比较合理的协议。和IPv4的地址长度不同，IPv6地址是以十六进制表示的二进制数，具有128位地址长度。一个IPv6的IP地址由8个地址节组成，每节包含16个地址位，总长度是16 × 8 = 128位。这也意味着，IPv6理论上可提供的IP地址数量达2^{128}-1个，即IP地址总数为340282366920938463463374607431768211455个，足以满足5G、物联网、自动驾驶等联网设备对独立IP地址的需求。简单一点描述就是，采用IPv6协议，理论上可以为地球上的每一粒沙子分配一个独立的IP地址。

IPv6的设计初衷就是用来解决IPv4地址枯竭问题，同时对IPv4进行大量改进，并最终取代IPv4。然而，由于NAT等技术的广泛应用，IPv4在互联网流量中长期占据主要地位，导致IPv6的使用增长缓慢。但是，纵观互联网的发展，无论是过去、现在还是未来，它的一个重要特点是，能让信息交换、人与人之间的交流更便捷。相比IPv4实现的只是人机对话，IPv6的强大之处在于，它能让每个互联网终端都有一个独立的IP地址，这也让“万物互联”成为了可能。

2. 各国IPv6规划情况

1998年，IETF正式推出IPv6。IPv6出现后，全球多数国家纷纷开始了针对IPv6的研发活动，而美国的态度起初显得十分冷淡。一个很重要的原因是，美国作为互联网发源地，当时还手握大量未分配的IP地址。IPv6与IPv4是不兼容的，但它同其他的TCP/IP协议族中的协议兼容，即IPv6完全可以取代IPv4，也就是说，IPv6并不是IPv4的改进，而是一个全新的协议。面对新老协议替换这样庞大的工程，无论是技术上还是经济成本上，从IPv4向IPv6迁移都不是一件容易的事。

2000年9月，日本政府把IPv6技术的确立、普及与国际贡献作为政府的基本政策公布。2001年，欧盟成立了IPv6任务组，专门制订IPv6推广计划，并在次年同时启动了6 NET和Euro 6实验网。2004年，韩国启动了IT 839计划，目标是建成东亚网络枢纽。

五、中国IPv6网络“高速公路”已全面建成

据了解，中国是最需要IPv6的国家，也是全球最早开展IPv6及下一代互联网技术研究、标准制定、应用开发和规模商用的国家之一。但是截至2017年7月，中国的IPv6用户占网络用户之比在世界排名并不是很高。

中国的IPv6发展可谓是“起了个大早，赶了个晚集”。不过，国家相关部门已经注意到我国IPv6发展的困境，迅速出台了多项政策，加快了IPv6的部署速度。2017年11月，中共中央办公厅、国务院办公厅联合印发了《推进互联网协议第六版（IPv6）规模部署行动计划》，明确提出了未来5—10年我国基于IPv6的下一代互联网发展的总体目标、路线图、时间表和重点任务，成为加快推进我国IPv6规模部署、促进互联网演进升级和创新发展的行动指南。

2019年，我国发布了《中国IPv6发展状况》白皮书，建立了“国家IPv6发展监测平台”，成立了“IPv6+”技术创新工作组，明确了“IPv6+”技术研究和产业实践“三步走”的发展战略。

2021年7月，工信部、中央网信办联合印发了《IPv6流量提升三年专项行动计划（2021—2023年）》，从网络和应用基础设施服务性能、主要商业互联网应用IPv6浓度、支持IPv6的终端设备占比等方面提出了量化目标。这一计划的出台标志着我国IPv6发展在经过网络就绪、端到端贯通等关键阶段后，正式迈入了“流量提升”时代。

2021年7月，中央网信办、国家发展改革委、工信部联合发布了《关于加快推进互联网协议第六版（IPv6）规模部署和应用工作的通知》，该通知提出了到2023年年末以及到2025年年末的分阶段IPv6发展目标。

2021年11月，工信部发布了《“十四五”信息通信行业发展规划》，

明确提出“十四五”时期要提升IPv6端到端贯通能力，提升IPv6网络性能和服务水平，实现IPv6用户规模和业务流量“双增长”，以此推动IPv6与人工智能（AI）、云计算、工业互联网、物联网等融合发展，并在重点行业开展“IPv6＋”创新技术试点以及规模应用，增强IPv6网络对产业数字化转型升级的支撑能力。

2022年3月，中央网信办、国家发展改革委、工信部、教育部、科技部等12部门联合下发了“IPv6技术创新和融合应用试点名单”，加快推动IPv6关键技术创新、应用创新、服务创新、管理创新持续突破。

2022年4月，中央网信办、国家发展改革委、工信部联合印发了《深入推进IPv6规模部署和应用2022年工作安排》，明确提出了2022年的工作目标：到2022年年末，IPv6活跃用户数达到7亿，物联网IPv6连接数达到1.8亿，固定网络IPv6流量占比达到13%，移动网络IPv6流量占比达到45%。

在相关部门多项政策的持续推动下，我国IPv6规模部署成效显著，多项IPv6能力步入世界前列。据国家IPv6发展监测平台统计，2023年2月，我国移动网络IPv6占比达到50.08%，首次实现了移动网络IPv6流量超过IPv4流量的历史性突破。

IPv6规模部署是关乎产业链各个环节的系统工程，需要运营商、设备商、互联网公司、终端用户等协作进行。除了政府部门大力推动外，以中国移动、中国联通、中国电信为代表的电信运营企业，以华为、中兴为代表的设备商，以清华大学、中国信通院为代表的学术和研究机构，以腾讯、阿里巴巴为代表的互联网企业等产业链参与者均在积极推动IPv6的规模化发展。

中国电信在IPv6领域长期耕耘，成效显著。中国电信全面推动网络基础设施IPv6改造，提供覆盖全国、性能优良的IPv6云网服务，移动网、固网设备全面改造完成并开启IPv6，进一步提升了IPv6的端到端网络质量。目前，中国电信的IPv6网络性能已与IPv4相当。中国电信还联合清华大学等单位提出了面向大规模网络的多域IPv6单栈组网总体方案，并且联合国际伙伴向互联网工程任务组提交了标准提案，积极开展5G SA IPv6单栈试点和物联网单栈试点，为IPv4向IPv6全面快速演进探索了落地方案。

中国移动自2003年开始IPv6技术研究以来，目前已建成全球用户规模最大的双栈网络和最大的IPv6单栈网络。截至2022年6月底，移动网IPv6地址分配数达到了7.72亿，固网IPv6地址分配数为1.69亿，承载网、核心网、数据中心以及移动云的各种产品已经实现了100%支持IPv6。

目前，中国联通新建的千兆光网、5G网络已同步部署IPv6，4G网络、固网也已全部完成升级改造。中国联通在优化应用服务性能方面，已有数据中心、云平台、DNS全部完成IPv6改造，新建节点全部支持IPv6；在提升终端支持能力方面，新增家庭网关、家庭智能组网产品、物联网终端、企业网关等均全部支持IPv6；在拓展行业融合应用方面，集团主要门户、在线窗口、App均全面支持IPv6。

作为IPv6的技术赋能者，华为从绿色超宽、泛在物联、确定性网络、算力网络、自动驾驶网络、网络安全六大方向，打造了“IPv6+”的创新高地。

中兴通信在IPv6领域研发投入已经超过20年，从2000年开始就开展了IPv6技术预研及产品化工作。2003年，中兴通信首次在IPv6高峰论坛上展出了IPv4／IPv6双栈路由器。2004年，中兴通信成为中国首个获得“IPv6 Ready”认证的设备厂家。从2005年开始，中兴通信IPv6系列路由器和交换机开始运行于运营商网络。从2019年开始，中兴通信与中国信通院、紫金山实验室以及国内三大运营商等就“IPv6+”课题展开深度合作，并在SRv6、BIERin6组播等技术领域的标准确立和新技术试点方面处于业界领先地位，全面支撑了“IPv6+”体系的技术落地和规模部署。

阿里巴巴、京东、网宿科技等互联网企业和CDN企业也在持续推进云、IDC、CDN等基础设施改造，加大相关业务对IPv6的支持力度。字节跳动、腾讯、百度、美团、奇虎360、网易等企业持续强化App改造，提升App应用的IPv6浓度。小米、新华三、吉祥腾达等厂商加大了在售和在研产品的IPv6改造。

从供给能力来看，我国IPv6网络“高速公路”已全面建成，信息基础设施IPv6服务能力已基本具备。

【延伸阅读】中国IPv6发展的时间线与重要里程碑

2011年12月23日，国务院召开常务会议，研究部署加快发展下一代互联网产业，确定了我国IPv6大规模部署和商用的时间表。

2017年开启规模化部署IPv6进程。

2017年11月，中共中央办公厅、国务院办公厅印发《推进互联网协议第六版（IPv6）规模部署行动计划》，提出我国在未来将建成全球最大规模的IPv6商业应用网络。该计划标志着我国开启了规模化部署IPv6的进程。

截至2017年12月，中国IPv6地址数量为23430（块／32），年增长率为10.6%，域名总数为3848万。

2018年，中国IPv6地址数量年增长率为75.3%。

截至2018年12月，中国IPv6地址数量为41079（块／32），年增长率为75.3%。

2019年，中国IPv6地址数量跃居全球第一。

截至2019年6月，中国IPv6地址数量为50286（块／32），较2018年年底增长14.3%，已跃居全球第一；IPv6活跃用户数达1.3亿。

2020年，中国IPv6活跃用户数占比达40.01%。

截至2020年7月，我国IPv6活跃用户数为3.62亿，占比达40.01%，国内用户量排名前100位的商业网站及应用均已支持IPv6访问，进步非常显著。

2021年，“流量提升”时代开启。

2021年7月，工信部、中央网信办联合印发《IPv6流量提升三年专项行动计划（2021—2023年）》。

截至2021年9月底，我国移动通信网络IPv6流量占比已经达到22.87%，提前完成20%的阶段性目标，标志着我国IPv6发展进入了“流量提升”时代。

截至2021年12月底，我国IPv6活跃用户数达6.08亿，占网民总数的60.11%；中国电信、中国移动、中国联通已完成骨干网、城域网和LTE网络的IPv6升级改造，新建5G网络全面支持IPv6，骨干直连点均实现IPv6互联互通；我国移动网络IPv6流量占比从2020年年底的17.21%提升至35.15%，固定网络IPv6流量占比从2020年年底的4.3%提升至9.38%，均实现了同比翻番增长，超额完成预定目标。

2022年，IPv6应用百花齐放。

2022年3月，中央网信办、国家发展改革委、工信部、教育部、科技部等十二部门联合印发《IPv6技术创新和融合应用试点名单》，加快推动IPv6关键技术创新、应用创新、服务创新、管理创新持续突破。

截至2022年7月，我国IPv6活跃用户数达6.97亿，固定网络IPv6流量占比达10%，移动网络IPv6流量占比达40%，整体发展势头良好。

2022年7月，首届IPv6技术应用创新大赛启动。本次大赛征集到近1500个项目案例，参赛作品既包括智慧城市、智慧政务等公共服务领域，也涵盖电力、矿山、交通、工业制造等行业应用领域，以及智能家居、智慧金融、远程医疗、在线教育等民生关切领域，IPv6应用展现出百花齐放、繁荣发展的景象。

2023年4月，工业和信息化部、中央网信办、国家发展改革委、教育部、交通运输部、人民银行、国务院国资委、国家能源局八部门联合印发《关于推进IPv6技术演进和应用创新发展的实施意见》，提出到2025年年底，IPv6技术演进和应用创新取得显著成效，网络技术创新能力明显增强，“IPv6＋”等创新技术应用范围进一步扩大，重点行业“IPv6＋”融合应用水平大幅提升；并在技术创新取得显著突破、产业支撑能力大幅提升、基础设施能力持续增强、重点行业应用成效凸显、安全保障能力显著提升等方面明确了具体发展目标。

六、工业互联网拥有无限未来

工业互联网的发展尚处于初级阶段，尚未“飞入寻常百姓家”。然而，它们最终也会像互联网的发展一样，终有一天将瓜熟蒂落，大规模普及，真正惠及世界每一个人。

工业互联网能让“看得见”的人和物，“看不见”的工艺、方法、标准都实现数字化、信息化，可以进行实时互动沟通，让所描述的对象可以进入新一代网络。它不仅包括交通、医疗、家居、娱乐、政务等场景或系统，而且深入人类文明的演进过程，从学习知识到培养技能，从认识自然到感受世界，从情感交流到科学研究等，都将融合工业互联网的元素。未来，工业互联网将无所不在，因为其理论上将无所不能，也就没有了空间的界限。

科技越发展，社会运行效率越高，边际成本越低，创造的效益越大。与此同时，资源配置将更加优化，资源利用将更加充分，有限的资源将创造更丰富、更持久的价值。工业互联网并不是互联网与万物的简单结合，而是万事万物的相融相通，是从数据信息互联到一切物质形态互联的质的飞跃。工业互联网最终会将人们带入无比美好的未知世界——由现实世界映射或超越现实世界、可与现实世界交互的虚拟世界，具备新型社会体系的数字生活空间，类似于现在提到的“元宇宙”。

综观国内外，工业互联网吸引了众多知名企业和企业家的关注，并为之探索，为之振奋，这也从另一个侧面说明工业互联网将带动的市场大得惊人，而其创造的世界亦超乎想象。当工业互联网的商业模式真正成熟的时候，就真的可以从蹒跚学步的孩子变成独立奔跑的少年了。虽然目前工业互联网已经展现了巨大价值，但是仍然处在发展初期，很多新技术、新的应用场景、新的价值创造方式还没有出现，这些都将会在未来逐步释放出来。

未知的世界里藏着怎样的秘密和惊喜？未知的总是最美的，扑朔迷离、若隐若现、若即若离，最撩人心思。工业互联网会给我们带来怎样的惊喜，或许没有人能够说得清。只有真正形成了一套完整的属于自己的商业模式，并且这样的商业模式能够支撑自己的发展时，这套系统才是真正成熟和完善的。这正是工业互联网之所以成为数字经济时代根基的关键原因，也是工业互联网能够带给我们很多想象的关键原因。

在此，我们可以想象工业互联网如何改变我们未来的工作和生活：

在工业园区、生产线、仓库、运输集散地等，全智能设备、机器人和感应系统一应俱全，既提高了效率，又能科学防范安全隐患。

街道两旁店铺林立，闲暇逛街时，无需进店即可通过手机或其他智能可穿戴设备接收到店铺内商品的信息和价格，AR／VR技术则将商品栩栩如生地呈现在消费者眼前。

马路上，无人驾驶的新能源汽车井然有序地行驶，再也不用担心堵车和汽车尾气污染，人们可以完全实现绿色出行。

在运动场馆里，衣服和鞋帽将随时记录相关的数据信息并直接反馈到智能可穿戴设备，人们可以据此选择增减运动量和适合个人的运动方式。

智能家居的普及则让家庭生活变得更简单、更便捷。智能家居领域的排头兵海尔集团打造的卡奥斯COSMOPlat作为具有中国自主知识产权、全球首家引入用户全流程参与体验的工业互联网平台，则为我们描画了一个雏形：通过持续与用户交互，将硬件体验变为场景体验，将用户由被动的购买者变为参与者、创造者，将企业由原来的以自我为中心变为以用户为中心。智能家居模式全面开启后，人们将不必再亲自做饭，全自动的厨房按照预先设定的菜谱将香喷喷的饭菜准备好，仿人服务机器人负责将饭菜摆上餐桌。

假期来临，人太多、天气太热，不想出门又想享受旅游的快乐，只要戴上虚拟现实的眼镜，就可实现游山玩水身临其境……还能通过社交网络与朋友一起结伴畅游……三亚的海风、巴黎的浪漫、普罗旺斯的花海、澳大利亚的黄金海岸……足不出户尽享人间美景，宛若梦境。

不久的未来，无人驾驶、智慧城市、智能家居、AR／VR、智能医疗、人工智能这些目前尚未在消费市场普及的产业，都将走进寻常百姓家，像水和空气一样成为日常生活的有机组成部分，融入人们的生活、工作、社交、娱乐、消费、休闲等各种场景。随着大数据、云计算、传感器、智能芯片、智能系统模块等工业互联网元素的不断进化，工业互联网缔造的智慧世界美好可期。

从万物互联到万物智联，工业互联网所改变的不仅仅是人们的衣食住行，还有视野和思想。让这一切成为可能的关键支点，是基于IPv6的工业互联网建立的标识解析体系，它可以为任何社会要素赋予一个唯一的“数字ID”。中国基于国家时代发展要求规划建设的新一代互联网，不仅可以解析IP，还可以解析ID，能够真正实现万物互联，让智慧世界成为现实。

书典观察：

仪器仪表是工业的“眼睛”，是获取数据信息的重要工具。我国是仪器仪表生产使用大国，仪器仪表制造业在国民经济和国际竞争中占据重要地位。近年来，仪表行业，特别是水表、电表、燃气表、热量表等计量仪表已逐渐向数字化、智能化、网络化方向发展。仪器仪表种类多、数量大、分布广，仪表制造企业、使用单位、检校机构、监管部门等产业链用户普遍存在着信息化基础薄弱，多用户、多系统独立运行等问题，造成了产业链信息不对称，生产效率低，急需搭建产业链协同发展平台，打破数据孤岛，实现上下游产业数据的互联互通。

大陆股份顺应工业互联网发展大势，抢抓数字经济发展与数字中国建设新机遇，牵头建成了仪表行业首个工业互联网标识解析二级节点——仪表行业应用服务平台。作为整个标识解析体系的中间环节，工业互联网标识解析二级节点向上连接国家顶级节点，向下对接企业节点，这个平台主要是为仪表制造企业和用户提供便捷的标识编码注册和标识解析服务，打造仪表行业特定应用场景，促进仪器仪表的质量管理、产品追溯、产品全生命周期管理等应用，加速产业聚集，推动标识产业生态培育，促进制造企业转型升级和高质量发展，对于推动工业互联网标识解析体系建设，带动工业互联网创新发展，赋能仪器仪表行业转型升级具有重要的意义。

第二章·仪器仪表行业工业互联网标识解析体系建成①

2019年11月6日，我国仪器仪表行业首个工业互联网标识解析二级节点——“仪表行业应用服务平台”在济南正式上线，这标志着仪器仪表这个传统行业从此迈进了工业互联网时代，这也注定会成为中国工业互联网发展史上的一个里程碑事件。仪器仪表行业工业互联网标识解析二级节点项目，是国家2019年工业互联网创新发展工程项目，是由荆书典董事长领衔的济南大陆机电股份有限公司，联合山东省计算中心（国家超级计算济南中心）、华为软件技术有限公司、中国科学院沈阳自动化研究所、浙江中控自动化仪表有限公司共同承建的。

2021年12月10月，工业互联网标识解析二级节点——仪表行业应用服务平台顺利通过专家验收。

2022年4月1日，大陆股份成功通过了由中国软件行业协会指导、中科院软件中心评测验证的工业互联网标识解析与服务能力成熟度等级评估，达到二级节点三级服务能力水平，荣获标识解析与服务机构服务能力三级证书。

2022年8月26日，大陆股份正式获得由山东省通信管理局颁发的《中华人民共和国互联网域名服务许可证》，标志着大陆股份正式获得在全国开展域名与标识注册服务的官方认证资质。从此，我国工业互联网标识解

①本章参与编写人员：寇兴玲、王静。

析体系建设和应用部署迈入了新征程。

荆书典：作为整个标识解析体系的中间环节，工业互联网标识解析二级节点——仪表行业应用服务平台向上连接国家顶级节点，向下对接企业节点，建成了跨地域、跨行业、跨企业的信息共享和应用平台，平台能够根据客户不同层面的需求，提供全方位或模块化的服务能力平台；平台拥有可靠的PaaS基础和较好的SaaS服务生态及产品和应用商城，可以形成多维度的合作模式；平台可以帮助企业大幅提高效率、降低成本、提升产品质量，提高企业的竞争力。在推动工业互联网标识解析体系建设，赋能仪器仪表行业转型升级，融入工业互联网创新发展方面，为推动数字经济与数字中国发展写下了厚重的篇章。

第一节 仪器仪表行业曾经的困局

仪器仪表测量的数据是经济发展的基础之一。我国是仪器仪表生产使用大国，仪器仪表制造业在国民经济和国际市场中占据重要地位，仪器仪表行业怎样实现充分发展？我们认为，一是要解决自身行业发展过程中面临的问题，二是要得到仪器仪表所服务的产业场景的足够认同。

作为仪表行业的创导者和实践者，荆书典深知仪器仪表行业的痛点，他带领大陆股份砥砺奋进三十年，不断探索解决问题的命脉之门。

一、仪器仪表是认识自然、改造自然的重要手段

业内人士都知道，仪器仪表是人们认识自然、改造自然的重要手段，是开展科学实验，发展工农业生产，开发与节约能源，提高经济效益和管理水平的有效工具。综观能源、原材料、交通、农业、机械、电子、纺织、建筑、医药、卫生、国防、环境保护、科研等各行业的发展，它们都离不开仪器仪表的支持，仪器仪表是信息化和产业化深度融合的源泉。仪

器仪表全面覆盖了国民经济和现代国防的各个领域，同时，作为国民经济的基础性、战略性高技术产业，它对促进产业转型升级、开发战略性新兴产业、提高科技发展能力、促进现代国防建设、保障和提高人民生活水平具有十分重要的作用。

仪器仪表是用于检查、测量、控制、分析、计算和显示被测对象的物理量、化学量、生物量、电参数、几何量及其运动状况的器具或装置。按照国家统计局的产业分类，仪器仪表行业包括工业自动控制系统装置、电工仪器仪表、光学仪器、实验室仪器、分析仪器、试验机、工业用仪表、环境监测专用仪器仪表等20个行业小类。

仪器仪表广泛用于钢铁、石油、化工（见图2-1）、航空航天、汽车等各行各业，是工业生产的“倍增器”，是科学研究的“先行官”，是军事上的“战斗机”，是现代生活的“物化法官”，是“中国制造”走向“中国智造”的关键和核心，同时也是建设世界科技强国的基石。作为计量测试的手段，仪器仪表是提升我国计量测试水平最重要的基石之一。

图2-1 化工行业使用的仪器仪表

近年来，仪表行业，特别是水表、电表、燃气表、热量表等计量仪表已逐渐向数字化、智能化、网络化方向发展。但仪器仪表种类多、数量大、分布广，仪表制造企业、使用单位、检校机构、监管部门等产业链用户普遍存在着信息化基础薄弱，多用户、多系统独立运行等问题，造成了产业链信息不对称、生产效率低等问题，急需搭建产业链协同发展平台，打破数据孤岛，实现上下游产业数据的互联互通。

二、我国仪器仪表行业的特点

仪器仪表行业具有技术集成度高和规模经济大的特点。我国仪器仪表行业经过多年的发展，已经形成了门类齐全，具有较强科研实力和较大生产规模的产业集群。在技术方面，仪器仪表的研发、生产需要电子技术、计算机技术、通信技术、自动控制技术等多领域技术，属于知识密集型行业，新进入本行业的市场参与者在人才储备、技术积累和研发储备等方面需要较长的适应时间，技术壁垒较高。而在生产经营方面，仪器仪表类产品具有“多品种、小批量”的行业特点，部分产品还具有“工艺复杂、技术要求高”等特点，生产企业普遍采用按照客户需求设计和生产相应产品的经营模式。由于所需要的零部件种类较多，如果企业生产规模较小，单次采购量必然较低，导致原材料采购成本较高。

从厂商集中度方面来看，由于产品种类繁多，涉及领域广泛，因此我国仪器仪表行业的集中度极低，整体处于完全竞争的态势。从企业规模来看，我国仪器仪表行业企业中，中型企业的生产制造规模最大，其次是小型企业，而大型企业只占约20%的资产规模。按照贝恩市场分类标准来看，我国仪器仪表行业整体基本上处于完全竞争市场态势。从行业销售收入来看，我国的仪器仪表制造行业呈现出连续的快速增长，年平均增速在20%以上，同时企业数量众多，行业竞争较为激烈。由此可以看出，我国的仪器仪表制造行业正处于产业生命周期的成长期。

从目前的发展态势来看，我国的仪器仪表制造行业与国际先进水平相比还有较大的差距。我国尽管是世界最大的仪器仪表生产国，但目前尚无一家企业能跻身全球十大仪器公司之列，特别是一些精密仪器，仍需要从国外大量进口，整个行业连续多年陷入出口逆差的困境。因此我国的仪器仪表行业还需要经历一段时间来从成长期步入成熟期。

三、仪器仪表产业的发展与挑战

随着国民经济的快速发展和高新技术产业的迅速成长，我国仪器仪表行业近年来一直保持着比较好的增长态势，我国已经成为国际上仪器仪表产业规模最大的国家之一，也是发展中国家中仪器仪表产业规模最大、产品品种最齐全的国家。虽然我国仪器仪表产业发展规模不断扩大，但是一直存在基础研究薄弱、产品可靠性和稳定性低、以中低端产品为主等问题，高端仪器仪表、核心零部件等长期依赖进口。在产业发展的同时，也面临着较大的挑战，表现为以下几点。

一是国产仪器整机的技术、性能参数等方面指标总体低于国外同类产品。虽然有些产品的某些主要技术指标可以达到或接近国外仪器指标，但是由于国内企业对产品的制造技术、工艺的掌握能力不足，没有很好地掌握或吃透仪器仪表中大量的关键技术，在引进技术的基础上进行技术创新的能力又不强，因而普遍存在产品在技术指标、应用性能等方面低于国外同类先进产品的现象。

二是国产科学仪器的功能部件和附件的性能及水平与国外产品相比有较大差距。目前我国精密加工和元器件产品研发基础薄弱，围绕仪器仪表产业的专业化配套能力不足，造成产品的功能部件和附件的工艺、质量水平不高，影响了仪器仪表整体技术效果和检测能力。

三是国产仪器仪表的可靠性、稳定性问题突出。国内企业对高性能产品的技术掌握不够，低价格市场竞争使企业对产品投入不够，工艺水平和行业基础差，一些已经生产多年的国产仪器在可靠性和稳定性方面不及国外同类产品，使用户对国产仪器产生极大的不信任。

四是仪器仪表的智能化水平不高，产品适用性不好。随着信息化的发展，仪器的自动化、智能化、集成化是当前仪器发展必不可少的条件，也是减少误差、提高效率和精度、扩大用途的良好途径。国内企业对产品的应用认识不深，对用户应用研究不够，在产品的功能辅件、应用软件和应用操作上投入不足，往往只关注主机或者只生产裸机，造成了国内产品应用范围窄或者应用不便，影响了国产仪器的推广应用。

随着目前国际政治形势、中美贸易摩擦以及世界经济格局的演变，以国家重点产业和国防建设的安全、自主、可控为契机，我国正在推进重点产品核心技术自主化进程，力争基本形成国家大型工程项目、重点应用领域自控系统和精密测试仪器的基本保障能力以及重大科技项目所需要的自控系统和精密测试仪器基础支撑能力。

从保证信息安全的角度出发，国产化替代成为大势所趋，这将给国产仪器仪表行业带来更多的市场机会，“专、精、特、新”的好产品也将不断涌现。

2020年3月以来，国家大力推进新型基础设施建设（“新基建”）。新基建是以新发展理念为引领，以技术创新为驱动，以信息网络为基础，面向高质量发展需要，提供数字转型、智能升级、融合创新等服务的基础设施体系。新基建主要包含5G基建、特高压、城际高速铁路和城际轨道交通、新能源汽车充电桩、大数据中心、人工智能、工业互联网七大领域，涉及通信、电力、交通、数字等多个社会民生重点行业。

仪器仪表及其核心部件作为通信测试、装备运维、智能感知和大数据获取的重要保障，将推动仪器仪表行业加快新产品的技术开发，开展测试要求、可靠性方法、通信传输、安全要求等基础共性技术研究，以满足新基建发展需要。

四、仪器仪表亟须解决的一个重要问题

目前仪器仪表行业亟须解决的最重要的一个问题是，仪器仪表的标识编码仍然存在多种方式，如VAA、Handle、OID、Ecode、GS1、MA等。主要的原因是各生产企业之间属于相互竞争的关系，主要以自编码为主，在编码格式上往往也都采用企业自定义的编码格式，各种编码规范无法统一，这就直接导致不同企业之间的编码无法兼容，并且无法与统一网络进行连接。

编码格式各自为阵，编码规范又不统一。这些仪器仪表在流通的过程中，往往需要多次编码、赋码，既降低了工作效率，又难以实现信息的准确关联和自动获取。这些信息的孤立存在以及标准的不统一造成了产品追溯、品质评价难以落地，也增加了仪表在仓储、加工、配送、财务结算等方面的业务协同成本，严重影响了仪表行业向协同制造、供应链管理、全生命周期管理等互联网方向的发展。特别是在仪器仪表测量数据溯源方面，缺少统一的标准体系和支撑性平台，仪表的测量数据难以溯源，可靠性、安全性难以保证，在如今人工智能和大数据的时代，给企业安全生产、节能降耗等方面造成了重大影响。

五、计量之困亟待行业破局

“滴答、滴答、滴答”，水龙头下面放一个水桶，滴满一桶再换一桶。这是十几年前，家家户户使用机械水表时许多家庭的真实写照。

为什么要接水呢？因为机械水表在运行的过程中，由于是机械转动，长时间的水流冲击，叶轮磨损，造成机械故障，而水中的杂质、水量、水压等也会造成水表叶轮的卡死，多方面因素导致水表只走水而不计量。另外老式机械水表的计量精度低，在滴水比较慢的情况下根本就不会计量。

不止是水表，在十几年前，很多建成时间较早的小区，里面的电路设

计都已“过时”，一些老旧的电线甚至不能供一些大功率的电器使用。一些老款电表由于老化，里面的一些器件出现了磨损的情况，导致这些电表的计量并不准确，这种电表是很难计量大功率电器的用电情况的。

以上问题的积淀就直接导致了在更换成智能表以后，很多人反映说智能表计量不准确。其实，这是一种正常现象，并不是表不准了，而是新的智能表计量得太准确了。智能表上记录有非常详细的用水或用电情况，而且是实时监控的。

2017年11月，一段某市某加油站“缺斤短两”的视频在网上热传，引发了人们对加油站加油设备有猫腻的担忧。当晚，该地质监部门对涉事的加油机进行了检测。经检测，该加油机计量数据在合理误差之内，不存在“缺斤短两”现象。整个事件的矛盾点是市民觉得这台加油设备有“作弊”行为，而稽查人员现场检查，加油机均在检定周期内，且现场检定结果显示符合相关检定规程。

“时间没法倒流，我们没法看当时这台加油机有没有问题，但如果有了统一的计量器具识别编码，这台加油机由哪家工厂生产，卖到哪家加油站，检定结果是否合格，误差多少，是否受控，都能查询出来。”在荆书典看来，只要所有的计量器具都按照标准通过计量器具公共服务平台进行编码，保证它的唯一性，交易的数据、计量的数据可以上传到应用服务平台上，“这样，这台加油机从哪个油厂进了多少油，卖出多少油，误差多少，数据一进一出是平衡的，就能确定该加油机是否有‘作弊’行为”。不仅仅是加油机，水表、电表少跑或多跑字，都能检测出来。

大陆股份在2009年就发现了同样的问题，其技术团队在推动能源管理的过程中，需要把数据收集起来进行分析，由于对计量器具的管控不够，很多数据难以收集。传统的计量器具管理方法中，生产、流通、检定、维修之间各自为营，信息是难以打通的，这就造成了诸多不便和数据信息的不确定性。作为一家专业从事工业互联网平台建设，为用户提供管控一体化整体解决方案和可追溯大数据服务企业的带头人，荆书典的选择是，啃下这块硬骨头，这与大陆股份的企业发展方向也是一致的。

成立于1993年的济南大陆机电股份有限公司，那时候做的仪表还是机械式的，后来变成电子式的，再往后就是发展计算机控制系统，也叫管控一体化系统集成服务。这样从传统到智能化的产业变化，既是大陆股份的企业升级路径，也是这个产业的发展路径：人们开始做自动化仪表是为了做自动控制，这是基于企业安全生产的需要，也是当时的市场需要；而要实现信息化，就要和管理结合起来，解决实现控制和高效管理的问题。

传统的计量器具管理方法是这样的：生产企业在计量器具出厂时出具出厂编号；使用单位在进行设备管理时，会设置一个设备编号；第三方检定机构，尤其是法定计量检定机构会对强检器具发放带有编号的检定证书。生产、流通、检定、维修之间各自为营，这样信息是难以打通的。

仪表是工业的“眼睛”，仪表测量的数据是经济发展的基础。仪表的质量及其测量数据的真实性和可靠性都是至关重要的，是影响各类工业现场、安全环保现场、检测测试现场以及生产线合格率、产品品质、竞争力的核心因素之一。

在水表、电表、燃气表、热量表等计量仪表以及压力表、流量计、温度计、酸碱计、气体报警仪等工业现场仪表领域的产品追溯和质量提升需求中，物料、设备、人员、流程指令和设施控制信息分辨度，都以离散的整机、时间点或位置点来区分和记录，未形成有效的、可联网的辨别信息，无法线上溯源影响仪表品质和数据精确度的因素到底是配件、核心部件、生产环境、生产工艺还是人员的操作。

同时，在仪器仪表的标识编码过程中存在着多种方式，如VAA、Handle、OID、Ecode、GS1、MA等，往往采用企业自定义编码格式，主要以位置码为主，各种编码规范无法统一，不同企业之间的编码无法兼容，并且无法与网络进行连接；在流通过程中，往往需要多次编码、赋码，既降低了工作效率，又难以实现信息的准确关联和自动获取。有些企业虽然建设了产品追溯平台，但是编码采用自定义标准，无法保证编码的唯一性，因此平台的权威性、数据的安全性、运营的稳定性也大打折扣。

搭建产业链协同发展平台，打破数据孤岛，实现上下游产业数据的互联互通，已经成为行业与时代发展的刚需。

第二节 大陆股份为计量器具赋予“身份证”

荆书典：给每个计量设备都编上唯一的编码，把它们从生产、流通再到使用、维修、报废的全过程全程记录下来，汇集成大数据，为企业的生产过程做能效分析，记录下所有的经济信息，这是大陆股份团队经过多年不断实践的结果。计量是国之重器，像最早秦始皇统一六国，首先统一度量衡，颁发新标准器一样，作为衡量数量、计量的手段，计量仪器仪表一直都在不断地向前发展，计量器具在使用、检定、监管等环节的信息互通就成了亟待解决的问题。

企业家要把使命感作为最根本的驱动力，要自觉把企业的发展融入国家发展、社会进步的进程，为此大陆股份不断发展完善计量体系，向着组织制定国内独一无二的计量器具唯一识别编码不断迈出坚实步伐。

一、《计量器具识别编码》（GB/T 36377—2018）的诞生

2015年12月，大陆股份牵头申请的《计量器具识别编码》获得了国家标准化管理委员会立项批准。

2018年6月，由大陆股份主导编制的国家标准《计量器具识别编码》（GB/T 36377—2018，见图2-2）由国家市场监督管理总局、国家标准化管理委员会在《中华人民共和国国家标准公告》（2018年第9号）中正式发布。该项国标可提供计量器具在生产、使用、检定等信息交互和数据共享

过程中的唯一识别，实现了对计量器具全生命周期的管理。同时，基于该标准打造的计量服务平台利用计量器具的唯一性识别编码，实现了计量器具在使用、检定、监管等环节的信息互通。

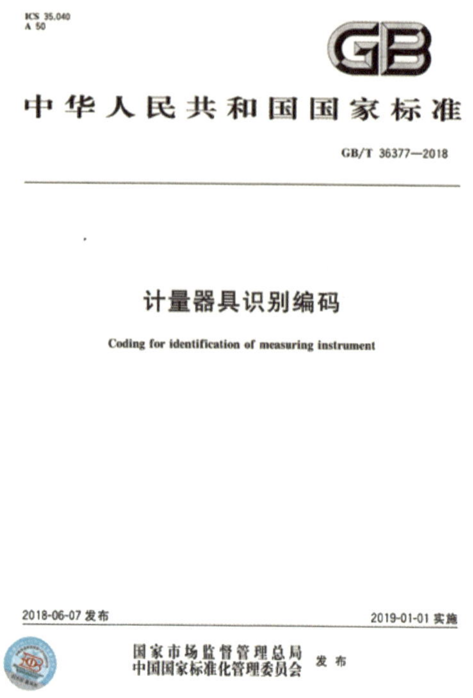

ICS 35.040
A 50

中华人民共和国国家标准

GB/T 36377—2018

计量器具识别编码

Coding for identification of measuring instrument

2018-06-07 发布　　2019-01-01 实施

国家市场监督管理总局
中国国家标准化管理委员会　发布

图2-2 《计量器具识别编码》(GB/T 36377—2018)

在计量器具公共服务平台备案的计量器具，将形成唯一的识别编码，就像是人的身份证一样。用微信“扫一扫”这个识别码就能知道这台计量器具的生产日期、检定机构、安装位置、负责人员以及是否正常工作等各种信息。监管部门通过该平台，能够对强制检定计量器具进行在线监管，创新监管模式；使用单位可以通过该平台进行强制检定备案以及器具台账管理、在线巡检、维修保养等；同时，普通消费者也可以扫描查询设备的基本属性信息和检定结果，维护自身的合法权益。

二、中国计量器具产业创新联盟的建立

智慧计量是广泛应用于各行业、产业、领域的基础技术，大陆股份不断探索建立计量器具设计、制造、检定、监管、售后服务整个生命周期的第三方计量器具监测信息公共服务模式，服务于工业、建筑、医疗、交通、商贸、环保和民生的物联网计量器具管理体系和基于唯一性识别编码的计量器具与数据应用服务体系，奠定国家诚信计量体系和大数据应用的技术基础。

滴水不成海，独木难成林。2018年10月10日，中国计量器具产业创新联盟成立大会暨首届物联网计量高峰论坛在北京外国专家大厦隆重举行，这标志着产学研合作领域第一个集中致力于智慧计量产业创新发展和服务的联盟正式成立（见图2–3）。该联盟的成立得到了诸多单位的支持和积极参与，涵盖了有关政府部门、计量和标准化管理及科研机构、相关企业、高等院校、专业团体，特别是得到了中国产学研合作促进会、国家市场监督管理总局计量司、山东省质量技术监督局、济南高新区管理委员会、中国计量科学研究院、中国标准化研究院、中国电力科学研究院、中国物品编码中心、国家节能中心、中国计量协会、中国计量测试学会等单位的支持与指导。

图2–3 中国计量器具产业创新联盟成立（左六为荆书典）

联盟副理事长兼秘书长荆书典把联盟成立的核心目标确定为，通过国家标准《计量器具识别编码》和物联网计量发展理念，推动构筑扎实的质量提升技术基础、国家大数据战略和数字中国建设技术基础、诚信社会体系建设技术基础、《中国制造2025》技术基础、经济社会公共安全技术基础、国家治理和国家核心竞争力技术基础；在物联网计量产业构建和发展中，实现联盟成员资源和成果的共享共赢、健康发展、不断壮大。联盟将汇聚政、产、学、研、用、金、服务方资源，构建崭新的物联网计量产业生态，通过标准化引领技术创新和产业创新，推动物联网计量产业的发展壮大和经济繁荣，成为我国重要的物联网计量新兴产业。

联盟立足于仪器仪表、计量检测、物联网信息、大数据处理等专业的深度融合，以大数据战略下的"大计量"思维为发展理念，以技术创新需求为纽带，以契约关系为保障，以标准化为引领和支撑，以市场机制和资源合理配置为驱动，整合计量器具产业和互联网领域"政、产、学、研、用、金、服"各方资源，建立充满生机与活力的物联网计量产业新业态。

2018年11月25日，泰山科技论坛暨中国物联网计量创新发展论坛在济南高新区举行。论坛以"智慧计量服务模式创新与标准化引领"为主题，着力于培育面向计量管理与服务的新兴产业，引领低碳城市和智慧园区新应用。与会专家认为，采用物联网计量、自动化检测和人工智能等技术，对计量器具进行全面科学的检定与全生命周期管理，以保证计量数据的可追溯和精准数据的应用，是一项迫切的战略性任务。

随着物联网、大数据等新一代信息技术的快速发展，智慧计量成为计量发展的必然趋势。大陆股份深耕自动化控制领域，致力于管控一体化技术的研究与应用，并拓展到智慧计量、智慧能源领域；坚持做智慧计量实践者，抓住互联网+的契机，建设了计量器具公共服务平台；基于物联网技术，利用计量器具的唯一性识别编码，给了计量器具一个"身份证"，实现了计量器具在生产、使用、检定、维修、报废等全生命周期的信息共享和溯源，有效地管理应用于安全、健康、节能、环保及贸易等领域，为生产与社会安全提供保障。由大陆股份为主承担单位编制的国家标准《计量器具识别编码》（GB/T 36377—2018）于2019年1月实施，这一实践获得了大家的高度评价。

2020年10月22日，中国物联网计量创新发展论坛在济南举办。论坛以

“万物互联，开启智慧计量新时代”为鲜明主题，共同探讨了物联网计量领域新技术、新成绩，提出了新方向、新前景。计量是人类共同的语言，其发展需要各方面力量的共同参与。这次物联网计量创新论坛的成功举办，为探索建立智慧计量新机制、新技术、新模式搭建了非常良好的沟通交流平台。

2021年10月20日，中国物联网计量创新发展大会在济南召开，大会的主题是“智慧计量赋能‘双碳’战略”。来自中国计量院、中国计量协会、中国节能协会等专业技术机构的专家学者及企业家代表齐聚济南，共同探讨物联网计量精准赋能，助力“双碳”战略发展大计。会上，由济南大陆机电股份有限公司提供技术支持，高新区为更好地开展“互联网+计量”企业监管服务工作而打造的企业服务平台——“计量大数据监管服务平台”正式发布。该平台帮助辖区内计量器具使用单位建立强检计量器具电子化台账，实现了线下器具实物、线上器具信息和计量器具监管过程及结果数据的一一匹配和溯源管理。平台致力于打造计量管理支持产品质量提升的示范试点，满足区域内的计量器具使用单位和计量器具制造单位管理在用的计量器具、关键质控点的需求，确保在用器具无漏检现象，证书可追溯，并对关键计量器具进行预测性维护，达到产品质量问题可追溯的应用效果，得到了与会者的高度评价。

图2-4 荆书典在2021年中国物联网计量创新发展大会上致辞

在这次会上，大陆股份基于工业互联网标识解析二级节点建设的工业互联网仪表平台现场向全国征集试点应用场景，共建行业发展生态（见图2-4）。

据荆书典介绍，由中国计量器具产业创新联盟作为主办单位，大陆股份作为承办单位的中国物联网计量创新发展大会将把济南作为永久举办地，在这“四面荷花三面柳，一城山色半城湖”的画卷中共同探讨物联网计量的未来。

三、计量器具公共服务平台解决行业痛点

2015年10月25日，大陆股份建成了计量器具公共服务平台（见图2-5），该平台以《计量器具识别编码》（GB/T 36377—2018）为基础，由中国计量协会能源计控工作委员会主导，大陆股份全资子公司——山东大陆计量科技有限公司推广运营。

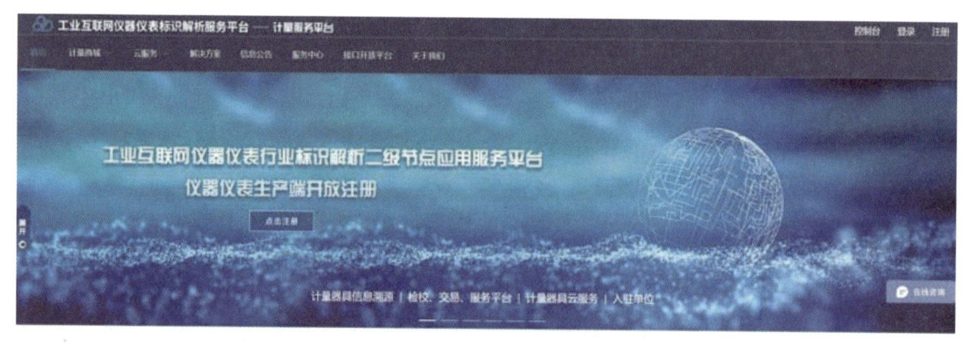

图2-5 计量器具公共服务平台

该平台利用物联网技术，一方面使计量器具从生产、使用到报废都更便于被识别，解决计量资产基础差、数据采集难的问题，给予使用者更快速方便的管理手段，有利于企业、检测机构及监管部门实现信息化，对提高数据管理的信息化水平做出了贡献；另一方面，该平台为加强计量数据的行业应用提供了基础，便于计量数据在各个行业，如能源、安监、环保、水利、人文等方面的利用。此外，该平台利用物联网技术，实现了某

一区域（省级或者市级）公共资源（水、电、油、气、公共服务等）的连接，同时监测、分析和整合各种数据，使整个城市对资源的使用情况了然于心，并对某一区域的耗能及人文等信息进行统计分析，从而推动整个城市的智能化发展。

山东有家上市集团，其发电厂所用的计量设备使用了计量器具识别编码及其平台。大陆股份的工程师在对这家电厂的计量设备——蒸汽流量计的数据分析中，发现使用该蒸汽流量计的锅炉温度出现偏差，正常是535摄氏度，它是525摄氏度，比正常的工作温度低了10摄氏度。这样其发电效率就降低了。通过检查该项计量器具，进行能效管控，就为这家企业每年增收至少500万元。

为什么这么大的企业没有及时发现这一问题呢？因为作为生产企业，发电厂需要不间断地生产、输送电力，计量设备则需要准确地测量、计算出电能数。由于设备是24小时不间断运行，平时难以对其进行停产检测；而通过计量器具识别编码及其平台，大陆股份可以对计量器具进行实时管理，对数据进行在线分析，真正做到了智慧计量。

第三节 大陆股份牵头建成全国首个仪表行业工业互联网标识解析二级节点

荆书典：工业互联网平台是工业全要素、全产业链、全价值链连接的枢纽，是实现制造业数字化、网络化、智能化过程中工业资源配置的核心，是信息化和工业化深度融合背景下的新型产业生态体系，支撑着工业资源的泛在连接、弹性供给和高效配置。工业互联网平台已成为全球主要国家与跨国巨头竞争和布局的焦点与核心，各类产业主体积极布局，推出了一系列工业互联网平台产品。

工业互联网和新信息技术的发展为仪器仪表行业的发展带来了无限

的可能性，对于仪器仪表企业来说，不能故步自封、闭门造车，而是要重视开放和交流合作，主动拥抱工业互联网和5G、虚拟现实、区块链等新技术，才能在激烈的市场竞争中站稳脚跟。

一、仪表行业迈进工业互联网时代

2019年11月6日，大陆股份牵头建设的仪表行业全国首个工业互联网标识解析二级节点（仪表行业应用服务平台）在济南正式上线（见图2-6和图2-7），标志着仪器仪表这个传统行业从此迈进了工业互联网时代，仪器仪表行业迎来了发展的新阶段。

图2-6 仪表行业首个工业互联网标识解析二级节点正式上线

这个平台主要是为仪表制造企业和用户提供便捷的标识编码注册和标识解析服务，打造仪表行业特定应用场景，促进仪器仪表的质量管理、产品追溯、产品全生命周期管理，加速产业聚集，推动标识产业生态培育，促进制造企业转型升级和高质量发展。平台能够根据客户不同层面的需求，提供全方位或模块化的服务能力；拥有可靠的PaaS基础和较好的SaaS服务生态及产品和应用商城，可以形成多维度的合作模式；可以帮助企业大幅提高效率、降低成本，提升产品质量，提高企业的竞争力。

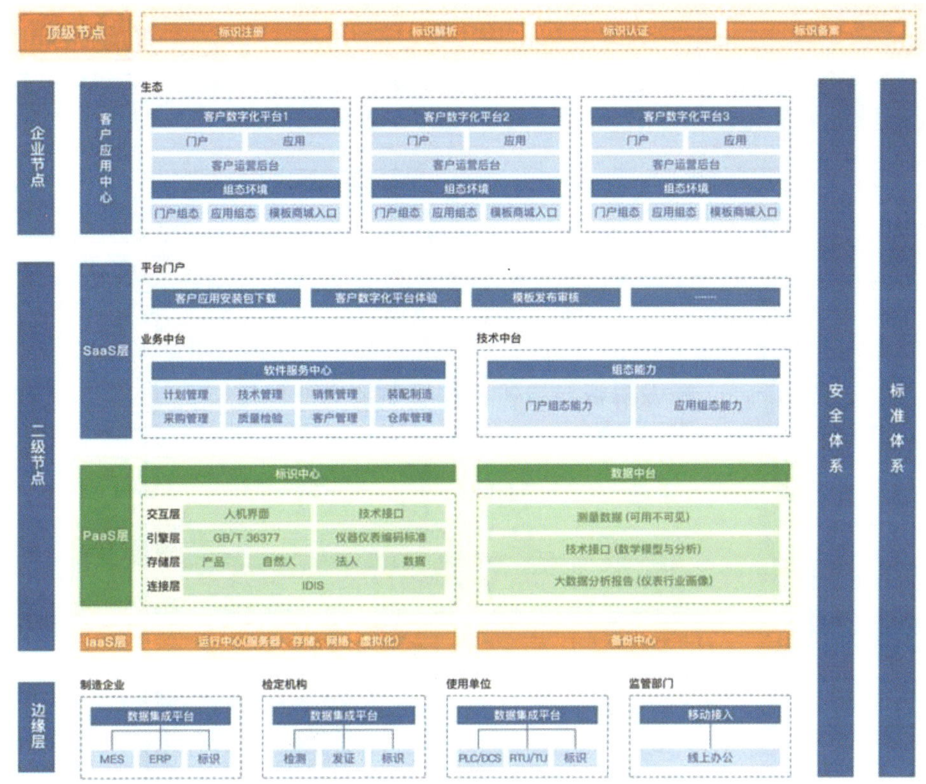

图2-7 工业互联网仪表平台架构

仪器仪表无处不在，没有仪器仪表的计量，测量就没有数据，所以仪器仪表涉及每个人、每个家庭、每个企业。由于仪器仪表行业的特殊性，加之它所服务的面特别宽，因此规划建设三级节点（企业节点）显得尤为重要。

2022年4月1日，大陆股份成功通过由中国软件行业协会指导、中科院软件中心评测验证的工业互联网标识解析与服务能力成熟度等级评估，达到二级节点三级服务能力，荣获标识解析与服务机构服务能力三级证书（见图2-8）。将来所有的仪器仪表，所有的物，包括非智能化的物理实体和虚拟化的各种数据等，都可以给它一个唯一ID（标识），确定其特征属性，对其进行数字化描述，让其在工业互联网上形成数字孪生体。在新一代工业互联网上能够展现全社会要素，那么万物互联、万物智联的工业互联网就会推动我们的社会进入高质量发展的阶段，人们基于这样的平台能够做更精准化的研究开发和经营管理。

ISCA

标识解析与服务机构服务能力成熟度

Identity Service of Identity Provider Capability

证书

Certificate

按照中国软件行业协会团体标准《工业互联网标识解析二级节点服务能力成熟度第 1 部分：模型》（T/SIA023.1-2021）《工业互联网标识解析二级节点服务能力成熟度第 2 部分：评估方法》（T/SIA023.2-2021），经评测验证，济南大陆机电股份有限公司达到 二级 节点 三级 服务能力，特发此证书。

证书编号：ISCA-202204-23007

发证日期：二〇二二年四月一日

有效期至：二〇二五年三月三十一日

扫码有效查询

2023 年审记录	2024 年审记录

评估机构：北京中科院软件中心有限公司

发证机构：中国软件行业协会

图2-8 标识解析与服务机构服务能力三级证书

二、大陆通工业互联网仪表平台为行业带来变化

工业互联网作为第四次工业革命的重要基石和数字化转型的关键支撑力量，在工业领域形成了以智能化为中心的新模式，通过提供高质量的服务促进质量效率提升和经济结构优化，实现产业生态链的重构升级。大陆

通工业互联网仪表平台作为全国仪器仪表行业唯一的工业互联网平台，对仪器仪表行业数字化转型发展将起到重要的推动作用。

新一代工业互联网和人工智能技术全面赋能仪器仪表生产方式的智能化改造和运营服务的智能化升级。仪器仪表行业将实现由“生产型制造”向“服务型制造”的转变，带来企业运营模式的变革和管理效率的提升，成为智能企业建设的“核心引擎”。

随着工业互联网基础设施建设的有力推进和工业互联网平台的应用实践，人、机、物正逐步交互融合，企业制造实现数据化，不断产生的海量数据被挖掘、收集、分析、加工和运用，赋能到企业生产经营运行过程，提高管理效率。仪器仪表作为制造业的重要组成部分，利用横向、纵向和端到端集成的“触角”，其智能化转变将实现采集数据的准确可靠、传输数据的灵活便捷、挖掘数据的深度智能。

随着计量3.0时代的到来，仪器仪表行业迎来了新赛道，对业务时延、隐私和安全等指标的要求进一步升级，整体作业呈现柔性化、精细化和智能化的发展趋势。仪器仪表企业通过工业互联网平台与客户直接交流，突破了时间和空间的限制，专家远程操控对仪器仪表进行维护和分析。基于IPv6的大陆通工业互联网仪表平台作为工业互联网标识解析二级节点，是安全、稳定、高效、可靠的国家级网络基础设施，通过“一码多识，分权管控”，能够实现异构标识体系的互联互通和工业大数据的按需共享，支撑数据合理流转，激发数据应用。

在产品制造方面，仪器仪表产品是典型的离散型装配，具有单件小批量生产、装配周期长、返工返修多等特点。在复杂的产品装配过程中，大陆通工业互联网平台可为每一个组件赋予唯一的识别编码，并对离散装配过程进行管理与控制。在产品运维方面，仪器仪表可在大陆通工业互联网平台建立自诊断模型，对自身健康状况进行实时诊断与报警，从而进行远程智能运维，保障设备健康工作。

三、为什么发展工业互联网平台

近年来，世界经济陷入低迷，全球增长动能不足，传统增长引擎对经济的拉动作用减弱，但新的经济增长点尚未形成。要打造富有活力的新增长模式，挖掘各国和世界经济增长新动力，就必须变革传统的增长方式，在创新中寻找出路。工业互联网一头连着制造，一头连着网络，既通过技术创新促进了生产力的发展，又通过模式创新丰富和重塑了生产关系，成为各国争相投入、不容有失的共同选择。工业互联网平台则是工业互联网产业发展的核心，是促进产业融合发展与产业升级的重要载体。

目前，工业互联网产业下的平台经济已成为一种新的经济业态和服务载体，并渗透到产业与企业各个层面，深刻影响着一、二、三产业发展水平。工业互联网平台作为新一代信息技术与工业现代化深度融合与集成的产物，能够有效连接产业链、供应链、价值链上下游各市场主体，通过数据、技术、业务等多层级整合，加速与各行业深度融合，促进一、二、三产业融通发展。工业互联网平台的不断发展与推广应用，必然会助推平台经济的扩张与渗透。

工业互联网平台部署实施的总体目标是打造制造业数字化、网络化、智能化发展的载体和中枢，其实施架构贯穿设备、边缘、企业和产业四个层级，通过实现工业数据采集、开展边缘智能分析、构建企业平台和打造产业平台，形成交互协同的多层次、体系化建设方案。

（1）设备层系统实施。设备层系统实施的核心目标是为工业互联网平台提供底层的数据基础支撑。部署实施的关键是面对当前工业生产现场设备种类繁多、通信协议“七国八制”的现状，实现对海量工业数据的精准、实时采集和集成。

（2）边缘层系统实施。边缘层系统实施的核心目标是满足生产现场的实时优化和反馈控制的应用需求。在工业互联网平台边缘层系统实施中需要考虑两个问题：一是具有高实时性要求的智能应用如何在边缘层进行开发、部署和运维；二是如何通过数据智能分析来对现场生产进行高效精准的优化决策。

（3）企业层系统实施。企业层基于平台开展数据智能分析应用，驱动企业智能化发展。工业互联网平台企业层系统实施中需重点考虑三个问题：一是面对企业内部海量工业数据的存储、计算需求，采用何种类型的基础设施支持；二是为实现数据驱动的智能优化应用，哪些功能是企业平台须具备的；三是针对当前企业现有信息系统，如何处理平台和这些存量系统之间的关系。

（4）产业层系统实施。产业层系统实施的核心目标是通过构建产业工业互联网平台，广泛汇聚产业资源，支撑开展资源配置优化和创新生态构建。其系统实施中面临的主要挑战是跨行业、跨领域覆盖所带来的业务复杂性。

四、工业互联网平台具备的能力

当前，互联网创新发展与新工业革命正处于历史交汇期，工业互联网平台正成为领军企业竞争的新赛道、产业布局的新方向。全球范围内工业互联网平台在数量、体量、行业覆盖等各个维度上的规模不断扩大，国内不同领域、不同地区的企业加快平台布局，市场呈现“百舸争流”格局。

工业和信息化部广泛调研国内外企业，组织召开数十次专题研讨会，在广泛征求意见的基础上，形成了工业互联网平台建设的标准评价体系。面对设备连接数量不足，协议转换和数据获取能力弱，边缘计算能力有待提升，工业数据分析、工业数据开发以及工业App服务能力不足，开发者运营能力欠缺等平台发展的多种制约因素，立足于平台内涵与功能架构，围绕平台应用方向差异性，提出了“一横四纵”的工业互联网平台能力架构。

（1）“一横”：平台基础共性能力要求。工业互联网平台向下连接海量工业设备，向上对接各类工业场景的优化应用，发挥着工业资源汇聚和配置的关键作用。基础共性要求主要考虑平台作为“工业操作系统”的定位，即对设备、软件、用户、开发者、数据等不同要素的管理与服务能力，涵盖了平台架构设计、关键技术、研发投入、产出效益、应用效果和质量审计等相关内容。

在平台资源管理方面，平台需具备对生产装备、数据采集、数据实时处理以及适配主流工业控制系统的能力。基于云计算服务架构，需提供工业软件和工业软件集成适配接口。基于平台即服务架构，需提供机理模型、微服务组件和工业App，以及对各类软件应用及工业App的管理能力。同时，需要具备多类用户管理功能，建有开发者社区，并提供相关服务和管理功能，以及具备存储与管理功能，部署多类结构化、非结构化数据管理系统，提供工业数据的管理功能。

在平台应用服务能力方面，需具备云计算运行环境，部署主流数据库系统，且能积累存储工业数据，提供多类开发语言、开发框架、开发工具和通用建模分析算法。同时，支持工业数据在不同IaaS平台间的自由迁移和工业软件、机理模型、微服务、工业App在不同PaaS平台间的部署、调用和订阅，以及部署安全防护功能模块或组件，建立安全防护机制，并且需具备新技术应用探索能力。

在平台基础技术能力方面，需具有完整的云计算架构，能够基于公有云、私有云或混合云提供服务，具有设备协议兼容、边缘计算、异构数据融合等关键技术能力。

在平台投入—产出能力方面，需具备对平台的可持续投入能力，为平台企业创造良好经济效益，能基于平台应用带动制造企业提质增效，具有明确的运行安全和质量审计机制及能力。

（2）“四纵”：特定行业、领域、区域和跨行业、跨领域平台能力要求。

①特定行业平台能力要求：在基础共性能力要求基础上，特定行业平台重点围绕设备接入、软件部署、用户覆盖三个方面提出量化指标，明确了工业互联网平台在特定行业需具有规模化应用能力、设备规模接入能力和工业知识经验的沉淀、转化与复用能力。

②特定领域平台能力要求：重点围绕研发、制造、服务三个核心生产环节，即平台应用的三个核心领域，提出具体要求，强调平台关键数据打通能力和关键领域优化能力，明确了工业互联网平台在特定领域产品全生命周期的数据集成、开发、利用以及应用开发与优化服务能力。

③特定区域平台能力要求：重点考虑平台在地方落地与应用推广能力，提出涵盖地方合作、资源协同、规模推广三个方面要求，明确了工业互联网平台在特定区域需具备在地方长期开发投入及运营服务的能力、面向特定区域产业转型升级共性需求的服务能力，以及具有特定区域企业的规模覆盖能力。

④跨行业、跨领域平台能力要求：综合特定行业、特定区域、特定领域平台能力要求，围绕跨行业、跨领域、跨区域、开放运营及安全可靠五个能力，要求工业互联网平台在行业、领域、区域方面应覆盖一定的数量。其中，有效行业须满足行业设备接入、软件部署和用户服务的数量要求；有效领域须满足某一环节专用软件部署的数量要求，以及具备不同领域的数据打通要求；有效区域须满足用户服务的数量要求，并具有在区域内运营的实体。此外，跨行业、跨领域平台还需要具备独立运营、开放运营能力，建立工控系统安全防护机制，具备关键零部件的安全可靠能力和软件应用安全可靠能力。

五、工业互联网平台领域国家标准正式发布

2022年10月14日，国家市场监督管理总局（国家标准化管理委员会）发布了国家标准公告，《工业互联网平台企业应用水平与绩效评价》（GB/T 41870—2022）和《工业互联网平台应用实施指南第1部分：总则》（GB/T 23031.1—2022）两项国家标准正式发布，这是我国工业互联网平台领域发布的首批国家标准，对我国工业互联网平台标准化建设具有重要意义。

《工业互联网平台企业应用水平与绩效评价》围绕推进平台规模化普及应用，提出了覆盖工业互联网平台应用全局，全过程、全要素的应用能力与绩效评价体系，引导工业企业通过评价挖掘工业互联网平台应用瓶颈，科学提升平台应用成效。《工业互联网平台应用实施指南第1部分：总则》是《工业互联网平台应用实施指南》“一总五分”系列国家标准中的基础性标准，明确了企业应用实施工业互联网平台的通用方法，引导企业加快构建基于平台的创新发展模式。

2023年5月23日，国家市场监督管理总局发布了2023年第2号公告，《工业互联网平台选型要求》（GB/T 42562—2023）、《工业互联网平台微服务参考框架》（GB/T 42568—2023）和《工业互联网平台开放应用编程接口功能要求》（GB/T 42569—2023）三项工业互联网平台领域国家标准正式发布，这对完善工业互联网平台标准体系、提升多样化工业互联网平台供给能力、推动工业互联网平台高质量发展具有重要意义。

近年来，从国家层面来看，工业和信息化部持续推进工业互联网平台标准体系建设，以标准化加速工业互联网平台的规模化普及，以标准引领企业技术进步、管理变革、模式创新，提升企业核心竞争能力。截至目前，具有一定区域和行业影响力的平台超过240家，工业互联网平台已广泛应用于40多个国民经济重点行业，赋能、赋值、赋智作用日益凸显。

《工业互联网平台选型要求》为平台需求方"选平台"提供了参考依据，帮助企业评价工业互联网平台赋能水平，选择适合自身的工业互联网平台。《工业互联网平台微服务参考框架》《工业互联网平台开放应用编程接口功能要求》两项国家标准为平台供给方"建平台"提供了指引，指导企业开发工业微服务和应用接口，加速工业知识的模型化沉淀和平台的互联互通，为构建工业互联网平台生态奠定了基础。

六、首个工业互联网仪表平台的服务能力

首个工业互联网仪表平台的服务能力主要分基础服务能力和应用服务能力两个方面。

基础服务能力就是工业互联网域名与仪表标识注册及解析服务，包括用户注册、客户注册、产品注册、数据注册等标识产品功能和赋码系统功能。标识产品是大家熟知的条码打印机、手持终端和扫描枪等。赋码系统主要是标识编码和标识解析。标识编码是识别机器、产品、算法、工序等物理资源和虚拟资源的身份符号，类似于身份证；标识解析能够根据标识编码，查询目标对象网络位置，从而实现人与物、物与物之间的通信寻址，或者直接查询物的相关信息。另外一个很重要的方面就是编码方式，大陆通工业互联网仪表平台仪表编码遵循工业互联网产业联盟《工业互联网标识解析 仪器仪表 标识编码》（AII/023—2022）又兼容《计量器具识别编码》（GB/T 36377—2018）。

应用服务能力主要分为仪表制造专项服务、计量专项服务、能源管理专项服务、水文专项服务、仪表商城和专业知识库六个方面。标识产品如图2-9所示。

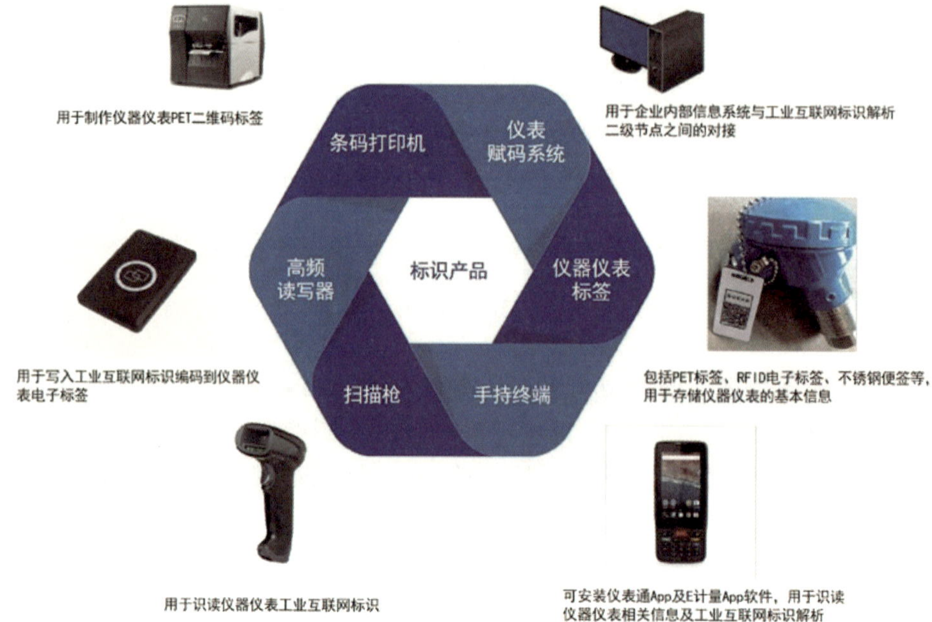

图2-9 标识产品

第四节 仪表行业工业互联网平台的关键枢纽——标识解析体系

荆书典：工业互联网体系架构由网络、平台、安全体系组成。其中，网络用于实现人、机、物的泛在连接，是工业互联网的基础；平台旨在打通运营数据与互联网数据，整合资源、联合优化；安全体系负责提供安全防护和保障。标识解析体系是工业互联网网络体系的重要组成部分，是实现工业全要素、各环节信息互通的关键枢纽，负责对物品身份进行分发、注册、管理、解析和路由，支持对工业互联网中人、机、物的全生命周期管理，是打破信息孤岛、实现数据互操作、挖掘海量数据的基础，也是实现企业智能管理的必备条件。

从标识的发展来讲，我认为大体可以分为以下三个阶段：

第一个阶段就是美国主导的URL标识，是因特网的万维网服务程序上用于指定信息位置的表示方法。它是由DNS来解析，通过美国的标准体系服务全球。

第二个阶段是Handle体系，它是全球范围分布式通用标识服务系统，由互联网之父罗伯特·卡恩（Robert E. Kahn）于1994年提出，旨在提供高效、可扩展、安全的全局标识解析服务。Handle系统于2005年加入下一代网络研究，并成为GENI项目中数字对象注册表的一个组成部分，目前由DONA基金会负责运营、管理、维护和协调。Handle体系是出现最早、应用最广的全球数字对象唯一标识符系统，提供名字对属性的绑定服务。其名字被称作Handle，可用于标识数字对象、服务和其他的网络资源。Handle体系在全球范围内建设了数个根节点，各根节点间互相联通，从而进行数据信息的识别和传输，目前在中国规划设立了3个全球根节点，为中国工业互联网提供的Handle识别前缀是“86.”。

第三个阶段是我国自主设计并建设的工业互联网标识解析体系。该体系是我国自主研发，以“VAA标识体系”为主体，基于IPv6的新的工业互联网标识解析体系，实现了对VAA、Handle、OID、Ecode、GS1、MA等多种国际主流标识体系的互联互通；通过赋予机器、设备、产品乃至数字对象唯一的“身份证”，打通标识背后的数据链以及物理世界和数字空间，实现数据无缝流动和交互。

其中“VAA”标识体系是在我国工业互联网标识解析体系应用实践基础上发展而来的自主标识体系，它是ISO/IEC 15459国际标准的组成部分，适用于全球所有ISO成员，是当今国际工业生产、产业供应链和物资处置领域普遍采用的新一代唯一标识体系。“VAA”标识具有广阔的应用空间，兼容多种标识载体，包括一维条形码、二维码、RFID、NFC等被动标识载体以及通用集成电路卡、芯片、模组等主动标识载体，具备二进制、URI等五种展现形式，可全面支持供应链管理、产品溯源等工业互联网标识主要应用场景，可为工业互联网领域人、机、物等多种标识对象提供全球唯一标识，并具备注册服务、用户管理等功能，符合工业互联网的发展需要，满足工业互联网标识解析的应用需求。

IDIS系统与国际主流标识解析如图2-10所示。

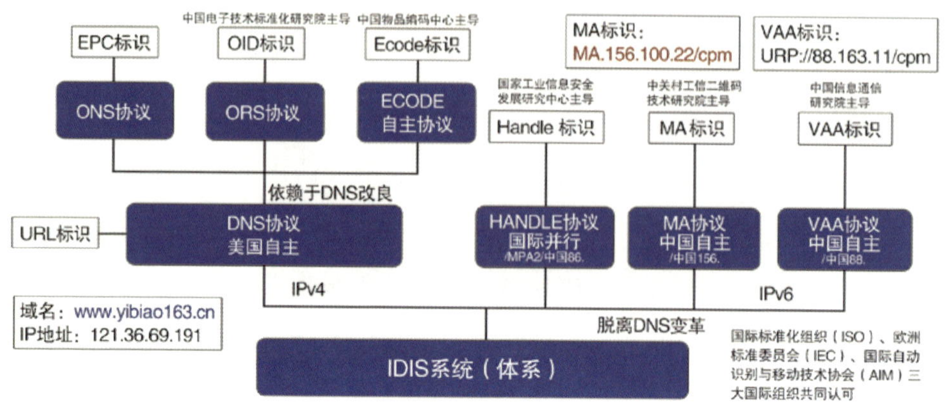

图2-10 IDIS系统与国际主流标识解析

一、我国工业互联网标识解析建设进程

2017年11月27日，《国务院关于深化“互联网＋先进制造业”发展工业互联网的指导意见》发布，明确指出要构建标识解析服务体系，支持各级标识解析节点和公共递归解析节点建设。

2018年5月31日，工业和信息化部发布《工业互联网发展行动计划（2018—2020年）》和《工业互联网专项工作组2018年工作计划》，进一步明确了工业互联网及标识解析建设的目标，对相关工作安排做了进一步的分解和分工。我国工业互联网及标识解析体系的建设推进工作正式进入实施阶段。

2019年3月5日的《政府工作报告》提出，要围绕推动制造业高质量发展，强化工业基础和技术创新能力，促进先进制造业和现代服务业融合发展，加快建设制造强国，打造工业互联网平台，拓展“智能＋”，为制造业转型升级赋能。

2020年4月23日，工业和信息化部在中国工业互联网研究院召开工业互联网行业应用推进会。强调加快全光纤网络、5G网络建设，推进工业企业内网改造升级和对外联通，构建标识解析体系，建设国家工业互联网大数据中心，建立多层级、全覆盖的网络安全保障体系，切实增强基础设施服务能力和安全可控水平。

2022年11月20日，在中国5G＋工业互联网大会开幕式上，工业和信息化部信息通信管理局举行了工业互联网标识解析体系——国家顶级节点全面建成发布仪式，标志着工业互联网标识解析体系——“5＋2”国家顶级节点全面建成，集中打造了自主可控、开放融通、安全可靠的标识解析体系，开启了工业互联网全要素、全产业链、全价值链全面连接的新篇章。

二、我国标识解析体系的建设方向

依托国家政策指向与明确的建设目标规划，标识解析及其创新应用从基础建设、应用体系建立，到平台互联与产业生态、业态的发展，推动整个产业的稳步创新发展。我国标识解析体系的建设方向如下：

（1）筑基础，夯实数字化转型技术支撑。加快数字化转型共性技术、关键技术研发应用。支持在具备条件的行业领域和企业范围探索大数据、人工智能、云计算、数字孪生、5G、物联网和区块链等新一代数字技术应用和集成创新。加大对共性开发平台、开源社区、共性解决方案、基础软硬件支持力度，鼓励相关代码、标准、平台开源发展。

（2）搭平台，构建多层联动的产业互联网平台。培育企业技术中心、产业创新中心和创新服务综合体。加快完善数字基础设施，推进企业级数字基础设施开放，促进产业数据平台应用，向中小微企业分享平台业务资源。推进企业核心资源开放。支持平台免费提供基础业务服务，从增值服务中按使用效果适当收取租金以补偿基础业务投入。鼓励拥有核心技术的企业开放软件源代码、硬件设计和应用服务。引导平台企业、行业龙头企业整合开放资源，鼓励以区域、行业、园区为整体，共建数字化技术及解决方案社区，构建产业互联网平台，为中小微企业数字化转型赋能。

（3）促转型，加快企业“上云、用数、赋智”。深化数字化转型服务，推动云服务基础上的轻重资产分离合作。鼓励平台企业开展研发设计、经营管理、生产加工、物流售后等核心业务环节数字化转型。鼓励互联网平台企业依托自身优势，为中小微企业提供最终用户智能数据分析服务。促进中小微企业数字化转型，鼓励平台企业创新“轻量应用”“微服务”，对中小微企业开展低成本、低门槛、快部署服务，加快培育一批细分领域的瞪羚企业和隐形冠军。培育重点行业应用场景，加快网络化制造、个性化定制、服务化生产发展，推进数字乡村、数字农场、智能家居、智慧物流等应用，打造“互联网＋”升级版。

（4）建生态，建立跨界融合的数字化生态。协同推进供应链要素数据化和数据要素供应链化，支持打造“研发＋生产＋供应链”的数字化产业链，支持产业以数字供应链打造生态圈。鼓励传统企业与互联网平台企业、行业性平台企业、金融机构等开展联合创新，共享技术、通用性资产、数据、人才、市场、渠道、设施、中台等资源，探索培育传统行业服务型经济。加快数字化转型与业务流程重塑、组织结构优化、商业模式变革有机结合，构建“生产服务＋商业模式＋金融服务”跨界融合的数字化生态。

（5）兴业态，拓展经济发展新空间。大力发展共享经济、数字贸易、零工经济，支持新零售、在线消费、无接触配送、互联网医疗、线上教育、一站式出行、共享员工、远程办公、“宅经济”等新业态，疏通政策障碍和难点堵点。引导云服务拓展至生产制造领域和中小微企业。鼓励发展共享员工等灵活就业新模式，充分发挥数字经济“蓄水池”作用。

（6）强服务，加大数字化转型支撑保障。鼓励各类平台、开源社区、第三方机构面向广大中小微企业提供数字化转型所需的开发工具及公共性服务。支持数字化转型服务咨询机构和区域数字化服务载体建设，丰富各类园区、特色小镇的数字化服务功能。创新订单融资、供应链金融、信用担保等金融产品和服务。拓展数字化转型多层次人才和专业型技能培训服务。以政府购买服务、专项补助等方式，鼓励平台面向中小微企业和灵活就业者提供免费或优惠服务。

三、我国标识解析体系的建设内容

工业互联网标识解析体系类似于互联网领域的域名解析系统（DNS），是全球工业互联网有序运行的核心基础设施。通过标识编码，能够唯一识别机器、产品等物理资源和数据、算法等虚拟资源的身份；通过解析系统，能够根据标识编码查询目标对象网络位置或者相关信息的系统装置，对机器和物品进行唯一性的定位和信息查询。

统一的标识体系是解决数据共享共用问题的关键路径。在标识解析体系建设总体工作部署中，节点是基础，应用是目的，技术是保障，平台是通道。

（1）节点：构建“统一管理、互联互通、安全可靠”的标识解析体系网络基础设施，广泛覆盖并提供稳定服务。

（2）应用：以二级节点建设为抓手，推动工业互联网标识解析集成创新应用，培育标识解析产业生态。

（3）技术：加快核心技术研究与标准研究。

（4）平台：以技术作为保障，通过统一标识解析应用，将可共享资源与数据汇集于平台，以平台为通道，反哺赋能于各方资源。

整体而言，标识技术在工业应用中广泛存在，但当前主要停留在信息获取的浅应用层面，端与云的互操作带来的深度创新应用还有待发展，急需构建规模化的、稳定的标识解析系统，作为发展工业互联网的重要网络基础设施。

四、我国标识解析体系发展情况

在工业互联网的发展中，标识解析体系是网络体系的基础，是支撑工业互联网互联互通的神经枢纽，是保障工业互联网统一互联的新型基础设施。建立工业互联网标识解析体系对推动中国制造业转型发展和提升我国网络空间话语权具有极其重要的意义。从2018年至今，我国工业互联网标识解析体系建设与应用快速成长，实现了从0到1的突破。我国工业互联网标识解析体系的建设进展主要有以下三个方面：

（1）建设功能逐渐完备。2022年11月20日，在中国5G＋工业互联网大会上，工业和信息化部举行工业互联网标识解析体系国家顶级节点全面建成发布仪式，武汉、广州、重庆、上海、北京5个国家顶级节点和南京、成都2个灾备节点先后建成上线，形成“东南西北中”布局，并与Handle、OID体系实现对接，面向全球范围提供解析服务。上线二级节点数247个，基本实现31个省、区、市和机械、材料、石化、家电等38个重点行业全面覆盖，累计标识注册量突破2000亿个，日解析量1.2亿次，服务企业超20万家，已成为推动数字经济创新发展、产业优化升级、生产力整体跃升的重要力量。

（2）应用成效初步显现。企业、高校和科研院所积极探索多场景标识创新应用，标识应用已覆盖汽车制造、装备制造、电子信息、钢铁等40个行业，并已全面融入工业企业研发、采购、生产、仓储、物流、销售等各个环节。企业通过标识拓展了全流程溯源、智能产线管理、供应链协同管理、核心零配件运维管理、供应链金融服务、政府监管、数字营销等创新应用。

（3）产业生态健康发展。通过市场主导和政府引导，标识生态参与者角色不断丰富、规模不断扩大，标识解析服务机构、系统集成商、应用企业、开源组织等各方主体共同推进技术标准、建设实施、应用创新、管理规则等各项工作，开放共享、互利共赢的产业生态和发展格局正在逐渐形成。

随着标识应用的不断深化，形成了智能化生产管控、网络化生产协同、全生命周期管理、数字化产品交付、自动化设备管理等典型应用模式，成功打通物联网设备、支付终端和标识读写设备等终端，公共应用服务能力不断提升。

五、工业互联网标识解析体系

工业互联网标识解析体系是工业互联网网络体系的重要组成部分，是支撑工业互联网互联互通的神经枢纽，也是驱动工业互联网创新发展的关键核心设施。同时，它是实现社会全要素、各环节信息互通的关键枢纽，通过给每一个对象赋予标识，并借助工业互联网标识解析系统，实现跨地域、跨行业、跨企业的信息查询和共享。当下，工业互联网发展稳中向好，传统工业数字化转型需求迫切，作为支撑工业互联网互联互通的神经枢纽，标识解析的服务能力和综合运营能力成为关键。

标识解析系统与互联网域名解析系统（DNS）功能类似，就像工业互联网设备的“字典”。在互联网的发展过程中，DNS的出现具有革命性的意义。DNS是互联网使用的命名系统，把便于人们使用的域名转换成为IP地址，解决的是IP地址和域名的映射问题，它是IP地址与域名之间的“翻译器”。网站的IP地址很难被记住，例如百度的IP地址是202.108.22.5，但是大多数人记住的是百度的域名“baidu”。DNS提供了“从网址到域名”一对一查询服务，给人们的上网带来了极大便利。在公共互联网上，用户借助DNS域名解析系统，可以通过输入网址来访问网站。

那么，在工业互联网中呢？

荆书典认为，工业互联网的标识解析体系有点类似于传统互联网的域名解析系统，它将工业互联网标识赋予物体或者信息服务器一个ID，不仅如此，它还增加了物品属性信息的查询功能。如果说DNS解决了“它在哪里”的问题，那么标识解析系统则同时解决了“它在哪里”“它是谁”“它从哪里来”“它到哪里去”的问题。

这就比如在社会网络中，有一个非常重要的问题是：你怎么证明你是你？我们每个人都有身份证，身份证号码就是我们在中国的“唯一标识”，你可以改名字，可以更换身份证，但你的身份证号码是永远不变的。

那在“工业互联网”这个大网络上，要想识别每一个工业对象，第一步就是发“身份证”；我们在网络上称“对象”为“数字对象”，“数字对象”可以是实体对象，比如设备、原材料、产品；也可以是非实体对象，比如采购订单、软件、模型。每一个“数字对象”都要被赋予一个统一规则的“标识码”，类似于“身份证号码”，这个“标识码”就是“工业互联网标识”。“身份证号码”要打印在“身份证”上，所以“标识码”也需要绑定到一个载体上，这个载体就叫“标识载体”。

工业互联网标识解析体系主要由四部分构成：标识编码、标识载体、标识解析系统、标识数据服务。

（1）标识编码（见图2-11）。标识编码相当于机器、设备的“身份证”，不仅能够识别机器、产品等物理资源，还可以识别算法、工序等虚拟资源。目前，国内外存在多种标识编码方案，总体上可分为两类：一类是跨行业的公有标识，如URL（统一资源定位符）、Handle（物联网标识）、OID（对象标识符）、Ecode（国家物联网标识体系）等，目前多用于流通环节的供应链管理、产品溯源等场景中；另一类是行业内部或中小企业内部大量使用的自定义私有标识，如能源电厂标识、汽车零部件标识等。在很多工业企业中，由于标识的私有属性，没能实现信息打通，比如货物和设备进厂后需要重新赋码、重新输入新地址，大大降低了工作效率。随着工业互联网深入推进，采用公有标识对各类资源进行标准化编码成为一种潮流。

图2-11 标识编码

工业互联网网络的建设，编码体系是一个重要的支撑。图2-12框里边就是新的标识体系下的编码方法，斜杠前面的3个字段，也就是“88.163.××”是企业节点代码，这个企业节点代码相当于人的身份证号和企业的统一社会信用代码，这是人或者单位进入新一代网络的一个身份号码。

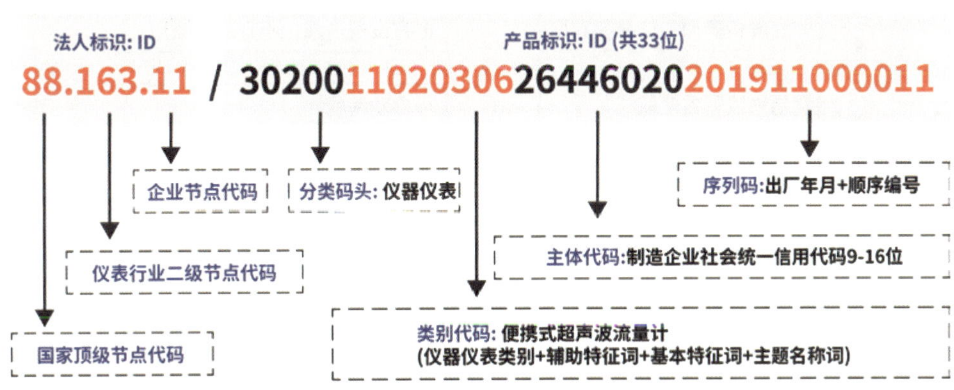

图2-12 工业互联网标识解析仪器仪表编码规范

这3个字段的第一个字段是一级节点，代表着国家。在VAA这个标准体系下，中国的代码就是“88”，所以在国际上看见“88”就代表中国，就跟以前看到“86”一样，那个也是代表着中国；“163”是仪器仪表行业；两个×代表不超过20位数长度的字符串，这个代码既可以是数字，又可以是字母。也就是说，每一个二级节点业务根服务器可以服务的最大客户数量不超过20位数的字符能够服务的单位法人的数量。20位数是一个海量数字，我们现在的IPv4网络IP地址的数量也就10位数。现在是20位数的字符长度，不光是数字，还有字母，所以这个服务器能够服务的法人数量也是海量的。

（2）标识载体（见图2-13）。标识载体是承载标识编码的标签或存储装置，包括主动标识载体和被动标识载体两类。被动标识载体通常包括条形码标签、RFID标签、NFC标签。主动标识载体一般嵌入工业设备内部，能够主动向标识解析服务节点或标识数据应用平台等发起连接，而无需借助标识读写设备来触发。主动标识载体主要包括通用集成电路卡（UICC）、芯片、模组、设备终端等能够主动向解析节点、应用平台发起连接的标识载体。

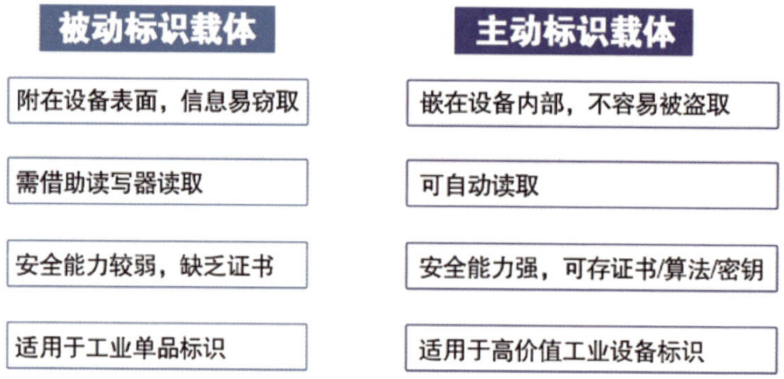

被动标识载体	主动标识载体
附在设备表面，信息易窃取	嵌在设备内部，不容易被盗取
需借助读写器读取	可自动读取
安全能力较弱，缺乏证书	安全能力强，可存证书/算法/密钥
适用于工业单品标识	适用于高价值工业设备标识

图2-13 标识载体

（3）标识解析系统。标识解析系统能够根据标识编码，查询到目标对象的网络位置或者相关信息，对机器和物品进行唯一性的定位和信息查询，实现全球供应链系统和企业生产系统的精准对接、产品全生命周期管理和智能化服务。

（4）标识数据服务。标识数据服务借助标识编码资源和标识解析系统开展标识数据管理和跨企业、跨行业、跨地区、跨国家的数据共享共用。

工业领域具有500多个细分门类，不同行业、不同企业都定义了大量工业数据结构。由于主体对象来源复杂，并且现实中已经存在多种面向物品、信息的标识解析技术，对于每个用户而言，不可能为每一种标识都安装单独的客户端，更难在短时间内被强制限定去转换使用同一种技术，因此不同标识编码、不同标识解析系统之间的互联和互通就显得格外重要。所以工业互联网标识解析系统的关键在于兼容性和互联互通，保证每种数据都可以通过一层或多层的“翻译”被识别、被读懂。

另外，工业数据归属于不同主体，包括原材料供应商、生产制造商、物流运输商、销售商等，各个主体对数据的管理权限和分享策略不同，标识解析系统需要为此设计灵活的权限机制。

标识解析体系把各种制造工序、生产信息、状态监测数据、供应链信息关联起来：面对工厂内网，可以提供统一的信息查询和管理接口，打通工厂内的各个系统；面对工厂外网，可为产业链上下游的各个企业提供开放的信息查询和共享服务。

例如，在工业互联网目前开始流行的“个性化定制”应用场景中，企业可以通过互联网，获取用户个性化需求，借助标识解析体系，灵活组织设计、制造资源和生产流程，实现大规模定制。具体可分为以下五个步骤：

第一步，定制平台接受用户需求，生成订单标识ID（编码）以及对应的订单描述文件。

第二步，订单进入企业信息资源管理系统，系统根据订单生成工序系列，然后对每个工序匹配物料；同时，该信息还会被传递给供应链管理系统，来决定供货和调度。

第三步，用生产执行系统订单号或者其他方式进行原材料编码，然后通过电子标签、二维码等形式对原材料进行打码标识。

第四步，生产设备读取标签信息，识别主体原材料的标识ID。

第五步，根据主体原材料的标识ID，查询订单描述文件和关联工序，然后由机器进行相应处理。

由此，在标识解析体系的支撑下，企业可以将用户需求直接转化为生产排单，开展个性定制与按需生产，有效满足市场多样化需求，解决制造业长期存在的库存和产能问题，实现产销动态平衡。

六、工业互联网标识解析仪器仪表的编码标准

工业互联网标识解析体系作为工业互联网新型基础设施的重要组成部分，标识编码是唯一识别物理资源和虚拟资源的身份符号。随着工业互联网的快速发展，标识编码已成为重要的基础性、战略性资源；作为获取制造数据的基本感知、测量工具，仪器仪表行业在全球制造业格局重塑、制造业转型升级、科技强国和国家高质量发展中的地位日益凸显，工业互联网标识解析仪器仪表的编码标准也显得尤为重要。

工业互联网标识解析仪器仪表的编码要求首先保证它的唯一性，即应保证每台仪器仪表编码在工业互联网中的唯一性；其次就是它的兼容性，即应兼容现行的国家标准《计量器具识别编码》（GB/T 36377—2018）的基本要求；最后就是它的适用性，即应满足仪器仪表在制造、经销、安装、使用、检校、管理、保养、维修等方面的信息化需求。仪器仪表编码应适用于仪器仪表条码、电子标签等被动式标签以及通信模组等主动式标识的读写。

仪器仪表行业工业互联网标识编码由标识前缀和标识后缀两部分组成，前缀与后缀之间以UTF-8字符“／”分隔，其结构如图2-14所示。

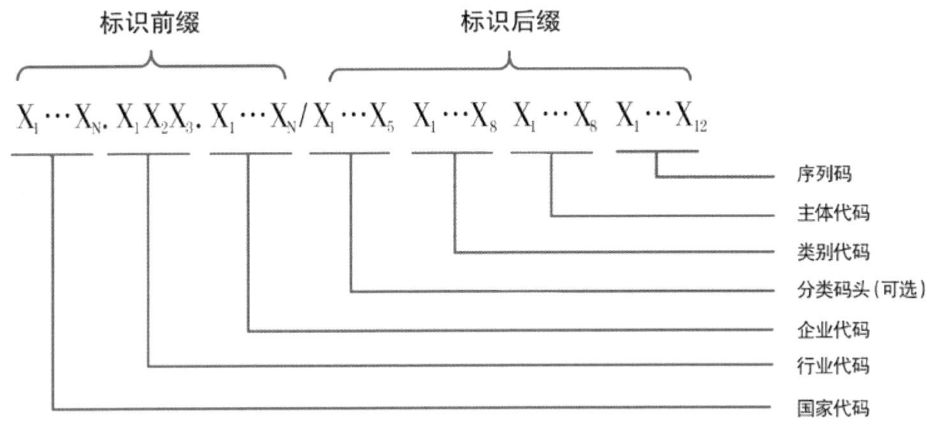

图2-14 仪器仪表行业标识编码结构

由图2–14可见，标识前缀由国家代码、行业代码、企业代码组成，以UTF–8字符“.”分隔，用于唯一标识编码企业主体；标识前缀各代码段长度、数据类型及其代码含义如表2–1所示。

表2–1 标识前缀的组成

代码段	长度(字符)	数据类型	说明
国家代码	—	—	需遵从标识体系和标识注册管理机构的相关要求
行业代码	3位	字符型	指服务的国民经济行业类别
企业代码	≤20位	字符型	唯一标识工业互联网运营单元

标识后缀的编码方法则参照国家标准《计量器具识别编码》（GB/T 36377—2018）的编码规则，由分类码头、类别代码、主体代码和序列码组成，用于唯一识别标识对象，其中分类码头为可选选项，其他为必选项。标识后缀的组成如表2–2所示。

表2–2 标识后缀的组成

第一部分	第二部分	第三部分	第四部分
分类码头（可选）	类别代码	主体代码	序列码
（NSI）	（CCI）	（MSC）	（SN）
5位	8位	8位	12位
阿拉伯数字	阿拉伯数字或大写英文字母		

其中，第一部分的分类码头由5位数字构成，用于在工业互联网标识解析体系中区分特定区域或特定行业不同性质产品类别的含义。编码主体可根据实际需要采用或空缺。

第二部分类别代码则是由8位数字或英文大写字母（不使用I、O、Z、S、V）组成，分为四个码段，每个码段由2位字符组成。仪器仪表分类代码体现国民经济行业分类信息，按照GB/T 4754—2017中仪器仪表制造业中类和小类共计2位数字代码定义，包括6个中类和20个小类。辅助特征词代码由2位字符组成，按照仪器仪表的基本结构、形貌或应用型式特征词定义编制。基本特征词代码由2位字符组成，按照仪器仪表的测量原理、基本形态或具体型式特征词定义编制。主题名称词代码由2位字符组成，按照仪器仪表的测量对象或功能与产品主题词定义编制。

编码时，针对欲赋码仪器仪表产品的中文名称，按照《工业互联网标识解析仪器仪表标识编码》附录A，首先确定2位仪器仪表分类代码，然后再依次确定辅助特征词代码、基本特征词代码、主题名称词代码。产品名称中没有辅助特征词或基本特征词定义的，用“00”作为无含义代码补齐空缺码段。

新的产品名称类别代码应符合相关规定，在仪器仪表类别代码编码规则表中依次顺序增加。

第三部分主体代码是由8位数字或英文大写字母（不使用I、O、Z、S、V）组成，应为仪器仪表制造企业的统一社会信用代码信息。编码时，8位主体代码应按照GB 32100—2015中4.1所规定的第9—16位编制。

第四部分序列码是由12位数字或大写英文字母（不使用I、O、Z、S、V）组成，由编码主体参照《工业互联网标识解析仪器仪表标识编码》依序编码。推荐格式：6位制造年月＋6位顺序编码。编码时，应确保同一编码主体的同一类别仪器仪表序列码不重复。对于已经制造出厂的仪器仪表，则参照出厂年月＋出厂编号（不足位用“0”补齐）的方式编码，使用其他编码标准的则应建立相互对应转换表。

第五节 标识解析的作用

荆书典：标识编码、解析系统是工业互联网标识解析体系最核心的两部分。标识编码指的是将事物（机器、产品等）或概念赋予一定规律性的、易被人或机器识别和处理的数字、符号、文字或任意可以被机器识别的混合符号等。解析系统类似于互联网域名系统（DNS），根据标识编码对目标对象（机器、产品等）进行唯一性的定位和信息查询，实现跨地域、跨行业、跨企业的信息共享。

一、标识解析是互联互通的关键

在工业生态层，标识解析涉及标识资源分配和管理、信息系统建设和运营、标识应用对接和推广等工作，组成跨行业的工业制造业综合应用生态；在企业层，可推动企业运营和管理工作的精细化、精准化，实现对产品的追踪监控、产品质量追溯、防伪防窜追踪和质量管理，为客户提供产品联网、数据采集和大数据分析等多样化智能服务。尤其在5G、大数据、人工智能等新一代信息技术的加持下，数据赋予工业生态的升级驱动作用愈加显著，标识解析技术的价值受到行业越来越高的重视。

以工厂场景为例，一方面，相关标识解析节点向下连接工厂的众多设备，汇聚生产制造过程中产生的海量数据；另一方面，向上对接众多工业应用，能够有效解决工业数据爆炸式增长与现有工业计算能力不匹配的问题，加速现代工厂以数据为驱动的网络化、智能化进程。

可以看到，自工业和信息化部于2018年发布《工业互联网发展行动计划（2018—2020年）》，明确提出“标识解析体系构建行动”的具体任务和目标以来，国内自上而下掀起了构建工业互联网标识解析体系的热潮。

经过五年的探索与实践，“5+2”国家顶级节点全面建成并上线，形成了分层授权、“东西南北中”的一体化格局，且面向行业的二级节点建设也已初具规模。

二、标识解析节点需要量质齐升

事实上，尽管在国家和各地方政府的支持下，工业互联网标识解析节点的“量”正在加速增长，但在“质”的方面依然存在严峻挑战。

中国软件行业协会在2022年标识解析节点成熟度评估工作中指出，从目前的评估结果来看，参评机构呈现出一些共性特点：第一，不少企业都是技术项和业务项已达标，但在管理方面和安全能力上有待加强。像个别几家企业的标识解析节点注册量很高，但实际服务案例却寥寥无几。第二，随着标识注册量和解析量的逐步增大，节点的数据处理能力还有待提高，特别是基于标识的创新应用越来越多，对节点的跨行业、跨领域应用能力提出了更高的要求。

整体来看，现有的工业互联网标识解析节点在网络与软件方面的安全性、可靠性、业务连续性等基本能力建设方面普遍存在漏洞。各行各业在建设工业互联网标识节点时，一方面缺少一个全面的、规范的标识解析能力成熟度模型组成“能力清单”，来针对顶级、二级、企业节点和公共递归节点的服务能力进行扫描式评估，并出具综合性诊断报告结果，提供指导性策略建议；另一方面，亟待建立一套完善的工业互联网标识解析节点服务能力成熟度模型及相应的方法论，面向特定行业、企业提供全面式评估认证和持续性监测服务。

由于各区域、各企业的信息化、数字化发展程度各异，标识解析与标识服务机构的业务能力、运营策略、供给能力参差不齐，业务应用局限于基础层面，数据安全隐患时有发生，客户价值不够明晰。此外，对政府决策和区域经济而言，标识的跨区域互联能力和跨企业支持能力欠缺等问题一直存在。在接下来的建设过程中，打通协同制造服务平台、贯通标识产业链上下游、改进标识业务经营模式、达到区域资源最优利用的目的，让企业和区域更好地受益于标识系统的建设，并实现标识体系与用户价值的进一步结合，将成为工作重点。

三、服务能力成熟度评估刻不容缓

一套完整的标识解析服务能力成熟度等级评估体系，在企业层面，将促进标识接入与解析等基础性服务，为应用性服务的扩展升级打实基础；在政府层面，随着企业与上下游、企业之间深度互联，以“测评一体”“综合诊断”“持续观测”推动区域工业资源的优化配置，为政府监测区域标识解析能力的建设提供方向性指导；在规范和促进标识解析健康有序发展方面，除了要建立完善的管理体系，包括标准规范、编码规范、管理规范、运营规范等，还要靠人力、物力的统筹，来保证管理体系的设计及执行。

通过评估真正发现问题、找到差距、提出实用有效的改进策略和最佳路径，指导后续标识服务能力的完善计划，帮助企业实现基于标识解析的业务提升，日益迫切。

【延伸阅读】

一、工业互联网标识解析体系设计原则

与消费互联网和传统物联网不同，工业互联网的通信主体多样，对性能要求更高，传统DNS解析服务无法满足其需求。为切合工业互联网特点与要求，其标识解析服务设计须遵循以下五项原则。

1. 支持多源异构通信主体

工业互联网的通信主体来自不同的国家和企业，数据所有者错综复杂且

实时变化，同时涵盖范围更广，包括物料、设备、网元、服务、操作员等，具有更高的复杂性和多源异构性；另外，目前工厂内多标准、多协议、多命名格式共存，给对象的检索与理解带来了巨大挑战。所以，工业互联网标识解析体系应能支持多类型主体命名，兼容工厂内外现存的异构命名方式与解析方式，满足多源异构数据互联互通，保证多种命名格式与检索协议均能无缝加入该体系。

2. 复杂环境下标识解析服务安全保证

工业互联网背后连接着数以万计的资产，其服务的正常提供是工业生产与人员安全的基本前提，所以其对工业环境下多维度数据接入、时延、网络安全、高效传输、确定性等都提出了更高的要求。工业互联网标识解析体系应能保障服务提供者与用户的安全，包括身份认证、权限鉴权、隐私保护等，保证身份可信、操作可信，解析过程中商业信息不被暴露。

3. 多组织参与的公平对等保证

工业互联网标识解析服务应保证公平对等。传统的DNS架构采用层次树状结构，存在节点被非法控制、断网停服的风险。一旦解析服务无法正常提供，企业将面临停产等问题，造成巨额损失。所以，需设计对等、多利益主体共管的工业互联网标识解析体系，构建公平、良性的解析生态。

4. 多协议、高并发、差异化需求场景下的有效性保证

工业互联网标识解析服务应具备有效性。一方面，工业网络对时延、效率等要求更高；另一方面，工业数据检索势必面临高并发、差异化需求、多命名格式映射、多协议转换等问题，可能会对检索服务性能产生影响。所以，需设计合理的标识方案与解析机制，保证标识与解析服务的高效提供。

5. 提供协议层面与系统层面的可扩展性

工业互联网标识解析服务应具备可扩展性，要求其架构在设计时具备一定的前瞻性，可根据实际需求进行扩充，保证该体系在未来海量数据及新增标识方案场景下依旧能满足需求。首先在协议层面，该体系应能无缝添加其

他新型标识解析协议子域；其次在系统层面，需保证命名空间可容纳未来海量数据接入，并且保证系统扩展时，新增节点对现有服务没有影响或影响很小，即使进行大规模扩展，增加至成千上万个服务节点，该系统依然十分有效。

二、工业互联网标识解析体系中的关键技术

根据上述设计原则，需提供多项关键技术为工业互联网标识解析体系进行技术支持，包括标识方案、标识分配机制、注册机制、解析机制、数据管理机制与安全防护方案等。然而，对工业互联网标识解析体系的研究尚不成熟，部分关键技术有待进一步研究。

1. 标识方案

工业互联网标识通过定义编码格式对工业生产中的人、物、料、工业设备进行唯一、无歧义命名，为感知物理世界、信息检索提供支持，助力开展各类相关应用。现有标识方案分为层次与扁平两种。层次化标识往往由多个包含语义信息的字符串级联而成，具备全局性、可记忆性，但缺乏安全性，如域名方案。层次化标识自动支持内容分配、多播、移动性等，并且可充分利用长尾效应，实现请求聚合，从而减轻路由器负担。然而，层次化标识的语义性在一定程度上限制了标识的生命周期。例如，现存的多个方案将资源所有者信息纳入其层次化标识，导致资源所有者更改时该标识失效。

扁平标识通常通过散列运算得到，由一系列无规律的数字或字符串组成，具备全局性、安全性，但缺乏语义信息。扁平标识具有较好的稳定性与唯一性，支持自我认证，且相对于层次化变长标识，该方案利用散列运算结果，其标识往往具有固定长度，在条目匹配时查询速度更快。扁平标识的缺陷在于命名空间有界，且难以实现名称聚合，映射表规模较大，从而制约可扩展性。此外，扁平标识不具有可读性，不利于获取其背后的信息，且资源内容改变或散列算法升级均会导致原标识失效，进而影响内容的检索与查询。

2. 解析机制

解析机制负责定义资源的检索过程。根据解析架构的不同，现有解析方案可分为层次解析与扁平解析。层次解析采用树状结构，每个解析节点负责一个域，该结构简单，可扩展性强，利于部署；但缺陷在于各节点权限不同，根节点权限最高，父节点权限高于子节点权限，父节点可屏蔽所有子节点服务。

扁平解析往往采用分布式散列表（DHT，distributed hash table）技术实现，各解析节点进行P2P组网，解析条目根据DHT算法存储检索。该架构中每个解析节点的管理权限相同，各解析节点无权篡改和丢弃其他节点的解析请求，避免解析服务被非法控制，便于构建分权、对等的解析生态。然而，扁平解析的效率显著低于层次解析，且其分布式解析架构不存在中心节点，不利于数据收集，难以对解析数据进行挖掘和分析。

3. 安全防护

安全防护负责解析过程中的隐私保护与安全保障，主要包括身份安全、数据安全与行为安全。其中，身份安全用于保证用户侧与服务侧身份真实性；数据安全一方面用于保证大量数据在公共网络的传输过程中不被窃取与篡改，另一方面用于保证数据存储安全，即数据不被暴露；行为安全通过各种访问控制技术保证对数据进行合法操作。

第六节 标识解析体系节点

——工业互联网的“神经枢纽”

荆书典：通过标识解析、区块链等工业互联网相关技术，在物资生产储存时赋予唯一标识，即可通过工业互联网平台，了解每件物资的位置、数量、种类等信息，从而做到高效管控、精准配置。

互联网因域名解析体系而改变，域名体系的服务主体是“人”，实现人机互联；工业互联网将因标识解析体系而改变，标识是海量工业数据查询的入口，标识解析体系拓宽了传统消费互联网的连接边界，实现了人、机、物、工艺、算法等物理和虚拟对象的互联互通。从这个角度看，标识解析体系是支撑工业互联网互联互通的“神经枢纽”，也是驱动工业互联网创新发展的关键核心设施。

例如，在汽车制造过程中，生产商需要对所有零部件的来源、出厂情况、材质、性能等信息掌握到位；选购口罩时，消费者希望可以查阅口罩生产批次、质检结果及生产日期等数据信息……未来的商品制造和选购中，类型多样的对象、体量庞大的数据、复杂多变的流程、分散独立的个性化服务，都需要进行准确高效连接。

没有规矩，不成方圆。我国高度重视标识解析体系的标准化工作。在工业和信息化部的指导下，2016年2月1日，由工业、信息通信业、互联网等领域百余家单位共同发起成立了工业互联网产业联盟，吸纳了来自科研机构、企业、高校等各方资源，联盟成员数量超过2000家，营造了广泛参与的工作氛围。在经过充分研究和论证后，一种融合多级标识解析体系的架构诞生，它采用分层、分级模式，包含了国际根节点、国家顶级节点和二级节点、企业节点、公共递归解析节点等，并已经推动形成了区域覆盖面广、行业代表性突出的全面发展格局。

一、标识解析体系节点分类

整个标识解析体系分为国际根节点、国家顶级节点、二级节点、企业节点、递归节点等，最顶层是国际根节点，不同节点保存不同的信息，二级节点主要面向行业。

国际根节点是标识解析体系的最高层级的服务节点，提供面向全球范围公共的根区数据管理和根解析服务，并不限于特定国家或地区。

国家顶级节点主要由国家层面建设，连接国际根节点，是我国工业互联网标识解析体系的关键，具备跨地区、跨行业信息交换能力，面向全国及地区提供顶级标识编码注册和标识解析服务，以及标识备案、标识认证等管理能力。国家顶级节点“对外互联、对内统筹”，既要与各种标识体系的国际根节点保持连通，又要连通国内的各种二级及以下标识解析服务节点，支持跨二级节点的标识解析。

“5+2”国家顶级节点的全面建成，开启了工业互联网全要素、全产业链、全价值链全面连接的新篇章，标志着我国工业互联网标识解析体系创新发展迈入了新的历史阶段。

2018年11月22日，武汉国家顶级节点上线，这是全国最先建成的国家顶级节点。通过布局核心网络基础设施，支撑构筑数字“九州通衢”，服务鄂、湘、赣、豫中部多个万亿产业集群。11月23日，广州国家顶级节点正式开通。广州国家顶级节点的开通，使华南区域工业互联网标识解析体系形成了全方位、立体化的发展态势，赋能广东特色产业集群，助力千万家中小企业降本增效。12月1日，重庆国家顶级节点在两江新区启动上线，为19个行业的5000余家企业提供标识解析服务，有效带动西部地区的发展。12月13日，上海国家顶级节点上线，是长三角标识一体化的重要枢纽平台。其利用区位和资源优势，充分发挥在长三角一体化发展中的龙头带动作用，做深做实工业互联网标识解析建设。12月23日，北京国家顶级节点上线，作为五大国家顶级节点的核心节点、指挥中心，将带动我国北方地区标识解析发展。

灾备节点是工业互联网标识解析国家顶级节点的重要一环。当国家顶级节点无法提供正常服务时，灾备中心启动，在保护标识注册、数据安全和构建安全运营体系中，起到不可替代的作用。

2020年12月19日，南京灾备节点正式上线运行，具备同时支持全国五个国家顶级节点和所有接入国家顶级节点的根节点和二级节点的数据灾备及业务系统灾备的能力，实现国家顶级节点的应用级灾备，同时形成工业互联网标识解析的数据托管和服务托管能力，为没有条件建设二级节点的地区、企业提供托管服务。

2022年4月28日，成都灾备节点上线，与重庆顶级节点在成渝地区形成“一顶一备”的标识战略生态，有效提升四川及周边地区乃至全国的标识全体系应急灾备能力，纵深助推标识与各行业、各区域深度结合。

二级节点作为工业互联网标识解析体系的中间环节，向上对接标识解析国家顶级节点，向下对接企业标识节点及应用系统，面向行业或区域提供标识编码注册、标识解析和运行监测等服务，分为行业二级节点和综合类二级节点两类。二级节点可完成相关的标识业务管理、标识应用对接等，主要由行业龙头企业建设，应当是具备企业信息共享和行业公共服务能力的产业平台。

数据显示，截至2023年6月30日，全国范围内累计接入国家顶级节点的二级节点达306个，累计服务企业超26万家，覆盖40个重点行业，探索出了18大标识应用场景。

企业节点面向特定企业提供企业内部的标识编码注册、分配和标识解析服务，与二级节点对接，也可以作为企业信息系统的组成要素。

递归节点是标识解析体系的关键性入口设施，能够通过缓存等技术手段提升整体服务性能。当收到客户端的标识解析请求时，递归解析节点会首先查看本地缓存是否有查询结果，如果没有，则会迭代标识权威解析服务器返回的应答，直至最终查询到企业应用数据，将其返回给客户端，并将请求结果缓存到本地。递归节点由运营商参与建设。

二、二级节点的职责

（1）促进数据流动、加快信息共享。二级节点对接国家顶级节点、企业节点及应用系统，提供标识注册、标识解析和运行监测等服务，促进整个工业互联网领域的数据流动，加速行业之内和行业之间的信息共享，是工业互联网标识解析体系重要的基础设施。

（2）提供公共服务和应用。二级节点除了提供标识注册、标识解析和运行监测等基础功能外，通常还提供应用支撑能力以及各种微服务、工具模型、开发环境、规范接口等，并在此基础上实现和提供各种标识创新应用，是实现标识价值，促进企业、行业和全社会转型发展的重要公共服务平台。

（3）标识规范管理。二级节点具有标识编码注册和分配的职责，二级节点向标识注册管理机构申请注册并获得标识前缀后，负责向企业节点分配下一级标识前缀，需制定相应的编码规则和管理规范。二级节点具有推动企业节点建设、规范企业节点接入、引导企业节点发展、促进数据流动的作用，应制定接口标准、元数据标准等，以支持与企业节点的对接和服务。

三、二级节点的分类

根据服务范围，二级节点可划分为行业型二级节点和综合型二级节点，同一行业可建立多个行业型二级节点。

行业型二级节点是指面向特定行业提供标识注册、标识解析、标识数据服务的二级节点。例如，工业互联网标识解析二级节点（仪表行业应用服务平台）是工信部2019年工业互联网创新发展工程项目，由大陆股份牵头建设，为仪表行业企业和用户提供便捷的标识编码注册和标识解析服务，打造仪表行业特定应用场景，促进仪器仪表的质量管理、重要产品追溯、产品全生命周期管理等应用。

综合型二级节点是面向两个及以上行业“大类”提供标识注册、标识解析、标识数据服务的二级节点。例如，国家工业互联网标识解析（内蒙古）综合型二级节点，以面向畜牧养殖、农副食品加工、生物制药、乳业等自治区重点特色产业为基础，通过“标识（数据）＋应用”两大核心能力建设、运营平台，把优势产业、龙头企业接入标识解析二级节点，并逐步辐射全自治区各优势产业，通过跨行业、跨企业互联互通，实现工业数据的汇聚共享，达到规模效应，形成内蒙古工业大数据中心，努力在自治区形成集“节点建设、应用创新、方案研发”于一身的自主可控标识解析产业高地，引导企业运用工业互联网新技术、新模式提升数字化、网络化、智能化水平。

四、二级节点的整体架构

工业互联网标识解析二级节点建设涉及标识编码分配和管理、信息系统建设和运营、标识应用对接和推广等工作，整体架构可划分为管理、功能、应用和安全保障四大体系。

（1）管理体系主要用于规范二级节点建设与运营相关的管理要求，包括编码规则、技术标准、管理规范和运营规范等。

（2）功能体系主要从信息系统建设的角度，在具备基础设施的前提下，界定二级节点应提供的核心系统功能，包括标识注册、标识解析、标识查询、数据管理、业务管理、运行监测等。

（3）应用体系主要包括为标识应用提供的应用支撑能力，以促进标识应用开发以及各种具体的标识应用，如供应链管理、重要产品溯源等。

（4）安全保障体系主要保障二级节点的安全、稳定、可靠运行。

五、企业节点的总体框架

企业节点属于企业信息系统，不仅要与二级节点对接，还要与企业内部系统对接，同时需要遵从企业相关规定以及二级节点的编码规范、技术标准、管理规范、运营规范等管理体系要求。由于企业规模、大小不同，企业可以根据自己的需求在标识注册、解析等功能基础上，建立企业自身的管理方式和应用服务。

当前，随着新一轮科技革命和数字经济深入发展，产业数字化和数字产业化正在全球范围内双向加速。工业互联网正在成为经济社会发展新动能。针对多种标识体系长期共存的客观情况，我国工业互联网在实践的过程中创造性地构建了以国家顶级节点为核心的工业互联网标识解析体系，借助国家顶级节点的解析枢纽地位实现工业互联网多标识兼容和互联互通。未来，需要政、产、学、研、用各方群策群力，构建更加完善的工业互联网标识产业生态，推动新一代信息技术与实体经济深度融合，帮助企业打通信息壁垒、优化生产流程、提升管理水平、强化协同创新，促进产业智能化转型升级和经济高质量发展。

第七节 工业互联网标识管理办法

在消费互联网向工业互联网拓展延伸中，在万物互联、万物智联的工业互联网中，每个物品、元器件，甚至每条信息都有其全球唯一的“身份证”，而这个唯一的“身份证”就是标识。目前，工业企业广泛使用标识标记各种物品（见图2-15），但不同企业和行业的编码和解析方式不尽相同，主流标识体系包括Handle、OID、Ecode、VAA等。随着工业互联网的发展，全要素、全产业链、全价值链全面连接的需求日益迫切，需要建立一种兼容不同技术体系，能够跨系统、跨层级、跨地域的工业互联网标识解析体系。

通过统一融合的工业互联网标识解析体系，企业或用户可以利用标识访问产品在设计、生产、物流、销售到使用等各环节，在不同管理者、不同位置、不同数据结构下智能关联的相关信息数据，是实现全球供应链系统和企业生产系统精准对接、产品全生命周期管理和智能化服务的前提和基础。

图2-15 工业互联网标识

一、《工业互联网标识管理办法》出台

工业互联网已成为全球新一轮科技革命和产业变革的重要驱动力量。近年来，党中央、国务院高度重视工业互联网的发展。《中共中央关于制定国民经济和社会发展第十四个五年规划和二〇三五年远景目标的建议》中要求，加快工业互联网新型基础设施建设。工业互联网标识解析体系是工业互联网新型基础设施的重要组成，《国务院关于深化“互联网+先进制造业”发展工业互联网的指导意见》中明确提出推进标识解析体系建设。

近年来，我国标识解析体系迅速发展壮大，但同时，与之相适应的治理体系还不够完善。各类标识服务机构作为工业互联网产业发展的公共服务平台，涉及企业和用户的数据、信息和权益，事关标识解析体系乃至工业互联网全局稳定健康发展。中央经济工作会议强调国家支持平台企业创新发展，同时要依法规范发展，健全数字规则，要加强规制、提升监管能力。为贯彻中央精神，促进工业互联网标识解析体系建设有序推进、激发标识创新发展活力，从制度方面规范相关各方行为、维护市场秩序，2020年12月25日，工业和信息化部印发了《工业互联网标识管理办法》（工信部信管〔2020〕204号，以下称《管理办法》）。

二、标识服务机构有哪些

根据我国工业互联网标识技术体系发展现状和标识解析体系建设要求，《管理办法》将标识服务机构分为五类：一是根节点运行机构，负责建设和运营在境内的根服务器，提供跨境解析服务；二是国家顶级节点运行机构，负责建设和运营国家顶级节点服务器，提供境内标识解析和数据管理服务；三是标识注册管理机构，负责面向工业互联网提供标识注册服务，涵盖Handle、OID等标识体系；四是标识注册服务机构，负责建设和运营二级节点服务器，面向企业或者个人提供标识注册、解析和数据管理等服务，起到承上启下的关键作用；五是递归节点运行机构，负责建设和运营递归服务器，旨在保障解析服务性能。

三、为什么要求标识服务机构取得域名许可

域名（即网址，如baidu.com.cn）是互联网上各种信息内容的“门牌号码”，互联网域名系统用于提供域名和IP地址之间的解析，从而保证互联网内容信息准确传送到目的地址。工业互联网标识是工业互联网中的“域名”，是互联网由虚拟向实体延伸的产物。工业互联网标识与互联网域名在内涵、层级、功能等方面具备一致性。从内涵看，互联网域名解决了域名与IP地址的映射关系，标识解决了工业对象与网络地址的映射关系；从层级看，两者均为分级解析的技术架构；从功能看，两者均具备提供命名的注册分配、解析寻址、信息查询、数据维护等功能。相较于互联网域名，标识的应用场景更加广阔，还支持解析和定位生产资料、成品部件、在制品、整机等实体资源，以及工艺、算法等虚拟资源。因此，工业互联网标识按照互联网域名管理，标识服务机构应当依法取得包含工业互联网标识服务的互联网域名相关许可。

四、为什么要求标识服务机构之间建立对接

标识服务机构之间建立对接并同步数据，是实现标识解析体系统一管理、分级解析、安全管控的基本要求。工业互联网标识解析国家顶级节点承担了异构标识互联互通、跨境交互安全可控、解析服务长效稳定的职责，是我国标识解析体系的核心枢纽。国家顶级节点运行机构与根节点运行机构对接将保障与国际接轨，提供全球标识解析服务；与标识注册管理机构对接将实现异构标识的统一解析，并为注册信息的真实校验提供基础；与标识注册服务机构对接是实现分级管理、全网解析的关键。

当前，业界一般提炼的工业互联网四类应用场景包括智能化生产、个性化定制、网络化协同、服务化延伸，但这四类应用场景里面有一个最大的问题，就是打着“工业互联网”的幌子建立独立连接，一个企业围绕着上下游建一个小圈子就叫工业互联网，其实这是错误的。“真正的工业互联网应该是大家把所有东西连到同一根总线，这才叫工业互联网。”荆书典对此很是担忧，他说：“如果行业内互联，行业的上下游互联，而没有实现全面互联，这可能正在制造信息孤岛。那些不去建设节点，而是打着工业互联网的旗号做一个局域的小圈子的网络平台，将来全部是孤岛。如果大家都那样做，工业互联网的梦想就实现不了。”

实际上，厂内的设备孤岛并不可怕。因为企业搞不搞工业互联网，内部的连接是必须的，原因在于工厂要搞智能化生产，要搞转型升级。但如果工厂与行业脱节，甚至产生行业孤岛，浪费将无比巨大，这就会耽误国家工业互联网的进程。

【延伸阅读】全球工业互联网标识解析体系总览

工业互联网是新一代信息技术与工业经济深度融合的关键基础设施、新

型应用模式和全新经济生态，通过人、机、物的全面互联，构建起覆盖全要素、全产业链、全价值链的全新制造和服务体系，为工业乃至产业数字化、网络化、智能化发展提供了实现途径，是第四次工业革命的重要基石。为实现这种全面互联，需要通过标识编码这种工业互联网中的“身份证”对物理对象和虚拟对象进行唯一识别，并借助解析系统，实现跨地域、跨行业、跨企业的数据共享共用。

基于我国工业互联网发展的现实需求和全球多种标识体系并存的情况，我国自主规划设计并建设了国家工业互联网标识解析体系，实现了对VAA、Handle、OID、Ecode、GS1、MA等多种国际主流标识体系的互联互通，通过赋予机器、设备、产品，乃至数字对象唯一的“身份证”，打通标识背后的数据链，打通物理世界和数字空间，实现数据无缝流动和交互。经过努力，我国工业互联网标识解析体系已经全面建成北京、上海、广州、重庆、武汉五大国家顶级节点，南京、成都灾备节点也全部上线，形成了“东西南北中”一体化发展的格局。目前实现了31个省、区、市全覆盖，有力推动了我国经济的数字化转型、智能化升级和高质量发展。以下是我国工业互联网标识解析体系兼容的全球工业互联网六大标识编码体系：

（1）VAA。VAA是在我国工业互联网标识解析体系应用实践基础上发展而来的自主标识体系，ISO（国际标准化组织）、IEC（全球自动识别行业协会）和AIM（国际电工委员会）三大国际组织于2020年6月授权中国信息通信研究院为VAA的国际发码机构。中国信息通信研究院负责VAA标识的前缀分配与管理、编码规则的应用指导，并建立了VAA标识注册管理平台，管理VAA前缀的注册、申请。

VAA基本编码结构由三部分组成：发码机构代码、服务机构代码和企业内部编码。VAA为发码机构代码；服务机构代码可以分为三部分，即国家代码、行业代码和企业代码；企业内部编码由企业自行管理与分配。VAA编码结构示例如图2-16所示。

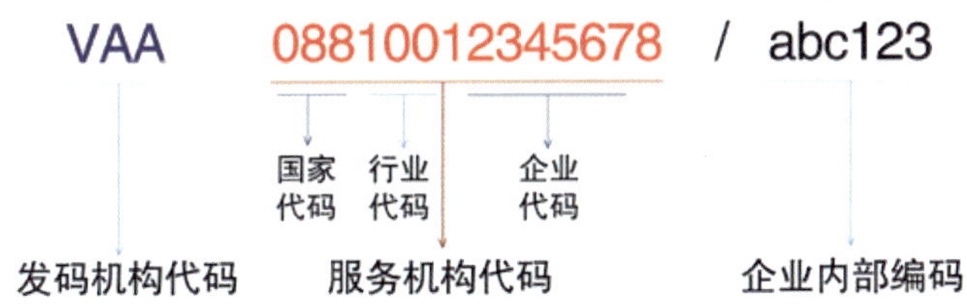

图2-16 VAA编码结构示例

根据标识载体的不同，VAA标识编码目前具有五种表现形式，如示例编码采用URI格式，可表现为URP：//88.100.12345678/abc123或HTTP：//88.100.12345678/abc123。

中国信息通信研究院参照ISO/IEC 15459系列标准，设计了VAA编码规则，并于2021年10月20日发布了《工业互联网标识解析VAA编码导则》。

（2）Handle。Handle由互联网之父、TCP/IP联合发明人罗伯特·卡恩提出。Handle体系定义了编码规则、独立于互联网域名系统的解析体系和全球分布式管理架构，目前由数字对象网络架构（DONA）基金会负责运营、管理、维护和协调Handle全球注册及解析服务。DONA下设的全球并联顶级前缀管理机构（MPA）负责分配、管理Handle一级前缀下的子前缀。我国国家工业信息安全发展研究中心、北京中数创新科技股份有限公司和北京西恩多纳信息技术有限公司组成联合体（中国MPA），获得了“86.”一级前缀的管理权。

Handle标识由前缀和后缀构成，两者之间由“/”分隔。从一级前缀开始，从左向右依次拓展，后缀可直接使用本地化标识。如某品牌奶粉的Handle标识前缀是“86.1000.12”，其中一包奶粉的Handle标识编码是“00121336401058520109”。Handle编码结构示例如图2-17所示。

图2-17 Handle编码结构示例

Handle国际标准包括RFC3650、RFC3651、RFC3652三项IETF标准，其中

RFC3650给出了Handle的编码格式。

（3）OID。OID即对象标识符，由ISO（国际标准化组织）、IEC（国际电工委员会）和ITU（国际电信联盟）共同提出，用于对任何类型的对象、概念或者“事物”进行全球无歧义唯一命名。

OID根节点下分为ITU分支（0）、ISO分支（1）、ITU&ISO联合分支（2）三个分支，分别由ITU、ISO以及ITU&ISO联合管理。我国于2007年组建了“OID注册中心”，负责管理“ISO分支”和“ISO&ITU联合分支”下的中国OID分支（前缀为1.2.156和2.16.156），负责国内OID注册、管理、维护以及在国际上的备案工作。

OID体系包括命名规则、分配方案、编码规则、解析管理体系等内容，OID标识解析建立在互联网域名系统的基础上。OID编码为树状结构，由一系列数字、字符或符号组成，不同层次之间用“.”分隔，标识编码为由“树根”到“叶子”全部路径上的节点顺序组合而成的字符串。例如，制造业领域的OID前缀是“1.2.156.3001”。OID编码结构示例如图2-18所示。

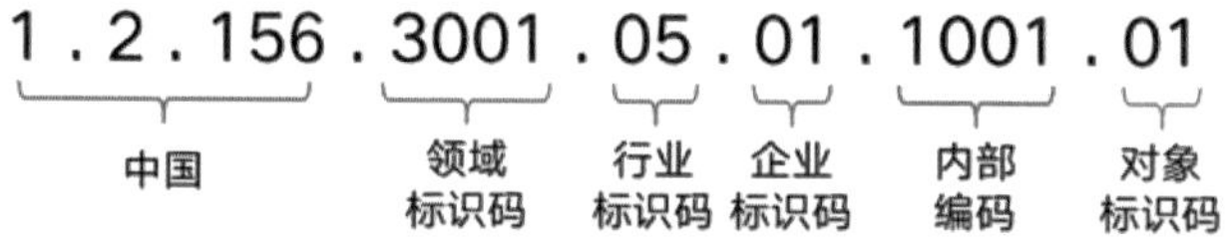

1.2.156.3001.05.01.1001.01

中国 | 领域标识码 | 行业标识码 | 企业标识码 | 内部编码 | 对象标识码

图2-18 OID编码结构示例

已发布的OID国际标准、国家标准分别有20余项，其中《信息技术 开放系统互连 OSI登记机构的操作规程 第1部分：一般规程和国际对象标识符树的顶级弧》（GB/T 17969.1—2015）对OID命名规则和分配方案进行了规范。

（4）Ecode。Ecode即物品编码，由中国物品编码中心自主研究提出，包括编码规则、解析架构和解析服务要求。Ecode标识解析建立在互联网域名系统的基础上。

Ecode的注册管理机构为国家物品编码管理机构，其职责为管理Ecode编码的注册和申请，以及维护Ecode注册信息和编码数据。

Ecode编码的一般结构为三段式，由版本（V）、编码体系标识（NSI）和主码（MD）构成。V用于区分不同数据结构的Ecode，NSI用于指示某一标识体系的代码，MD用于表示某一行业或应用系统中标准化的编码。Ecode编码结构示例如图2-19所示。

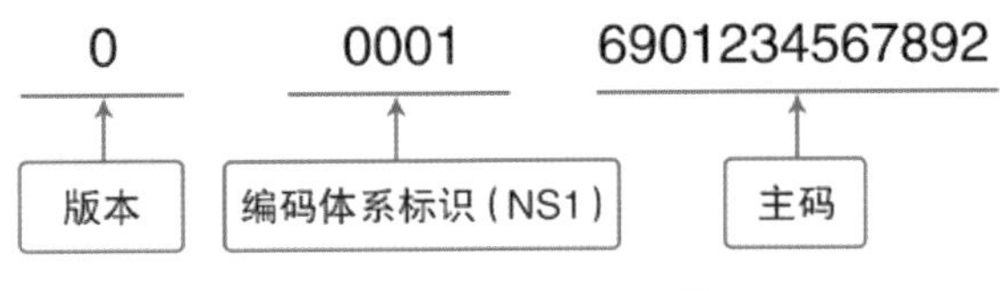

图2-19 Ecode编码结构示例

已发布的Ecode国家标准有10余项，《物联网标识体系物品编码Ecode》（GB/T 31866—2015）是由中国物品编码中心研究制定的我国首个物联网国家标准，其规定了Ecode的编码结构。

（5）GS1。GS1即全球统一标识，由国际物品编码协会负责管理和维护。GS1包括编码、数据载体、数据交换等部分。

GS1的成员组织之一是中国物品编码中心，主要负责除台湾地区以外中国其他区域GS1厂商识别代码的分配和管理，指导企业应用GS1的各项规则。面向不同应用场景，GS1定义了不同的编码类型，典型代表有GTIN、SSCC、GIAI、GRSN等，这些编码分别适用于零售结算、物流、资产管理、服务业等领域。以零售领域的GTIN编码为例，其由三部分组成：厂商识别代码、商品项目代码和校验码。例如，某零售商品的GS1标识为6901234567892，“6901234”为厂商识别代码，其中“690”为前缀码，由国际物品编码协会分配给中国；“56789”为商品项目代码；末尾数字“2”为校验码。GTIN编码结构示例如图2-20所示。

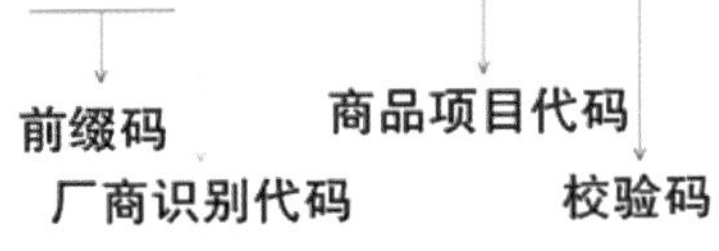

图2-20 GTIN编码结构示例

GS1现依据的国际标准有ISO/IEC 15459、ISO/IEC 15418等20项，并发布规范文件指导应用，《GS1通用规范》提供了GS1标识编码的语法、分配和自动数据采集标准。

（6）MA。MA是国际标准ISO/IEC 15459注册管理机构于2018年8月授权给中关村工信二维码技术研究院的国际发码机构代码，MA标识体系是中国自主可控的、具有全球节点管理权和代码资源分配权的国际标准对象标识体系，已在全球30多个国家和地区应用。

MA编码为分级编码结构，分为用户标识、对象类目和自定义对象个体编码三部分，其中用户标识由标识前缀“MA”、国家地区或领域代码、地域或行业代码、用户代码四部分组成；对象类目分为通用编码结构和自有编码结构两种情形，通用编码结构由三个节点组成，自有编码结构层次数量由用户定义；使用自定义对象个体编码时，用户根据应用的需求自定义节点数量和每个节点的位数。每两部分之间以“.”或“/”符号隔开，每一部分内部以“.”符号隔开。MA编码结构示例如图2-21所示。

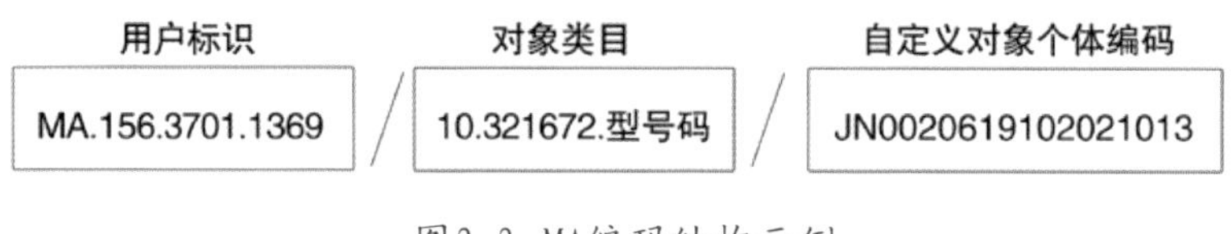

图2-2 MA编码结构示例

2021年11月5日发布的《MA标识体系白皮书》规范了MA的编码结构、应用模式等相关内容。

书典观察：

在数字化浪潮下，工业互联网是数字经济和实体经济深度融合的关键底座，是新型工业化的战略性基础设施。数字化转型已不再是“选择题”，而是“必修课”。随着工业互联网的高速发展，“智能”“便捷”“高效”的新工业时代已然来临。现代仪器仪表特别是智能化仪表及其工业互联网的平台系统，已成为改造传统工业、提高生产效率、降低生产成本、综合利用原材料、延长生产装置寿命、保证产品质量、实现环境保护、保障安全运行、节能降耗、实现信息管理、优化控制策略等的必备手段。

当下，工业互联网行业已经开启关键的转型升级阶段。未来，全国会有大量的仪器仪表企业接入大陆通工业互联网仪表平台，形成海量的产品信息数据，计量测量数据无穷，大数据应用空间无限，由此建成的全国仪表行业工业互联网生态圈，将会是一个有无限可能的发展空间。

大陆通工业互联网仪表平台作为仪表行业首个上线的工业互联网标识解析二级节点及综合应用服务平台，省级跨行业、跨领域工业互联网平台，致力于为仪表行业企业和用户提供便捷的标识编码注册和标识解析服务，打造仪表行业特定应用场景，促进仪器仪表的质量管理、重要产品追溯、产品全生命周期管理等应用，完成了基于标识解析的仪表制造、仪表全生命周期管理、智慧计量、能源管控等多个应用场景的试点建设，实现了仪表信息跨行业、跨领域的互联互通，保障了仪表信息的真实可靠，为仪表测量大数据的广泛应用奠定了基础。

第三章·跨行业、跨领域工业互联网平台：大陆通工业互联网仪表平台①

国家统计局数据显示，2020年全国仪器仪表制造业有规模以上企业4906家，实现销售收入7660亿元，同比增长3.50%；利润总额734.16亿元，同比增长11.65%。2021年全国仪器仪表制造业有规模以上企业5400余家，营业收入9101.4亿元，同比增长18.82%；利润总额957.03亿元，同比增长16.75%。2022年全国仪器仪表制造业有规模以上企业6100余家，营业收入9835.4亿元，同比增长4.2%；利润总额1017.6亿元，同比增长4.3%。2023年1—7月，全国仪器仪表制造业营业收入5274.2亿元，同比增长6.4%；利润总额518.4亿元，同比增长12.4%。从数据来看，我国仪器仪表行业属于万亿级市场，同时受益于产业升级，行业整体利润水平也有所提升。

2022年，为积极响应《工业互联网创新发展行动计划（2021—2023年）》关于加强工业互联网产业生态培育，构建软硬件协同开发平台的要求，弥补工业互联网产品、设备及关键技术的不足，丰富产品类型及服务能力，推动产品应用与落地，助力工业互联网产品与设备向自主可控、灵活部署、多样应用等方向发展，打造产业行业标杆，提升相关产品品牌度，中国信息通信研究院联合工业互联网生态各方开展了工业互联网标识产品与设备“繁星计划”。大陆通工业互联网仪表平台对推动“繁星计

①本章参与编写人员：马海峰、李小康。

划”实施落地具有重要的支撑作用。

第一节 大陆通工业互联网仪表平台应用服务能力

荆书典：2022年8月26日，济南大陆机电股份有限公司牵头建设运营的仪表行业工业互联网标识解析二级节点成功获得山东通信管理局颁发的“中华人民共和国互联网域名服务许可证”。此项许可证的颁布，标志着大陆股份正式取得在全国开展域名注册服务的官方认证资质，仪表行业工业互联网二级节点的建设开启了新篇章。

未来，大陆股份将致力于构建仪器仪表行业工业互联网标识解析产业生态，通过建“标识”、用“解析”，打通工业互联网的“神经中枢”，不仅可实现企业生产的数字化，还可帮助企业通过工业互联网与其他企业的节点、二级节点、国家顶级节点等相连接，让产业链上下游企业之间的分工协作过程也迈向自动化、数字化、智能化，从而让“取之不尽，用之不竭”的数据资源为数字经济、数字中国建设贡献力量。

工业互联网仪表平台是基于工业互联网标识解析二级节点，围绕仪器仪表整个产业链搭建的综合创新应用平台，实现了生产制造、产品追溯、产品生命周期三个方面的管理应用。

在生产制造管理应用方面，支持产品设计、制造、检验及出厂注册赋码的能力；支持仪表生产制造企业与各环节、各原材料供应商之间的信息整合能力；支持数据清洗、数据挖掘等能力。

在产品追溯管理应用方面，支持仪表行业工业互联网统一标识能力；支持各环节、各仪器仪表有效数据采集能力；支持在企业内部实现原料、工艺、生产、配送等环节信息整合和产品信息追溯能力；支持对影响产品质量因素和管理因素进行分析。

在产品生命周期管理应用方面，支持从生产制造、市场销售到安装使用、检定校准、故障维修的各个生命阶段的信息链管理能力，支持标识与应用单位的设备巡检、资产管理、仪表数据溯源等融合能力。

应用服务能力是体现工业互联网平台价值的关键，大陆通工业互联网仪表平台的应用服务能力主要有以下方面。

一、仪表制造专项服务

利用工业互联网标识解析，基于唯一性识别编码和工业互联网仪表平台的客户端应用能力，为用户建立一个生产运行管理的数字化系统，帮助企业实现从原材料采购到销售过程的全生命周期管理，对控制产品的质量和追溯具有重要参考价值，可提高产品的质量和竞争力，同时也提升市场份额和占有率。平台提供操作简单、管理全面、可模块化组态的信息化管理服务，通过平台进行工业互联网唯一标识认证（核心零部件、半成品、成品），并进行采购入库管理，将零部件、半成品、产品进行关联，建立索引关系，记录生产批次，对产品生产过程的问题和产品售后服务的问题进行追溯（见图3-1）。

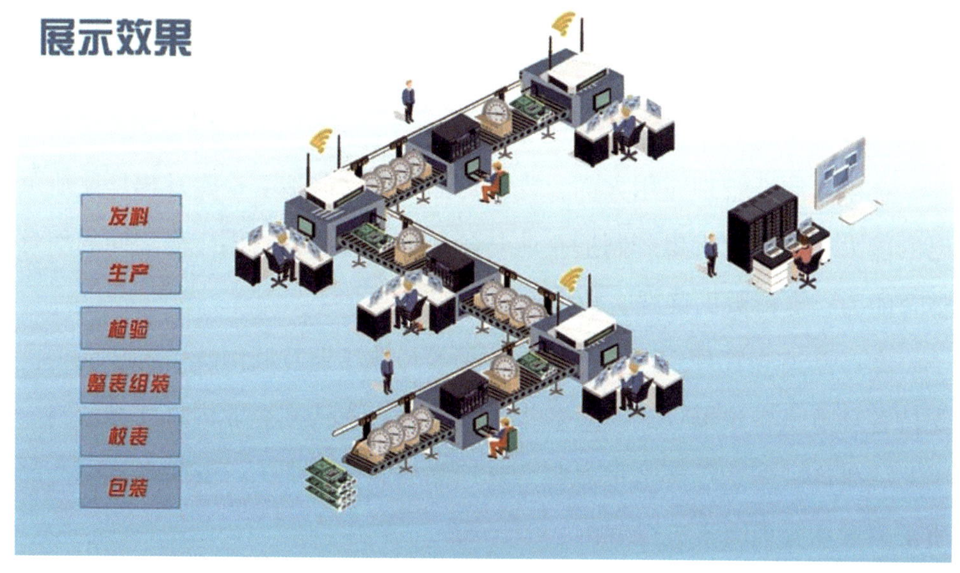

图3-1 展示效果

荆书典在某仪表制造企业调研时发现，该企业在生产过程中，成品与零部件并没有建立关联关系，零部件随机进行出库入库，发生质量问题以后也很难追溯到零部件的上游厂家。企业生产出的成品的编码也由企业自己制定，仅限在企业内部使用，无法与下游用户建立联系；产品售后无法收到客户的反馈，非常不利于业务的持续开展。

走进企业的水表基地查看，其生产计划来源主要是上个月的订单和当月的库存，生产计划下发后，除了SMT车间，其他工序在执行的过程中，由于产品的特殊性及当前ERP的情况，无法追溯生产计划与订单的对应关系，导致在订单出现错误时，无法进行问题溯源。

基于这种情况，大陆股份技术团队打造了工业互联网仪表制造服务平台。平台基于工业互联网唯一识别编码，为用户建立一个生产运行管理的数字化平台。平台通过对核心零部件、半成品、成品等进行赋码，建立对应关系，实现产品生产过程的问题追溯和产品售后服务管理等。该平台采用微服务架构、模块化设计，操作简单、功能丰富，帮助企业实现从原材料采购、生产制造到销售过程的全生命周期管理，对控制产品的质量和追溯具有重要的参考价值，有利于提高产品质量和市场竞争力，提升市场份额。

该平台在生产过程方面打通了整个链条，从产品设计、生产规划、制造、运输、服务到回收的整个生命周期过程中，利用标识技术记录和查询产品的状态、属性、位置等信息，促进企业内部各系统之间、企业之间、企业和客户之间信息数据的互联互通，实现企业资源优化配置，提高产品质量、生产效率和企业的核心竞争力。

在售后追溯方面，客户通过手机扫码就可以获得仪表的说明书、质检报告、安装视频；客户还可以通过扫描标识填报使用问题和咨询问题，平台记录问题，并通过客户端进行问题处理和意见反馈，真正达到了说明书补发率归零，质检报告补发率归零，现场服务成本降低约24%。

平台建设实现了产品生产从核心零部件到售后的全生命周期管理，促进了仪表生产权责明晰化、目标计划化、业务流程化、行为标准化、控制过程化，提升了企业的科学化管理水平，提高了工作效率。平台的试点运行为工业互联网仪表平台在仪器仪表制造业的推广应用奠定了基础，形成了仪器仪表制造行业的大数据资产，有利于推动传统产业向着网络化、数字化迈进。

二、计量专项服务

该服务主要是面向计量器具的制造、使用、检定和监管单位，通过唯一性识别编码实现计量器具全生命周期信息共享，为计量器具相关单位提供相关的标准、技术、交易、检校等网上服务；为产品溯源、能效评价、安全评价等第三方提供数据支撑的服务（见图3–2）。

图3–2 某区智慧计量监管平台

计量是实现单位统一、保障量值准确可靠的活动。计量不仅是经济活动、国防建设和社会发展的重要技术基础，同时也是维护贸易公平、保护广大消费者利益的重要法治手段。

计量与人们生产、生活的各个方面都密切相关。民生计量一直是计量监督管理工作的重点。目前涉及计量工作的行业有集贸市场、医疗机构、加油站、加气站、生产企业、检验检测机构、“民用四表”生产领域等。近年来，国家在民生计量法治建设、技术服务机构建设、计量检测管理、计量服务等方面采取了多项行之有效的措施，确保了民生计量在贸易结算、医疗诊断、行政执法等领域发挥不可替代的作用。

大陆通工业互联网仪表平台可为使用单位提供计量器具全生命周期电子台账、巡检、维修、保养管理、检定、校准到期提醒、工单提醒、网上报检、网上受理、网上查询、统计分析等功能，实现一个区域内的强检计量器具数字化管理，避免了漏检错检等情况，保障器具正常运行；也可为监管部门提供强检计量点地图、强检计量器具备案管理、辖区强检计量器具数据统计、移动办公App等功能；还能为计量检定校准机构提供检定客户管理、检定网上受理、检定结果统计、强检核对、强检数据分析统计及报表生成、云检定业务等服务。

平台有效实现了备案强检计量器具受检率100%，检定合格率98%以上的工作目标。一个区域内的计量器具使用单位在平台上建立网格化台账，实现了线下器具实物、线上器具信息和计量器具监管过程及结果数据的一一匹配和溯源管理。平台应用既解决了监管部门辖区企业多、强制检定计量器具种类多、数量大以及监管人员人手不足等问题，又帮助企业实现了内部计量器具的信息化管理，解决了计量专业管理人员短缺、计量器具实时管理和远程日常维护困难等问题。数字化的管理方式大大提高了工作效率，使得数据统计更快速、更准确、更灵活。

在计量器具管理方面，大陆股份率先突破相对封闭的单一式计量监管思维，开发了基于云平台、移动互联网和大数据技术的智慧计量大数据监管云平台，全面提升了区域内的计量监管效率，促进了计量产业向智慧化方向发展，实现了全国范围内的计量器具制造企业、使用单位、监管部门、检定机构等行业生态链的信息共享和数据互通，为全国的互联网创新应用树立了典型。

三、能源管理专项服务

该服务分别面向用能单位和监管部门提供能源数据统计分析和管理应用，可面向监管部门实现在线执法、能源监测数据可视化以及分区域、分行业进行能源统计分析等；面向不同行业用能单位提供能耗监测、能效分析、能源成本控制以及能源指标优化等能源管理解决方案。

该服务基于大陆通工业互联网仪表平台，逐步完善企业用能计量，实现用能单位、各车间（工段）及重点用能设备的能源计量管理，为企业的能源计量设备分配工业互联网标识，建立数据与器具标识的关联，实现能源数据的溯源管理，确保数据的可靠、可信，助力企业能源数据资产建设（见图3-3）。

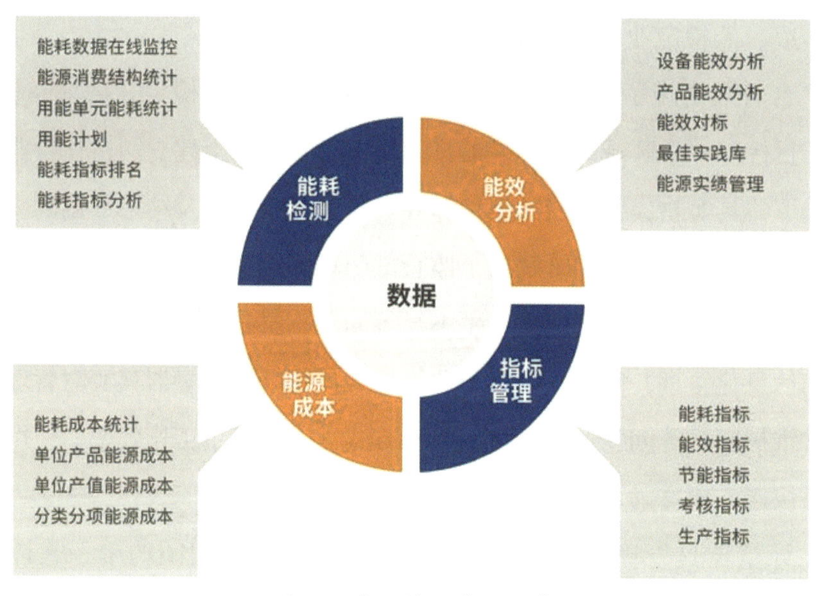

图3-3 能源管理专项服务

在用能单位现场，为每一个能源计量仪表，包括水表、电表、流量计等，使用《计量器具识别编码》（GB/T 36377—2018），赋一个在工业互联网上能够识别的唯一编码。基于国家工业互联网标识解析二级节点（仪表行业应用服务平台），建立服务于能源仪表全生命周期的产品信息及测量数据库，支持可追溯能源数据精准化、精细化管理，实现经济数据领域的全面质量提升。

平台提供计量器具管理功能，建立测量数据同计量器具的关联，并实现仪表全生命周期的管理。基于可追溯的测量数据，提供能源统计、分析等数字化服务，指导企业用能管理；还提供标准通信接口，实现用能单位数据依法上传至政府的能源平台，帮助政府管理部门建立企业能耗分析模型、地区能耗分析报表等管理应用。

平台提供的标识赋码和解析服务，打通了仪表运维管理人员、节能管理人员和能源使用人员的信息孤岛。仪表运维人员将仪表的检修、更换或其他处理情况及时记录在平台上，通过查询仪表唯一标识编码或使用移动端扫描仪表唯一标识二维码，即可查询仪表信息、状态和检修检定记录信息，及时发现问题仪表并处理，确保仪表的正常工作。基于仪表的唯一标识编码，实现了仪表全生命周期管理，通过建立测量数据和能源测量仪表的关联，实现了数据溯源管理与数据体赋码，提高了数据公信力，帮助企业数据资产建设，实现新业态收益。

平台通过不断完善各用能单位的多级能源计量，实现了计量器具全生命周期管理和具备可追溯的测量数据应用管理，实现了企业的数据可视化、能耗清晰化、管理数字化、分析图表化、消费合理化，使用能单位对能源数据消耗情况、能耗趋势、行业水平有准确的掌握，同时为客户能源精细化管理提供数字支撑，助力用户降低能耗成本，提高经济效益。平台系统还提供各种指标横向及纵向的对比功能，帮助用能单位实现节能考核、发现耗能事故、查找高耗能问题原因、挖掘节能点。

在平台的具体应用中，大陆股份为某制造公司构建了重点用能单位的能源管控中心，通过远程抄表和精细化管理，有效降低了人员成本；通过能效分析、智能化改造实现优化控制；通过资源充分利用和考核管理实现降本增效，减少污染物排放。根据企业测算，单位钢管产出能耗降低约2个百分点，节能管理成本降低近20%。由此可见，平台系统应用对节能减排和节能管理工作提升效果显著。

四、水文专项服务

基于大陆通工业互联网仪表平台，建设水利水文监测管理平台，将水文信息管理中从日常工作到站点现场数据的采集、传输、存储、分析和应用等所有的操作都记录下来，并对存储数据进行挖掘、分析和利用，提升了水文工作的信息化综合管理水平。通过对各类监测设备赋予唯一性识别编码，实现对各水文监测站点设备运行状态的实时监测，并进行日常巡检、维护，故障的排查、检修，回溯历史数据，对设备的全生命周期进行管理，保证数据的有效性，有利于水利水文主管部门实时掌握监测点设备的运行状况，为设备维护管理提供数字化技术和系统跟踪分析支持，有效地减少了故障发生的频次，提高了设备的使用寿命，为水利水文工作保驾护航（见图3–4）。

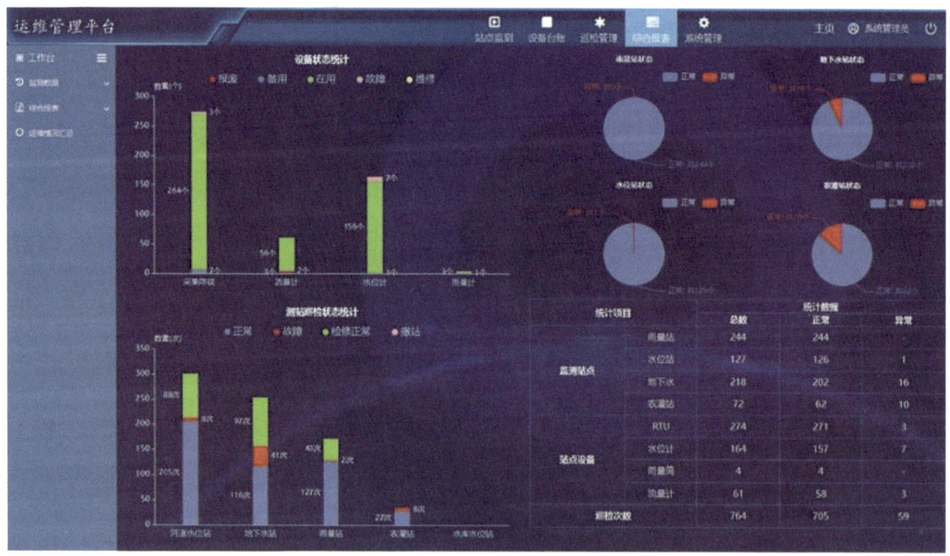

图3–4 运维管理平台

水文水利气象等预测工作是依靠具体的、真实的、及时的数据信息进行判断和预测的，所以水文测量设备管理在整个水文工作中的重要性尤为突出。水文设施管理是一项比较烦琐的工作，尤其是检测仪器仪表的管理，其面积广、分布点多，安装位置较为特殊，机械作业难，单点位工程量小，所以必须依靠人工精准地定位仪器仪表的位置和采集仪器信息。

在水利水文监测管理平台现场数据的采集、传输、统计、分析过程中，会用到大量仪器仪表，平台现行的仪表采集管理采用地址编码的方式，通过数据采集器为仪器仪表赋予一个地址位号，完成数据与地址的对应。服务单位希望在现有平台能力基础上，进一步掌握数据来源于哪块仪表，以及该仪表的自身属性信息和管理日志记录等。大陆通工业互联网仪表平台能够为仪器仪表赋予唯一标识编码，并能够记录设备的属性信息，可以有效帮助水利水文监测管理平台提升仪器仪表的管理需求，并且可以借助仪器仪表唯一标识的钥匙，打通现实仪表与平台虚拟仪表之间的镜像关系，促进水利水文监测工作从系统化管理向平台化管理的提升。升级后的水利水文监测管理平台作用很大。

监测数据是水利水文工作的基础，而监测设备对日常数据监测起着关键作用，因此，各类监测设备的日常管理运维对于水文监测能否正常进行至关重要。水文监测运维平台通过与大陆通工业互联网仪表平台融合，把监测设备、生产线、制造商、供应商、产品和客户紧密地连接融合起来。

对水利水文部门来说，水文监测设备的唯一性识别编码实现了对各水文监测站点设备运行状态的实时监测，如日常的巡检、维护，故障的排查、检修，历史数据回溯等，实现了对设备的全生命周期的管理，保证了数据的有效性，为主管部门实时掌握监测点设备的运行状况、设备维护管理信息提供了技术支撑，有效地减少了故障发生的频次，延长了设备的使用寿命，大大提升了水文工作的数字化综合管理水平。

对于监测设备的生产商，该平台可以帮助其拉长产业链，形成跨设备、跨系统、跨厂区、跨地区设备的互联互通，推动整个生产—服务体系智能化，实现制造和服务之间的跨越发展，使得各种要素资源高效共享。

数据是说明问题的最好方式之一，平台升级后，现场的维保工作组人数降低，巡检过程中仪表属性信息查询效率提升了80%，仪表定期受检率达到100%，有效节约了人力物力，提升了运维工作信息化管理水平。

第二节 大陆通工业互联网仪表平台应用场景

荆书典：从目前的应用场景来看，工业互联网标识解析体系主要具有四大特点：一是实现“物”的身份唯一、可信；二是实现平台主动连接终端，满足低功耗和批量控制的需求；三是实现终端开放式连接，根据标识所有权，在不同系统连接不同平台；四是实现数据与标识锚定，数据全程可识别，形成可信数据资产。

2023年7月6日，济南市工业和信息化局发布了《济南市工业互联网标识解析应用标杆项目要素条件》，从全生命周期优化、产品精益化管理、服务化延伸、设备运维管理、智能化生产管控、供应链优化、数字化交付、供应链金融管理、数字化智能营销九大标识应用模式出发，遴选出企业在不断挖掘标识解析基础设施和行业痛点需求的结合点，积极探索了以下兼具示范效应和推广价值的九大应用场景和模式。

（1）标识解析＋全生命周期优化：在产品设计、生产、经销、运行、使用、维修保养直到回收再用处置的过程中，基于标识解析统一编码规范，实现全生命周期管理数据交互，将各环节数据串联并挖掘利用，为产品优化、运维决策等提供支撑。

（2）标识解析＋产品精益化管理：产品流通环节复杂，通过产品赋码和标识解析，可以打通产品流通上下游不同企业间的数据链，实现全生命周期管理、供应链的数据贯通，提升决策效率，实现更加精准与透明的管理。

（3）标识解析＋服务化延伸：在生产、物流、维修等环节，基于标识解析自动获取原材料、在制品和产品的相关信息，结合数据治理，提供现有服务产品线和产品预测性维护、智能运维等创新服务，从销售产品拓展到优化服务，实现服务增值。

（4）标识解析＋设备运维管理：基于标识解析自动获取设备工作参数、环境参数、产品质量数据等信息，为智慧运行系统机理模型和数理模型提供完整、高质量的实时和历史样本数据，建立设备性能模型，对设备状态与效能进行数据分析，提高设备利用率。

（5）标识解析＋智能化生产管控：在生产、运输、检测等环节中，通过识别统一标识编码，自动获取原材料、制品、成品参数等信息，实现更加高效、灵活、智能、精准的参数配置、设备操控、工艺关联、问题分析等应用，助力生产智能化效率提升。

（6）标识解析＋供应链优化：提高标识解析跨企业、跨区域数据共享的能力，能够打通产业链上下游销售通道，为供给侧和需求侧提供精准对接的桥梁。通过标识解析将企业业务管理与流动管理有效结合起来，通过改善供应链准交率、供货速度、库存周转率等流动性指标，来改善企业的经营效果，降低经营成本和断链风险，实现数字化采购。

（7）标识解析＋数字化交付：基于标识解析的数字化交付模式，统一信息规范体系，使交付信息完整、可溯、可延伸，解决不同主体企业间交付初始化数据难的问题。打通供应、制造、运营、维保环节信息渠道，实现了数据统一化、规范化，有利于提升精细化运营管理能力，实现数字化交付。

（8）标识解析＋供应链金融管理：通过标识解析路径实现不同主体间数据的互通，保证数据真实可信，通过资金流、单据流、信息流的融通，为企业资金周转提供有效可靠的解决路径，减少库存与资金占用。

（9）标识解析＋数字化智能营销：面向生产制造行业，产品进入流通领域后，在统一编码规范的基础上，通过标识解析基础设施获取运营数据、消费数据，便利企业与消费者及渠道的直接联系，赋能企业搭建线上营销闭环；并通过标识大数据，获取市场准确的实时动销数据，辅助企业开展市场策略，借助仪表商城扩大市场占用率。

大陆通工业互联网仪表平台围绕仪表制造、智慧计量、水文监测、能源管控、应急安全、污水处理等领域打造了仪器仪表产业链跨区域、跨领域、跨行业、跨系统的众多典型应用场景。以大陆股份参与建设交通强国山东示范区为例，作为山东省内运力最大的集疏运货场，邹平货运铁路专用线智慧物流园项目集控通信系统由大陆股份基于工业互联网仪表平台，创新提出了大陆通数字化解决方案（见图3-5），进一步满足了现代化综合交通基础设施建设的服务质量提升、绿色低碳转型和运输安全生产等需要，为用户打造了数据互通、操控可靠、综合处理能力强的数字化集疏运货场智慧化平台，建设内容含货场自动化控制系统、超融合数据中心、网络安全系统、视频监控系统、MES管理软件、安全监测系统、通信调度系统、煤场热成像系统等多个单元，以及翻车机、货物输送皮带、大型筒

图3-5 数字化集疏运货场管理集控通信系统

仓、封闭式料场、斗轮堆取料机等大量设备仪器仪表等。邹平市大宗货物运输方式已由公路运输转变为铁路运输（见图3–6），每年可为企业降低物流成本30亿元至50亿元，减少全域汽运废气排放400万吨，有效推进新旧动能转换，实现绿色低碳发展。

图3–6 邹平货运铁路专用线效果图

2023年7月4日，交通运输部党组书记、部长李小鹏到邹平货运铁路专用线智慧物流园调研时，在大陆股份承建的数字化集疏运货场管理集控等项目现场详细了解了项目的运营能力、投资规模、设备应用、环保效益等情况，同时指出，邹平市货运铁路专用线建设意义重大，不仅实现了运输方式由公路到铁路乃至铁水联运、海铁联运的转变，而且有效提高了运输效率和效益，降低了运输成本，为交通强国山东示范区建设做出了示范性贡献。

具体到现实生活中，大陆通工业互联网仪表平台还有以下一些典型的应用场景。

基于工业互联网标识解析的污水处理厂信息化管理平台利用工业互联网技术，为用户建立一个生产运行管理的数字化平台（见图3–7），提供了操作简单、管理全面、可模块化组态的数字化管理服务，使营运管理向实时化和智能化发展，打通管理者与执行者、管理平台与现场仪表设备之间的沟通渠道，逐步实现生产控制精细化、工艺调度最优化、日常管理系统化和制度化，为其向节能降耗、精细化管理的创新营运管理模式迈进提供数字化基础保证。

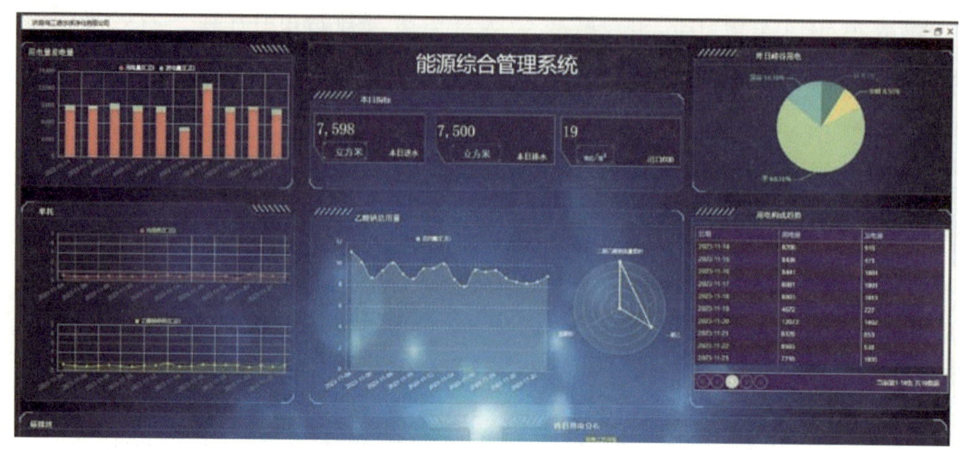

图3-7 污水处理厂能源管理

综合计量专项和能源管理专项服务打造了基于标识解析的污水处理厂仪表全生命周期管理的应用场景，建设智慧化的污水处理厂。该项目主要是依托工业互联网标识解析体系，通过对污水处理厂仪表进行唯一性赋码，建立仪表云台账，实现仪表巡检、维护、保养、在线检校和强检计量器具备案等功能，实现了污水处理厂仪表全生命周期管理和测量数据溯源。

基于统一的仪表行业工业互联网标识实现了污水处理厂仪表生命周期管理，采集仪器仪表使用用途、检定校准、故障维修记录等各个生命阶段的信息，提升污水处理厂仪表的管理水平，探索将工业互联网标识与应用单位的设备巡检、仪表数据溯源等系统进行融合，在计量数据、能源管理和生产运行管理中突出仪器仪表行业的重点作用。

针对仪表管理问题，为仪器仪表赋予唯一的工业互联网标识，对水厂仪器仪表和计量器具进行全生命周期管理，实现基于标识解析的仪表云台账、仪表巡检、维修保养、检校等服务应用，包含强检计量器具的电子台账管理、检校服务、强检计量器具线上备案等功能。

针对能源数据管理问题，对污水处理环节电能数据集中监控实现远程抄表、数据集中监测等功能，建立污水处理厂用能计量网络图，使各环节用电情况一目了然；对全厂及各个电力计量点进行分时段能耗及成本数据统计和直观展示，使污水处理厂对尖峰平谷用电情况及成本实时掌握，并根据能源计量的实时信息对污水处理各单元的能源使用和消耗情况进行分析，提供分析图表。

针对生产数据统计分析问题，在污水处理生产运行过程中实时采集并记录水质分析设备的运行状况，分析数据趋势、进出口水质数据、生化池数据，按照不同的时间周期（日、月、年）生成相应的数据趋势图（折线图）和统计报表，并支持导出。污水处理厂可视化三维图如图3-8所示。

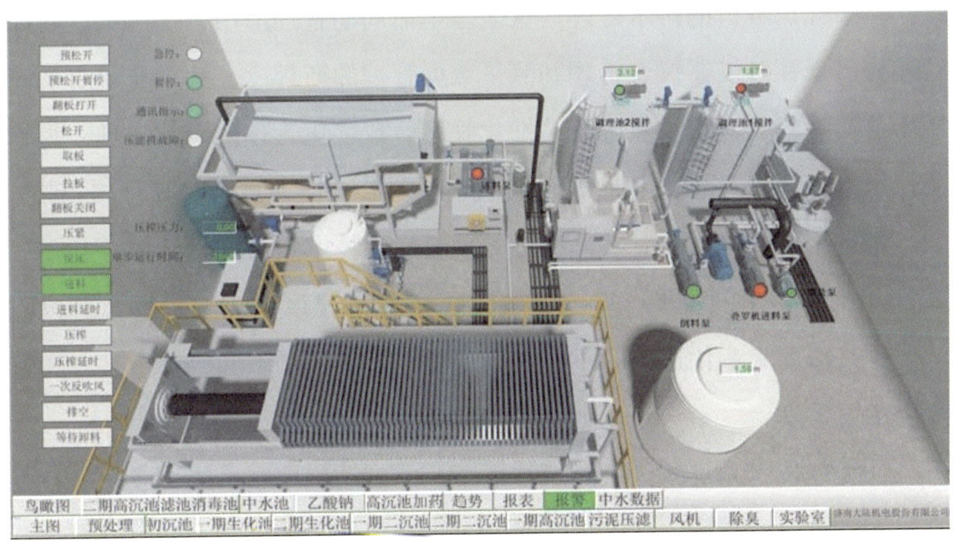

图3-8 污水处理厂可视化三维图

目前，该应用在仪表平台中累计注册仪表数量339件，日常仪表巡检工作产生的解析量约1128次／日。厂区COD监测数据、氨氮测量数据、重点设备的运行数据、太阳能发电等能源数据实现了平台化的数据集中监管。使用基于标识解析的仪表全生命周期管理提升了厂区内部器具设备的周期性管理水平，并对厂区内仪表的预测性维护起到了数据支撑作用。

基于平台计量器具管理服务的应用实现了厂内化验室计量器具的电子档案管理，做到了计量器具到期提醒、在线送检，检定证书在线溯源，避免了超期漏检的风险。

通过应用能源管理服务，对厂区总用电量、各环节至各设备用电量进行实时把控，有效建立客观的、以数据为依据的能源消耗评价体系，提高了能源管理的效率，及时了解真实的能耗情况并协助公司管理者制订能源管理措施和考核办法，实现能源绩效管理、综合分析等自动化和无纸化，做到了向能源管理要效益。

通过平台应用赋能生产运行管理，厂区巡检、维保工作组减少1人，生产线运行故障率下降20%，仪表定期受检率达到100%。

基于标识解析的污水处理厂仪表全生命周期管理应用，在污水厂处理行业提供了针对仪器仪表管理和测量数据管理的新理念，为企业解决了使用中的实际问题，是企业进行精细化管理、数字化管理的有效工具，为整个污水处理行业的数字化提升和改进提供了切实的、可落地的项目案例。

推进制造业信息化是《国家中长期科学和技术发展规划纲要（2006—2020年）》提出的重要任务，是面向国民经济建设主战场，整合科技资源，推进新型工业化道路的重要举措，是经济结构调整和经济增长方式转变的重要手段。

作为以技术立身的国家高新技术企业，自动化控制系统集成与服务一直是大陆股份的专长。基于大陆通工业互联网仪表平台，大陆股份打造了基于标识解析的工业自动控制系统集成应用场景。该场景基于平台的标识注册与标识管理能力，建设了工业过程自动化控制系统集成管理应用，并将平台的服务能力向制造环节前的管理过程和制造后的服务过程延伸，完成制造企业自身的制造过程信息化、产品标识数字化（见图3-9）、管理流程可视化，提升了信息数字化管理水平和售后服务能力。

企业生产的工业自动化管理系统、能源管控系统以及系统集成服务

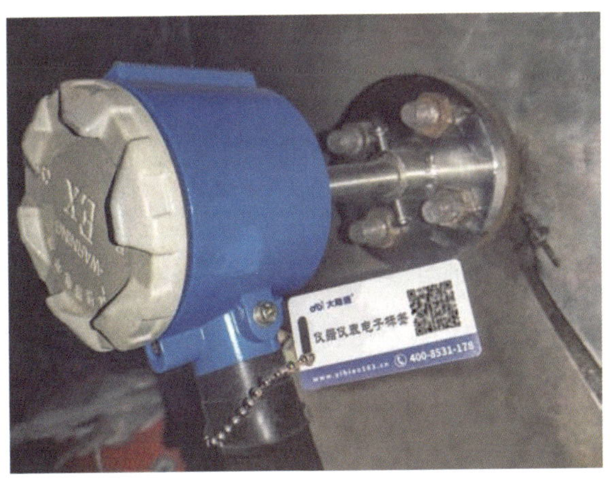

图3-9 标识挂载

工程等产品和服务，均采用以合同定生产的方式。企业签订销售合同后，根据产品需求采购零部件，然后进行生产组装、测试、发货。产品从生产到发货有一定的生产周期，制造时使用的组件或零部件也有一定的采买时间，所以仓库中以通用性零部件为主，这种生产方式用到了平台制造前、制造中、制造后的多项功能，覆盖了企业多个管理部门和管理者，同时平台的SaaS应用也得到了验证和迭代，能够在更大范围内服务于制造企业信息化管理工作。

采购的原材料及零部件产品被赋予国家工业互联网仪器仪表唯一性标识，实现了产品的溯源管理，不论是从厂家直采、代理商供货还是总包单位供货，均可通过标识编码和标识解析进行制造商身份的识别和产品质量的追溯，实现了制造过程的数字化管理，大大提升了工作效率；云部署的方式突破了时间和空间维度的限制，随时随地均可查询过程进度，提升了各部门的工作协同。建立起的供应商网络和客户网络既保证了供应商队伍的稳定性，提高了供货质量，同时也有利于追踪产品的销售情况，做好产品的售后服务工作。

售后服务协同方面，实现了设备数据实时上传与远程监测，并通过工业互联网编码标识，为设备的远程售后运维提供了数据支撑，大大提高了生产企业的售后支持效率，售后响应速度从原来的2天左右减少到4个小时内，同时也大大提升了用户设备运维管理的能力。

订单协同方面，提升了由订单查库存到上游企业输出订单的协同性，及时了解订单产品串联企业的生产进度，缩短了生产资料调度响应时间，提高了企业制造系统的执行效率和产业链柔性。

存量产品升级方面，下游企业的存量产品实现了标识注册，形成了新旧产品一体化编码管理。旧产品通过平台客户端或App进行质量反馈，使其也可以享受平台化服务，同时制造企业可以了解产品的故障频发事件和产品故障周期。

自2018年“发展工业互联网平台”首次写入政府工作报告以来，“工业互联网”已经连续6年在政府工作报告中“亮相”。目前，工业互联网已渗透到仪器仪表生产、管理、使用等各个领域。工业互联网离不开数据的输入和输出，仪器仪表是一类重要的“大数据”数据源。从目前的情况看，绝大多数工业用的仪器仪表在使用上处于封闭状态，不具备直接接入工业互联网的能力，只能在生产过程中进行简单的工业互联网标识注册，使之具有标识身份，但在具体的运行过程中，无法直接获得设备运行的相关数据。

中控仪表SupBox系列智能数采网关产品是中控工业物联网整体解决方案的重要组成部分，能提供云端软件及接口服务支持。在SupBox设备生产过程中，每个产品均被赋予一套内部的唯一编码。通过唯一识别码注册，向二级节点平台提供设备的生产日期、产品型号、出厂编号等信息。同时，针对SupBox采集到的数据，企业三级节点平台还可进行虚拟设备的组态，将现场设备的情况体现到三级节点平台的设备台账中，并以此向二级节点平台进行产品注册和追溯应用。

将该产品作为产品追溯和网络化协同这两个应用场景的配套产品，中控数据监测管理平台与大陆通工业互联网仪表平台联合研发，依托前者的现场生产能力和后者的技术服务延伸能力，将设备运行数据和工业互联网标识结合起来，实现从设备的生产采购到现场使用维护的全周期设备数据管理，提升企业的信息化管理以及产品运维管理水平。

基于工业互联网仪表平台，通过对仪表产品生产过程中的各类设备进行赋码标识，实现产品的质量追溯。通过配套SupBox系列智能数采网关产品在现场的应用，实现设备数据实时接入与分析、远程监测和运维管理，提升了企业和用户的设备运维管理水平。

中控数据监测管理平台与大陆通工业互联网仪表平台完成互通后，通过网络化协同注册的SupBox系列产品，基于标识解析的网络化协同应用，在产品质量追溯方面，实现了上游企业生产零部件的质量追溯、生产流转过程中的质量管理以及产品交付到下游企业的应用情况反馈，使企业及时了解和解决现场使用中的质量问题，真正实现产品全生命周期的质量管理。

随着工业互联网平台的不断发展，平台的应用场景不断丰富，接入平台的设备数量持续上升，设备种类也由单一逐渐向多元化发展，应用场景开始逐步辐射产业链的上下游，为推动产业的数字化转型提供了有力支撑。根据中国信息通信研究院对工业互联网二级节点的统计，仪表平台企业节点注册数量已进入全国前五名（见图3-10）。

图3-10 现场人员扫码

第三节 大陆通工业互联网仪表平台生态

荆书典： 当前，我国工业互联网平台生态建设已经取得了显著进展，在国家层面，工业互联网平台的建设被纳入了国家“新一代人工智能发展规划”，工业和信息化部也在2018年发布了《工业互联网平台建设及推广指南》。紧随其后，各地政府也积极出台了相关政策，促进工业互联网平台生态的建设。此外，我国的大型科技公司也积极布局工业互联网领域，提供相关的平台服务，大陆通工业互联网仪表平台就是济南大陆机电股份有限公司规划建设的仪器仪表行业的工业互联网平台（见图3-11）。

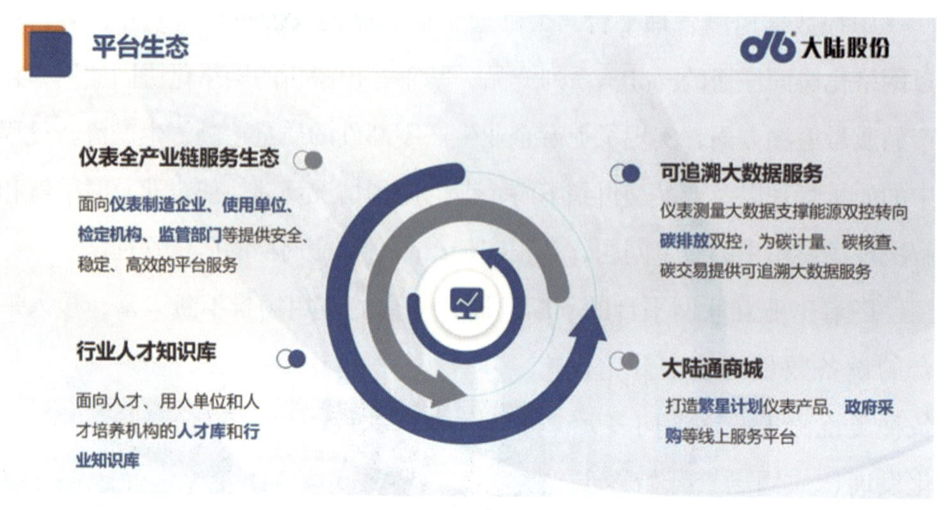

图3-11 大陆通工业互联网仪表平台生态

一、大陆通商城

大陆通商城是工业互联网仪表平台的重要组成部分，提供仪器仪表全产业链服务，主要包括仪表商城、应用商城和检校商城等。

仪表商城是为仪器仪表制造、销售、使用等单位提供的电子商务交易平台，是仪器仪表行业的“淘宝网”。区别于传统的交易商城，入驻仪表商城的产品均有一个唯一的工业互联网标识，用来记录产品的生产、流通、使用等信息，根据客户权限在线查询产品全生命周期信息，为供需双方提供了一个高质量、可追溯的交易平台。在仪表商城，供应商可以在商城开设自己的店铺，发布仪器仪表相关产品及服务信息；需求方可以发布仪器仪表的需求信息，自动匹配供应商信息，提高采购效率。商城提供标准化接口，支持对接各大企业采购平台，智能连接供需关系。

应用商城以服务仪器仪表产业链客户为基础，汇聚产业应用生态服务商，搭建客户与服务商在线展示、服务、交易的平台，构建仪器仪表行业生态服务体系。商城有创建应用、应用发布、应用交易等功能模块，支持应用展示、订购、支付等。

检校商城是专为计量器具使用单位和检定机构建立的线上沟通渠道，解决全国各地企事业单位计量器具送检难的问题。第三方检校机构可以在平台发布检校服务和相关资质信息，各单位可通过商城查询、检索检定机构信息，商城则提供物流、在线支付等全方位服务，实现线上送检，满足企事业单位计量器具检定校准服务需求。行业生态伙伴产品或服务均可以部署在大陆通商城中。

二、产教融合

工业互联网需要多层次复合型人才，既要有高端人才，引领产业技术创新；也要有高技能型人才，推进工业互联网落地实施。为加快工业互联网的人才培养，助力高校的人才培育，大陆股份在自有园区内打造了工业互联网的产教融合实训基地。

基地依托国家工业互联网标识解析二级节点（仪表行业应用服务平台），按照“二平台、三中心、四体系”的规划思路，综合打造了总面积3000平方米，具有工业互联网实践教学、能力训练、职业素质培养、创新创业等多种功能的产教融合实训基地，致力于为工业互联网行业客户、高校和社会机构等提供专业共建、人才培训、人力资源输出、职业资格认证等服务。

三、知识库与智库

通过高效的知识库与智库，可以迅速地获取和应用最新的管理知识，得到行业专家的有效指导。这不仅有助于提高企业的竞争力，还可以推动整个行业的进步。大陆通工业互联网仪表平台建立了仪器仪表行业的专业知识库和专家智库，一方面可以提供仪器仪表的行业知识查询、下载服务，如行业信息、技术成果、标准规范、政府政策等；另一方面可以汇聚行业专家资源，为用户提供技术咨询、专家指导等智库服务。

四、锦绣计划

大陆股份承担建设的国家工业互联网标识解析二级节点面向仪器仪表全产业链开展“锦绣伙伴”招募计划，使其成为服务于一个区域、一个产业或一个行业的锦绣合作伙伴，并且推荐工业互联网标识优秀产品成为“锦绣计划产品”，还可以推荐主动标识产品认定为国家“繁星产品”。

锦绣伙伴的权益主要是获得工业互联网标识解析二级节点颁发的授权证书，获得平台收益的持续分成（20%），享受超额任务激励政策以及产品培训、售前支持、市场支持等公共服务，自有产品免费入驻平台应用商城，获得更多市场机会。

第四节 大陆通工业互联网仪表平台支持双碳经济

荆书典：传统行业企业可利用先进工艺设备进行智能化改造，利用先进控制系统实现优化控制，提高能源利用效率，实现降碳；可充分利用空间资源和环境资源，实现可再生能源规模化应用后的减碳。此外，对于一些希望建立碳资产管理体系、应对国外各种碳关税、逐步形成产品碳足迹评价体系的企业，可以使用国家授权的大陆通工业互联网仪表平台注册企业计量器具工业互联网标识，实现能源消耗及污染物排放量数据来源的可追溯，其节能量和减排量可核查，就能够使其成为可信数据资产，实现碳交易收益，支持企业数字化转型升级。

近年来，大陆股份为工业过程自动化、企业节能减排和碳资产做了诸多方面的探索（见图3-12）。2019年，大陆股份从仪器仪表行业入手，可依法为能源使用单位、能源供应企业以及高能耗、高污染企业做能源消耗量、污染物排放量的实时记录，为这些企业积累可追溯的、可信的能源数据，最终形成碳资产，这些数据可以成为可核查、可交易的数据资产。

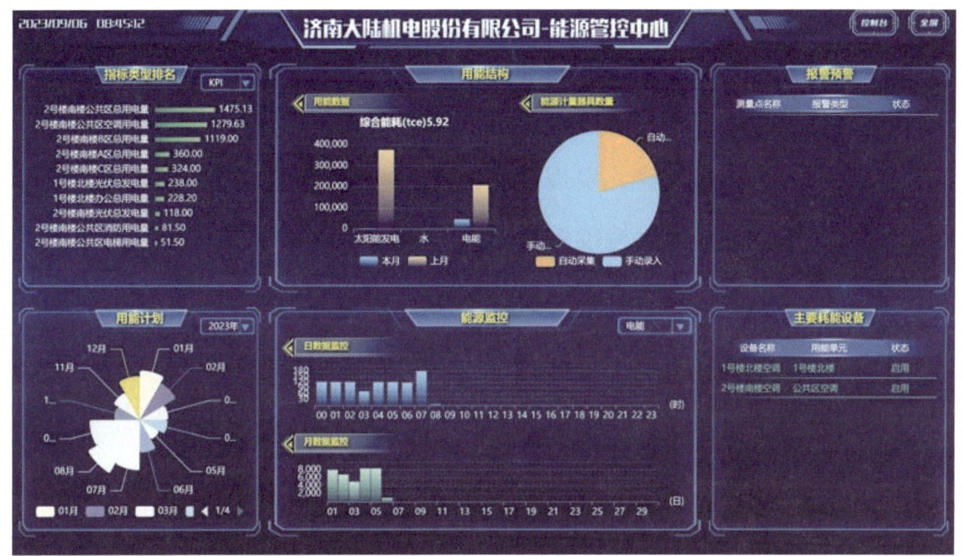

图3-12 能源管控系统

一、碳有所量，助力企业绿色转型

随着人们越来越关注气候变化，“低碳”的理念已经得到了全面推广，成为企业建立“绿色竞争力”的重要方向，人们对消费品“碳标签”的关注和需求正不断增强。可以预见的是，在碳标签普及后，会促使消费者选购低碳、节能、环保的产品。作为一项动员全民参与低碳生活的有力举措，碳标签通过引导消费者选购低碳环保产品的消费方式，推动全社会消费行为与消费结构的全面绿色低碳转型。

目前，“双碳”带来的新兴市场已经在不断促进企业做出节能减排的选择，企业要适应“双碳”战略下的产品、技术、社会责任要求。作为市场主体，首先，企业应高度重视，对碳中和的影响及应对措施有深刻认识；其次，要摸清家底，清晰把握自身碳排放的主要来源、未来减排的方向和重点措施；最后，要建立碳管理体系，增强全体员工的意识，并把碳议题纳入各个层面的决策考虑中。

消费者选择对于环境更为有益的消费模式，将会倒逼企业进行技术升级，提升企业竞争力。产品碳足迹评价的最主要应用是建立产品碳标签体系，从而可以实现产品全生命周期角度碳排放的核算，能够使企业从产品设计、生产、分销、回收阶段都尽可能实现减碳，也可以通过选择更低碳的供应商或其他合作伙伴，实现产品低碳，减少碳约束，增加竞争力。参与碳标签既是企业选择可持续发展道路，追求低碳、节能和环保技术的价值创新，有助于推动企业进行绿色化改造，加快健全绿色低碳循环发展的生产体系；也是承担社会责任，获得政府及更多消费者青睐的选择创新，有助于企业优化产业链，打造绿色物流，加快健全绿色可持续的流通体系，推动低碳产业和低碳经济的发展。

目前全球已有英国、法国、加拿大、韩国、日本、泰国等14个国家及地区实施了产品碳标识，即在产品上标注碳排放信息，展现给消费者。碳标识一方面可以推进企业开展减排行动，另一方面也更容易获得消费者的认可和信赖。

二、欧盟碳关税与碳足迹评价

“碳标签”不仅是唤醒企业，也是唤醒消费者的内在力量。碳标签可以引导消费者购买低碳产品，培养低碳消费意识和消费习惯，从而促进产业链绿色低碳转型。

当前，发达经济体正在设立各种碳壁垒，阻碍发展中国家的外贸和经济发展。日本于2011年4月要求农产品必须贴有碳标签，向消费者显示该产品生产过程中的碳排放量，成为第一个实施碳标签制度的国家。随后，一些国家也相继颁布类似的碳标签计划，引导消费者选择低碳农产品。碳标签制度在国际范围内的推广实施，对于全球贸易特别是发展中国家的对外贸易必将产生深远影响。

欧盟是中国碳市场开启之前全球最大的碳市场，也是目前最成熟的市场，于2005年启动，2008年正式运行，主要经历了四个发展阶段：第一阶段是2005年到2007年，为试验阶段，建立了统一的欧盟碳市场。第二阶段是2008年到2012年，设立了碳免费配合及限额机制。欧洲在这两个阶段的情况与我国目前的情况非常相似，都处于发展早期，此时高排放企业所获得的碳排放额度以免费分配为主。第三阶段是2013年到2020年，碳排放份额交易以拍卖为主。第四阶段是2021年到2030年，逐渐推动欧盟碳交易市场常态化稳定发展。

欧盟碳市场覆盖了欧盟27个成员国以及挪威、冰岛、列支敦士登，一直引领全球碳配额定价，目前的价格是80—100欧元/吨。由于碳市场的启动，欧盟的钢铁、水泥等高碳排放行业的生产成本大幅提高，因此，部分企业将产品生产转移到了碳减排措施宽松的发展中国家。碳排放有别于其他生态环境问题，无论在哪里排放，边际效应相同，都会导致全球气温的上升，欧盟把这种转移称为“碳泄露”。基于“碳泄露”，欧盟认为，应将全球碳价提升至相同水平，有助于实现全球化的碳减排目标。

2023年10月1日，欧盟碳边境调节机制（CBAM，俗称“欧盟碳关税”）开始试运行。10月1日至2025年年底为CBAM的过渡期，过渡期内相关出口企业需要履行产品/组织温室气体排放报告义务。从2026年起，欧盟将正式征收“碳关税”。

除了欧盟、美国以外，中东、加拿大、英国、日本等地区或国家也相继开始制定碳关税政策，未来各国实施碳关税将成为常态。利用市场机制促进节能减排，加快建立重点行业和产品碳足迹评价体系，已成为企业建立“绿色竞争力”的重要方向。

三、“双碳”背景下的挑战与机遇

荆书典：国内碳市场前景广阔，特别是全国自愿减排交易市场具有很大潜力。北京绿色交易所发展国家核证自愿减排量（CCER）交易，创新更多碳金融产品，将更好地服务碳市场参与主体，推动降低绿色溢价，引领带动绿色转型发展。将来每个人、每个家庭、每个单位通过大陆通工业互联网仪表平台，将实现能源消耗及污染物排放量在线记录，可以把一些很小的量积累下来，使其成为可信数据资产，多个主体和单位打包，构成一定的量，实现碳交易收益。

为应对气候变化，我国提出了“二氧化碳排放力争于2030年前达到峰值，努力争取2060年前实现碳中和”的目标承诺。为实现《巴黎协定》中1.5摄氏度的全球升温目标，国际可再生能源署估计，全球能源系统脱碳的累计投资需要约110万亿美元；其中，可再生能源的投资约为27万亿美元。未来中国的气候投融资将主要面向绿色低碳领域，绿色低碳技术和产业或将迎爆发式发展。

全国碳排放权交易市场（简称“碳市场”）是实现碳达峰与碳中和目标的核心政策工具之一。中国作为目前世界上较大的二氧化碳排放国，2011年以来，已在北京、天津、上海等地开展了碳排放权交易试点工作。2017年年底，中国启动碳排放权交易。2021年7月16日，全国碳排放权交易在上海正式开市。截至2023年2月底，碳排放配额累计成交量达2.32亿吨，累计成交金额达105.9亿元。

当前，“碳达峰”“碳中和”已被纳入我国生态文明建设整体布局，上升为国家战略，从国家、地方到企业，掀起了一场绿色变革。“双碳”背景下，企业的发展将面临各种新的挑战与机遇。

从相关数据可以看到，欧盟碳价目前是80—100欧元/吨，相当于人民币640—800元/吨，非常贵。北欧采用的是碳税机制，价格要更贵，在

1000元左右，日本、韩国的碳价基本上也超过30美元/吨。我国碳排放权交易第一天的收盘价是51.23元/吨，现在的价格在60元/吨左右，相对于欧盟的碳市场，大约还有14倍的上涨空间。按照《巴黎协定》的设想，2030年全世界会建成互联互通的碳市场，所以按照市场规律，国际碳价肯定会日渐趋同，中国的碳价低，肯定会被各国争抢。

2023年2月初，北京绿色交易所举行启动仪式，定位为面向全球的国家级绿色交易所，未来将作为全国温室气体自愿减排交易中心，以及全球绿色金融和可持续金融中心的基础设施，聚焦强化碳定价、碳量化和碳金融三大核心能力，为更多碳排放企业或主体提供服务。

四、我国为实现“双碳”目标做的努力

《巴黎协定》代表了全球绿色转型发展大方向，是保护地球家园需要坚守的最低限度。作为负责任的大国，我国从“十一五”时期开始，就积极实施应对气候变化的国家战略，推动产业结构调整、能源结构优化、重点行业能效提升等，碳减排取得显著成效。尤其是“十三五”以来，在有关部门的大力支持和协同配合下，工信部以重大工程和项目为牵引，以绿色工厂、绿色产业链和绿色工业园区建设为纽带，以节能、减排、增效为目标，持续开展绿色制造体系建设。

2018年，中国电子节能技术协会低碳经济专业委员会（以下简称“低碳委”）率先引进“碳标签”制度，开启了“中国碳标签”建设征程。

2020年12月31日，生态环境部正式发布《碳排放权交易管理办法（试行）》，并于2021年2月1日起开始实施。

2021年，低碳委率先在全国发布了《关于实施碳标签评价规则暂行办法》，并于当年9月份制定并推出了《行业统一推行的产品碳标签自愿性评价实施规则（暂行）》，将碳标签标准体系辐射至全行业，加快了碳标签评价工作的进程。

2021年7月16日，全国碳排放权交易市场开市。

2022年1月20日，《企业碳标签评价通则》（T/DZJN 75—2022）发布。不同于产品碳标签，该通则立足企业整体，通过综合评估其低碳性能与潜力，授予企业碳标签，从宏观层面调动企业低碳建设积极性，树立低碳形象。该通则是我国首个企业碳标签评价标准。

目前，中国已建立起碳达峰、碳中和“1＋N”政策体系。“1”由《中共中央 国务院关于完整准确全面贯彻新发展理念 做好碳达峰碳中和工作的意见》《2030年前碳达峰行动方案》两个文件共同构成；“N”是重点领域、重点行业实施方案及相关支撑保障方案。同时，中国各省、区、市均已制定了本地区碳达峰实施方案。总体上，中国已构建起目标明确、分工合理、措施有力、衔接有序的碳达峰、碳中和政策体系。

截至2022年年底，国家层面培育了2783家绿色工厂、296家绿色供应链企业、223家绿色工业园区，推广近2万种绿色产品。初步测算，绿色工业园区平均固废处置利用率超过了95%，一大批绿色工厂能耗水平优于国家能耗限额标准的先进值，逐步构建起从基础原材料到终端消费品的全链条绿色产品供给体系。显然，绿色产品是中国式的碳足迹评价。随着对碳排放的重视，绿色产品、绿色供应链等聚焦到碳足迹也会是水到渠成。

2023年3月7日，山东省生态环境厅等发布的《山东省产品碳足迹评价工作方案（2023—2025年）》提出，到2023年年底，初步完成全省重点企业产品碳足迹碳排放因子基础数据收集，启动产品碳足迹核算评价体系、方法学核算体系建设，完成100家重点企业产品碳足迹核算；到2025年，基本完成600家重点企业产品碳足迹核算，初步建立碳足迹核算评价体系、排放因子数据集及核算模型、碳足迹公共服务平台，推动产业结构、生产生活方式的绿色低碳转型。

五、大陆股份助力实现“双碳”目标

结合当前国家碳达峰、碳中和政策要求，综合计量专项和能源管理专项服务，大陆股份打造了标识解析的仪表测量数据支撑碳交易的应用场景。该场景赋能园区的智慧能源建设，实现了基于工业互联网仪表平台的碳排放监测建设，为能源双控、碳达峰和碳中和管理以及碳资产提供了数据服务支撑；建设工业互联网的企业节点，使园区运营公司加入工业互联网。基于可追溯的能源计量器具和采集仪表管理，确保数据的真实性和可靠性，为碳排放数据赋予公信力。

基于标识解析的仪表测量数据支撑碳交易，首先要给能源使用端提供仪器仪表硬件唯一标识编码服务、全生命周期管理服务、使用日志记录服务和数据记录服务，用于支撑碳交易流程活动中的设备台账核查、使用管理核查、数据记录核查；其次要给能源的使用端、监管端提供碳排放SaaS应用服务，包含与碳交易相关的配额算法服务、排放量计算服务，探索测量数据标识编码服务，用于支撑碳交易流程活动中的数据质量管理、数据资产管理和数据原始凭证保存，支撑企业上报数据、政府清缴数据、现场复核数据的一致性。

实现碳中和首先要调整能源结构，构建多元清洁的能源供应体系；其次要提升能源效率，形成绿色低碳的环境友好型发展模式。然而，以清洁能源替代或硬件改造的方式往往存在难度大、成本高的问题，导致大部分企业在主动开展节能减排的工作上积极性不强。

碳交易政策的落地使得用能单位更有动力去降低碳排放，基于标识解析的仪表测量数据以及碳数据计算服务为促进企业的低碳运营管理和碳排放权交易提供了依据，促进了企业的低碳发展。在数字经济大趋势下，工业互联网通过全面构建人、机、物的互联，可追溯的数据管理有效支持用能单位采集、用能单位报告、交易机构核查等工作对碳排放数据核算的一致性，推动碳减排工作迈上新台阶，助力实现碳中和目标。

【延伸阅读】

从“双碳”概念的几个方面来看，碳足迹指企业机构、活动、产品或个人通过交通运输、食品生产和消费以及各类生产过程等引起的温室气体排放的集合。

碳资产指在强制碳排放权交易机制或者自愿碳排放权交易机制下，产生的可直接或间接影响组织温室气体排放的配额排放权、减排信用额及相关活动。

碳咨询指对温室气体减排项目提供咨询，帮助客户分析和优化碳排放和资源管理等方面的表现。

碳盘查则指以政府、企业等为单位，计算其在社会和生产活动各环节直接或者间接排放的温室气体。

碳交易又被称为“碳排放权交易”，其制度基础是配额（总量管制），并由此产生自愿减排额度等衍生品。

碳市场指与温室气体相关指标（碳指标）进行交易的市场。

第五节 大陆通工业互联网仪表平台如何保守商业秘密

2023年7月5日，在“2023全球数字经济大会——工业互联网创新发展论坛”上，中国工程院院士沈昌祥提到，发展工业互联网，发展数字经济，产业数字化，必须要做到安全防护，安全体系是“主动免疫”，这样才能保障工业互联网数字化转型健康发展，这是前提。

“安全”是工业互联网健康发展的保障，通过建立工业互联网安全保障体系，能够有效识别和抵御各类安全威胁，化解多种安全风险，为工业数字化、网络化、智能化发展保驾护航。从广义的角度来看，整个工业互联网安全涉及六大安全问题：设备的安全、控制的安全、网络的安全、标识解析的安全、平台的安全、数据的安全，其中标识解析的安全、平台的安全、数据的安全是新生的安全问题。

标识解析体系是工业互联网网络架构的重要组成部分，是工业互联网的“中枢神经”，为工业设备、机器、物料、零部件和产品提供编码、注册与解析服务，并通过标识实现对异主、异地、异构信息的智能关联，标识解析安全是保障工业互联网安全的关键。综观我国工业互联网标识解析发展和安全现状，应从标识解析空间治理与安全管理体系、安全评估体系、安全防护技术体系三方面入手，着力推动标识解析安全保障能力建设。

数据是工业互联网重要的生产要素，数据安全已成为工业互联网越来越重视的安全问题。与传统互联网的内容数据相比，工业互联网的数据包括生产控制系统的数据、运行的数据、生产监测的数据等类型。数据安全包括传输、存储、访问、迁移、跨境等环节。对于工业互联网的数据安全防护，应采取明示用途、数据加密、访问控制、业务隔离、接入认证、数据脱敏等多种防护措施，覆盖包括数据收集、传输、存储、处理等在内的全生命周期。

荆书典：工业互联网标识就是一个唯一的字符串，即唯一的“数字ID”，它本身不包含任何商业秘密，就像人的身份证号，身份证号本身就是人的一个“代号”。尽管这个号码有特定的含义，但这个号码本身就是一串字符，指代这个对象。但标识里的数据和信息都记录在工业互联网平台上，这个平台必须是一个高安全性的平台。

大陆通工业互联网仪表平台作为基于IPv6标准体系打造的工业互联网标识解析二级节点，是安全、稳定、高效、可靠的国家级网络基础设施。平台开发的是服务能力，用户基于平台的服务能力来独立运营，所有数据只有用户自己可见。人们（包括我们的平台开发人员）所能看到的，都是计算方法和脱敏的数据，用户的真实数据其实是不可见的。用户的数据也不存储在大陆股份的任何服务器里，而是由国家认可的服务器服务商提供服务，它是由分布在不同城市的三个服务器同步运行的。存储这些数据的服务器都是新建的、高安全性、高可靠性的，而且是按照模块化的加密数据来存储的，所以新的平台是一个高安全性的平台。

按照《工业互联网企业网络安全分类分级管理指南（试行）》规定，大陆股份作为网络安全等级保护三级的工业互联网企业，建设了企业级工业互联网安全监测平台，并接入山东省工业互联网安全监测平台，按照三级工业互联网企业要求，每年至少开展一次符合性评测、应急演练和风险评估。大陆股份还根据公司自身情况，制定了《网络安全管理制度》，设置了系统管理员、数据库管理员、中间件管理员（应用管理员），分别负责操作系统、数据库、中间件安全配置的检查、维护、加固和更新。系统管理员每天对所管理系统产生的日志进行检查，对日志中的错误或可疑项予以记录，如无法分析判断错误或可疑项，立即提交至安全管理员，处理后的结果及时补充记录到日志检查记录中。系统中本地日志需保留最近三个月的内容，且每月至少一次将系统生成的日志进行集中备份。根据业务需要，系统管理员会限定允许访问网络的应用程序和允许远程登陆某一设备的IP地址范围，且安装防病毒软件，并及时更新。

第六节“锦绣伙伴”计划，打造仪表行业工业互联网生态圈

荆书典：2023年6月27日，中国科学院《互联网周刊》联合eNet研究院、德本咨询发布了“2023工业互联网500强”名单，济南大陆机电股份有限公司成功上榜，位列146位。由大陆股份牵头建设的大陆通工业互联网仪表平台是国内仪器仪表行业首个工业互联网平台。2022年4月1日，大

陆股份成功通过由中国软件行业协会指导、中科院软件中心评测验证的工业互联网标识解析与服务能力成熟度等级评估，达到二级节点三级服务能力，荣获标识解析与服务机构服务能力三级证书。2022年8月26日，大陆股份获得由山东省通信管理局颁发的“中华人民共和国互联网域名服务许可证”，标志着大陆股份正式获得在全国开展域名及标识注册服务的官方认证资质。

大陆通工业互联网仪表平台目前正面向仪器仪表全产业链开展“锦绣伙伴”招募计划，旨在广泛推广应用工业互联网标识，夯实国家新一代互联网网络建设基础，构建行业发展生态，赋能传统产业数字化转型，推荐工业互联网标识优秀产品成为“锦绣计划产品”。

工业互联网标识解析三级节点是注册有企业节点的法人主体代理二级节点的服务能力。大陆通工业互联网仪表平台可以为更多的个人和企业创造更多更好的发展机会，可以通过平台来建设新的工业互联网服务模式，可以面向仪器仪表产业链提供标识注册、标识解析服务，让设备“活起来”，让流程“连起来”，让数据“动起来”，打造工业互联网标识不同行业应用场景，赋能传统产业数字化转型，推动工业互联网标识向着更广、更深的方向发展。

开展工业互联网标识服务须按照工信部《互联网域名管理办法》《工业互联网标识管理办法》规定获得相应许可。其中，《工业互联网标识管理办法》规定，未取得许可，任何组织或个人不得从事工业互联网标识服务。大陆通工业互联网仪表平台为广泛推广工业互联网标识在仪器仪表产业链的应用，其工业互联网标识解析二级节点特面向全国招募三级节点服务商，命名为“锦绣计划”，通过互联网域名注册服务机构授权，开展工业互联网标识的委托推广与销售服务。

一、标识中心

标识中心具体包括以下内容。

一是标识注册，通过二级节点平台可以进行用户注册、企业节点注册、产品注册以及数据等虚拟资源注册等，注册成功并通过审核后即可享受标识注册与解析服务。

作为通往数字经济的入口，标识扮演着通行证的角色。标识不仅代表了物理资源或虚拟资源的“身份证号”，还成功地连接了物理世界与数字世界。虽然标识万物，但标识是一种资源，并不是取之不尽用之不竭的。从长远的发展来看，随着价值的逐步凸显，标识也将逐步开始有偿注册、限期使用，这既符合《互联网域名管理办法》的相关规定，也是未来市场化发展的必然。

二是域名注册，通过二级节点平台为仪器仪表产业链客户提供域名注册服务，作为其专属数字化平台的登录入口，建立云企业。

二、专项SaaS服务

工业互联网标识是一个“身份证号”，本身并没有太大的应用价值，而是基于标识的各种应用，通过降低成本、提高效率、扩大市场等解决客户当前的痛点问题并获得收益。

目前，工业互联网已经向国民经济的各个行业延伸，形成了平台化设计、智能化制造、网络化协同、个性化定制、服务化延伸、数字化管理六大新模式。标识解析作为工业互联网网络体系的重要组成部分，应充分发挥标识“连接器”的作用，基于工业互联网平台建设，依托微服务、模块化的架构设计优势，打造仪器仪表产业链的专项SaaS服务，推动仪器仪表的数字化、网络化改造。

工业互联网仪表平台建设的专项SaaS服务包括仪表制造、计量管理、能源管理及建设中的其他行业专项应用能力等。SaaS专项服务优先推荐采用云独立部署方式，根据功能模块按年收取服务费，平台提供云服务、平台安全、功能持续升级及客户培训等服务，服务商获得收益分成。

三、商城服务

（一）仪表商城

仪表商城为仪器仪表制造企业与使用单位搭建买卖双方供需交易平台。仪表制造企业注册企业节点并完成产品标识赋码以后，可以通过商城建立网上商店，上架产品进行销售。行业用户可通过商城在线查找产品，实现在线下单及售后服务。仪表商城所有产品均有唯一性识别编码，信息可追溯，质量有保障。

已经完成标识赋码的仪器仪表优先推荐申报工信部的“繁星计划”，可大大提升企业品牌形象，提高产品市场竞争力，有利于促进产品的销售。对仪表商城的交易订单，平台按比例收取平台服务费，服务商分享收益提成。

（二）应用商城

除自建SaaS应用之外，平台以构建仪表产业发展平台生态为宗旨，广泛邀请行业应用服务商入驻平台，不断丰富平台服务能力，以满足仪器仪表产业链智能化、数字化转型升级需求。应用商城交易订单，平台按比例收取平台服务费，三级节点服务商按比例获得收益分成。同时，通过标准化的接口，平台支持面向其他二级节点提供SaaS服务，从而形成新的应用场景或应用模式，平台获得SaaS服务收入，服务商可获得收益分成。

（三）标识商城

基于标识的注册，平台提供不同使用环境、不同材质、不同规格的标签产品，同时配套完整的打印机、便携/手持式打印设备，以及读写器、扫码器等识读设备，满足现场办公、移动办公等不同的用户需求。

标识产品通过OEM合作等形式，联合供应商定制平台专属标识产品。通过大批量定制降低成本，平台获得差价收益，服务商按照客户成交情况按比例获得收益分成。

四、云企业服务

基于平台标识中心服务能力、数据库能力以及微服务、模块化的通用能力和专项应用服务能力，支持平台客户建立云企业，满足客户个性化定制的需求，快速、高效地搭建企业数字化平台。

平台根据产品定价和用户需求，采取“一事一议”的原则收取平台建设服务费，服务商按比例提取收益分成。

五、数据资产服务

一是基于平台应用汇聚的供应链、产业链产品信息，形成数据资产，为产业发展提供产品大数据分析报告，支持企业决策。

二是基于计量、能源管理、水文等行业应用，形成真实、可靠、可溯源的仪表测量大数据，通过对数据的分析、挖掘和利用，为行业发展提供决策支持。其中能源大数据有利于帮助企业积累碳资产，为碳交易提供真实可靠的数据支撑。

三是唯一性标识的可溯源性推动形成平台供应链金融服务，携手金融机构为上下游企业以及服务商等提供金融支持。

六、怎样申建三级节点，成为“锦绣计划”合作伙伴

荆书典：三级节点是基于大陆通工业互联网仪表平台来服务于特定行业、产业或区域的客户，是利用平台的服务能力和平台的专营权去服务本单位熟悉的客户，平台的收益则由双方共同分享。目前平台已经注册的用户有3万多个，企业1.8万多家。

申办三级节点首先要注册成为用户。因为操作平台的都是自然人，个人要先注册自然人信息；然后注册为法人单位成为客户，也叫“企业节点”，此时就拥有了企业节点代码；基于企业节点代码就可以申请和平台一起建设一个本单位服务于某一个行业、某一个产业或者某一个区域的三级节点公共平台。这个三级节点是需要通过平台再申请的，如果做的业绩方面比较好，就可以成为“锦绣计划”合作伙伴。

大陆通工业互联网仪表平台标识解析与服务机构服务能力成熟度达到二级节点三级服务能力，获得了中华人民共和国互联网域名服务许可证，拥有三个分布于全国不同城市的数据存储中心，可保障数据安全、稳定。不管是通过手机、平板还是电脑，都可以随时登录平台。作为一般的访客，可以了解公共信息，就像百度查询一样；注册为用户，可以使用平台上的一些开放功能，登录后就可以看到所有相关产品的历史数据；企业节点就可以基于平台来构建网页、网站、云平台或者独立的服务器。平台上的用户是按照角色和权限来定义的，是谁的数据谁就可以全面地看，谁授权获得这个数据或者花钱买这个数据，谁就拥有对这个数据的使用权。

工业互联网标识解析二级节点作为新的网络基础设施，主要部分由国家投资建设，创新应用平台由平台企业承担建设，现在的使用单位可直接使用，不需要再投资硬件设施了。这就与手机有云部署、云存储一样，只要持有终端就可以使用平台上的资源，并且可以通过平台使用所有的二级节点，为生产、销售、服务提供支撑。

如果愿意提供行业、产业或者区域的服务，就可以基于这个平台来构建三级节点，成为服务于一个区域、一个产业或一个行业的公共平台。这个平台的建设是新时代发展的必然趋势。现在的网络体系下，人没有身份证号已经寸步难行，商品没有条码也进不了商场。在新的万物智联的时代，不管是人、单位或产品，如果没有唯一识别码就进不了新的网络。工业和信息化部编制了《工业互联网标识管理办法》。这个办法规定，未取得许可，任何组织或个人不得从事工业互联网标识服务。大陆股份取得的许可证是仪器仪表行业目前全国唯一的国家授权，下一步将在全国布局设立分支机构、注册服务机构，让更多的人获得新时代下的专营服务能力。

七、三级节点的服务商类别

（1）产业服务商：指面向水表、电表、燃气表等仪器仪表制造业企业代理提供工业互联网标识服务的服务商，根据国民经济行业第40大类仪器仪表制造业进行小类、子类、产品三级划分。

（2）行业服务商：指面向电力、化工、能源、污水处理等行业的仪器仪表使用单位代理提供工业互联网标识服务的服务商，根据国民经济行业分类进行大类、中类、小类三级划分。

（3）区域服务商：指面向全国的仪器仪表制造产业、行业等代理提供工业互联网标识服务的服务商，按照全国行政区划进行省、市、县三级划分。

书典观察：

计量似乎是个很深奥的概念，事实上它很迷人，充满了魅力。计量究竟多重要？可以这么说，没有计量，我们寸步难行。计量工作与社会经济发展息息相关，它涵盖了政治、经济、科学等各个领域。计量作为经济生产、科研进步和人民生活水平提高的重要技术基础，在人类社会进步的历程上，地位举足轻重，无可替代。所以千百年来，世界各国科学家夜以继日、孜孜不倦地努力，不断推进计量手段的发展和提高。

计量是研究测量的基础科学，是所有科学发展进步的基础之一。从人们的日常生活到一个国家的工业、商贸、医疗、国际贸易，再到世界最尖端的科学和高新技术领域，计量无时不在、无处不在，我们每个人都离不开计量。

计量科学处在整个科学技术体系的最前沿。如果没有计量的支撑，任何工业产品生产、商业贸易、科学实验想要取得有效成果，都是不可能的。从产业发展的角度看，计量工作对提高产业发展水平具有举足轻重的作用，特别是在今天，在航天、航空、航海、导航、采矿、电力、石化、轻纺、运输、气象、通信等各个领域的创新发展，计量都发挥了不可替代的作用。

第四章·计量迈入3.0时代，量子化变革推动科技革命[①]

计量是经济发展的基石之一。我们开展方方面面的经济活动，推动经济发展，实现经济效益最大化，需要计量为各类经济活动提供基本的检测服务，这是各类经济活动最基础的数据。在市场经济活动中，通过计量，保证了交易的公平，维护了正常的市场经济秩序。特别是在评判产品科研水平方面，计量更是发挥了重要的作用。在生产上，计量检测是保证产品质量的根本手段之一，基于计量对保证产品质量与安全等方面的特殊作用，很多企业都把计量作为降低成本的独特手段，计量成为企业提升效益的一个“重要法宝”。有统计表明，在工业化国家，计量活动对国内生产总值（GDP）的贡献达4%—6%。

计量深刻影响了经济社会生活的方方面面。老百姓出门七件事，柴、米、油、盐、酱、醋、茶，是不是都希望它们不缺斤少两？那么就离不开计量；日常生活中，像水表、电表、燃油、燃气（煤气）、出租车里程、电话等应用场景，是不是需要正确的计程、计时、计价来保护自己的利益？这些也离不开计量；身体健康是每个人的需求，所以我们需要掌握好血压、血细胞、心率、脉搏、心电图、脑电图等生理指标，这些指标离不开各类医疗卫生计量仪器的计量。城市化是中国经济进步的一个重要目

①本章参与编写人员：曾京蕊。

标，我国建设了大量的基础设施，这其中的建筑材料拉力、建筑物回弹应力的计量是至关重要的，因为这些指标关系到工程质量安全，属于百年大计。人人都关心自己生活的环境，用监测仪器及时对周边的有毒有害气体、粉尘、水质污染、电离辐射进行测量很重要。煤炭、石油、天然气、地下水、温泉、风能、热能、海浪等是重要的自然能源资源，人类一方面积极开发这些资源，另一方面还需要保护我们的生态环境，准确计量就会发挥极其重要的作用。而在航空航天领域，如果计量上出现任何微小差错，就可能会导致整个工程的失败，造成巨大的经济损失。

第一节 计量1.0时代

一、古代的计量

荆书典：中国古代计量可以追溯到四五千年以前的原始社会末期，随着生产社会化程度的提高和社会组织形式的进步，人们开始对长度、容量、重量和时间等有了计量的需要。这些计量活动常以人体的某一部分、某些天然物或植物的果实作为计量标准，如伸掌为尺、迈步定亩、滴水计时等。

度量衡是指在日常生活中用于计量物体长短、容积、轻重的物体的统称。计量长短的器具称为“度”，测定计算容积的器皿称为“量”，测量物体轻重的工具称为“衡”。

在科学未启蒙的古代，世人尚不懂得以一个自然的恒定量为标杆，那时度量衡的意义是非凡的。《史记 · 孔子世家》记载：“孔子长九尺六寸，人皆谓之‘长人’而异之。”如果以我们现代的度量标准3尺为1米、1尺又为10寸来看，那么，孔子的身高将超过3米，这显然是不可能的。

根据《史记》记载，西汉时期一尺相当于23.1厘米，如果按照这一标准，孔子的身高还是达到了2.21米；如果以春秋时期的尺标准计算，则有1.97米、1.91米、1.89米三种可能。

从圣人“飘忽不定”的身高中，我们可以窥见那个时期长度计量单位的混乱。那么，古人们当时又是如何制定度量衡的呢?

翻开历史，中国以度量衡和时间为主要内容的计量技术可以追溯到四五千年以前的原始社会末期。春耕秋实，随着生产社会化程度的提高和社会组织形式的进步，人们开始提出对长度、容量、重量和时间等计量的需要。古代最初的计量活动常常借助于人体的某一部分或某种动作来实现，或以其他的天然物、植物果实等作为计量标准进行计量活动，如伸掌为尺、手捧为升、迈步定亩、滴水计时等。

据古书记载，氏族社会后期，传说中的氏族额项，已通过观测星辰推算一年的长度。其后，黄帝“设五量”，有“权衡、斗斛、尺丈、里步、十百”，简称为度、量、衡、里、数。“度、量、衡”是我国古代对长度、体积、重量计量的统称。黄帝的继承者是尧、舜，尧命羲氏、和氏根据日月星辰的运动规律来制定历法，把一年定为三百六十六日。舜东巡时，协调各部落氏族的日月和四时季节，对各部族的历法和度量衡进行了协调统一。

最初的度量衡单位都以人体为标准衡量，“布手知尺，布指知寸”，“一手之盛谓之溢，两手谓之掬”，但是如此衡量标准因人而异，实际情况则为不准。相传大禹治水发生在距今三四千年前。禹在疏浚水道、引水入海时，首先要考察水势，寻找水的源头和上下游流经的地域，这一切都离不开测量。规矩准绳就是古老的测量工具。用“准”定平直，“绳”测长短，“规”画圆，“矩”画方。“矩”还可以用来定山川之高下、大地之远近。

治水这样大规模的测量必定要有统一的计量标准，这个标准是怎样建立的呢?《史记》给出了答案：“（禹）身为度，称以出。”这句话可以理解为以大禹的身长和体重定出长度、重量的单位。有了单位和标准，并把它复制到木棍、矩尺和准绳上，测量长度时就可以直接读数和计算了。治水工程即使在不同地区也都可以复现和传递这个量了。

大禹派遣人去四方勘测，“步”便成为测量大地原始的单位。这种以步为丈量土地的单位甚至延续了几千年。怎样才算一步呢？跬步作为长度单位起源于走的动作。《孔丛子》说“跬，一举足也，倍跬谓之步”，即把一条腿跨出的距离称“跬”，再把另一条腿跨出的距离称“步”。今日所称的“步”则为一举足，其实相当于古代的半步。这些都说明了大禹运用各种测量方法以达到治水的目的。

夏朝以后乃至商朝，都没有成熟的度量衡制度出现，再加上商纣无道，国政废弛，所以度量衡的制度自然不能整齐划一。直到周朝，才设有官吏专司其事，并制造了各种度量衡的标准存于内府，以作根据，之后再颁布天下。

《史记・五帝本纪》记载：“岁二月，东巡狩，至于岱宗，柴，望秩于山川。遂见东方君长，合时月正日，同律度量衡，修五礼五玉三帛二生一死为挚，如五器，卒乃复。”这年二月，舜到东方巡视，到达泰山，焚烧柴薪祭祀了东岳，对于其他山川，都按地位尊卑依次举行了祭祀。接着，他就召见东方各诸侯，协调春夏秋冬四时的月份，确定天数，统一音律和长度、容量、重量的标准；修订吉、凶、宾、军、嘉五种礼仪，规定诸侯用五种圭璧、三种彩缯，卿大夫用羊羔、大雁两种动物，士用死雉作为朝见时的礼物，朝见典礼完毕以后仍将圭璧还给诸侯。《史记・夏本纪》中记载禹“身为度，称以出”，则表明当时已经以名人为标准进行单位的统一，出现了最早的法定单位。

春秋战国时期，各个诸侯国割据混战，各国度量衡皆不同，秦始皇统一六国之后，为统一管理，在政治、经济和文化思想上进行了一系列的重大改革，推行“一法度衡石丈尺，车同轨，书同文字”，颁发统一度量衡诏书，制定了一套严谨的管理制度，为封建社会的度量衡制奠定了基础。

二、秦始皇统一度量衡

公元前344年，商鞅辅助秦孝公第二次变法，对度量衡进行了统一，“夫商君为孝公平权衡，正度量，调轻重”，“平斗桶、权衡、丈尺”。同年，齐国派遣使团到秦国，商讨两国度量衡统一事项，说明当时统治者已看到统一度量衡的重要性。

秦自商鞅变法以后，推行重农抑商的经济政策，注重发展农业生产，因此制造了专门用来征收粮食税的禾石铜权；为了推行赋税制、俸禄制，消除政治、经济的割据，在改革和扩大田亩制、推行“重本抑末”经济政策的过程中，行“平斗桶、权衡、丈尺”之法，并规定了“举足为跬，倍跬为步”“步过六尺者罚”等一系列行之有效的措施，来统一秦国的度量衡标准。

流传至今的商鞅铜方升就是商鞅统一度量衡的实物见证。方升一侧刻“十八年，齐率卿大夫众来聘，冬十二月乙酉，大良造鞅，爰积十六尊（寸）五分尊（寸）壹为升”。齐国国君派卿大夫来秦国联姻会盟，为了纪念这件事，也为了巩固变法成果，大良造商鞅让工匠打造了商鞅方升，并将十六又五分之一立方寸的容积定为一升。另一侧刻“临”字，与柄相对的一面刻“重泉”二字，底部有秦代加刻的秦始皇廿六年诏书。方升自铭容积为16.2立方寸，是先后发给“临”和“重泉”两地使用的标准量器。实测方升长、宽、高便可以计算出战国一尺约合23.2厘米，一升约合200毫升。

秦国在商鞅变法时，贯彻、推行统一的度量衡是颇见成效的。秦始皇是在各诸侯国基本统一度量衡的前提下，将秦国实行已久的度量衡制度用法令推行至全国。为了尽快地实现统一的目的，秦始皇用皇权的威力，采取了各种行之有效的措施。

公元前221年，秦始皇统一中国后，颁布诏书统一度量衡。“廿六年，皇帝尽并兼天下诸侯，黔首大安，立号为皇帝。乃诏丞相状、绾，法度量则不壹歉疑者，皆明壹之。”大意是：秦始皇继位的二十六年后，兼并了各地诸侯王国，百姓得以安居乐业。自立皇帝封号。下诏书给两位大臣，要求把全国的度量衡都进行统一。这一段文字简要地说明了统一度量衡的历史背景和对统一的要求。

秦始皇统一度量衡，经过《汉书》整理成文，代代相袭，至清朝仍为康熙、乾隆所遵从，甚至延续至中华民国时期。

秦始皇统一度量衡的意义主要有：第一，全国上下有了标准的度量准则，为人们从事经济文化交流活动提供了便利的条件；第二，对赋税制和俸禄制的统一产生了积极作用；第三，有利于消除割据势力的影响。

秦代的单位量值，1尺合今23.2厘米，1升合今200毫升，1斤合今253克。

三、不同年代、不同国家的计量标准各异

早在三千多年前，古埃及就已经制作了长度标准物——腕尺。古埃及也采用“身为度”的计量规定：古埃及的法老为了体现权威，规定从自己手肘到中指的距离为一腕尺，并下令制作相应的尺子，从此，古埃及人无论是一般的生产生活，还是建造宏伟的金字塔，都采用这种计量单位。古埃及胡夫金字塔高300腕尺。

英国到中世纪末期（公元13—15世纪）都还没有一个准确的长度标准。比如当时规定一英尺就是一个成年男子一只脚的长度；码是亨利一世国王的鼻尖到指尖的距离；他们最常用的长度单位英寸也是整个英制单位的基础之一，长度相当于一节大拇指的长度。

后来，英国人也渐渐觉得这种随意的定义会导致“一百个人眼里有一百种英寸”，于是在1324年，爱德华二世将一英寸重新定义为一穗大麦

上最大的三粒麦子相接的长度，终于成功地把局面扭转为“一百片麦田里有一万种英寸”。

法国在大革命前就约有800个单位名称以及令人震惊的25万种度量标准。16世纪的时候，德国人随机找了16个从教堂里出来的男子，测量他们的脚长，把求出的平均脚长作为英尺的标准。

从古希腊时期亚里士多德设计温度计，到1742年瑞典科学家摄尔修斯（Celsius）创立摄氏温标，在温度领域的各种混乱也经历了数次修正。最初摄尔修斯把水的沸点定为0摄氏度，水的冰点定为100摄氏度。直到后来斯托墨（Stromer）把两个固定点颠倒过来，把水的冰点定为0摄氏度，沸点定为100摄氏度，今天人们广为使用的摄氏温标才固定下来。

计量1.0时代是皇权的时代，也是自给自足的时代。计量领域这种混乱的局面最后终结于法国人对通过巴黎的子午线的准确测量。

1789年，法国国民公会令法国科学院组成一个委员会来制定标准的度量衡制度。委员会提议了一套新的十进制的度量衡制度，建议以通过巴黎的子午线上从地球赤道到北极点的距离的一千万分之一（即地球子午线的四千万分之一）作为标准单位，并且用铂制作了一根标准米尺作为标准参照物，该米尺被称作“米原器”。

1799年12月10日，法国通过公制系统，开始正式使用米制。基本长度单位“米”诞生之后，很多单位也以它为基础重新定义了标准。首先是以十进制为基础推导出了很多长度单位，包括我们熟悉的厘米、分米、千米；再以长度单位定义质量单位“千克”，即是一立方分米（一升）的纯水在4摄氏度时的质量。至此，以度量衡为标志的计量1.0时代结束，开始进入计量2.0时代。

【延伸阅读】中国古代度量衡领先世界

1. 最早的度量衡器具——商代骨尺

河南安阳出土的商代骨尺是目前中国所见最早的测长工具（见图4-1）。出土的商代骨尺的长度分别为16.95厘米、15.78厘米、15.8厘米，相当于中等身高者伸开拇指与食指之间的距离，是商代一尺长度之参考。尺面十等分刻度线表示寸，而寸再十等分为分。

图4-1 布手知尺的原型——商代骨尺

2. 记载最早的度量衡标准器——栗氏量

战国时期齐国制造的标准量器“栗氏量”，可谓应用了当时数学、物理学以及冶金等方面的最新成就而制造。栗氏量已不存，但《考工记》中对栗氏量进行了详细的叙述：“栗氏为量，改煎金锡则不耗，不耗然后权之，权之然后准之，准之然后量之，量之以为鬴〔fǔ，音同“釜”〕，深尺，内方尺而圜其外，其实一鬴。其臀一寸，其实一豆。其耳三寸，其实一升。重一钧。其声中黄钟之宫。概而不税。其铭曰：‘时文思索，允臻其极，嘉量既成，以观四国，永启厥后，兹器维则’。”

这段文字简要地阐述了制造标准量器的技术要求：铜量铸作的工艺过程，量器的形制，各器的规格、尺寸、容积以及校准的方法等。“金锡”是指青铜，即铜和锡的合金。古代度量衡器多用青铜制造。青铜冶炼精纯之后，便可以铸成量器。

栗氏量包括鬴、豆、升三量，鬴是主体，呈圆筒形，深一尺，底面是边长为一尺的正方形外接圆。圈足深一寸，容一豆；两侧有耳，深三寸，容一升，即“以度审容”。

栗氏量不仅有尺度、有容积，还要求有一定的重量，即“重一钧”，这样便可以从一件器物上得到度、量、衡三个单位的量值。根据《考工记》记载，第一步“权之”，把铜锡金属按比例熔炼成青铜合金，用天平称出它的重量；第二步“准之”，用排水法求得青铜合金的体积，从重量和体积可以求出其密度；第三步“量之”，根据设计要求做出一定容量的量器模型，同样用排水法求得模型本身的体积。体积乘以密度则为此金属量器的重量。如果容量不符合设计要求，可以调节模型的厚薄，然后用模型翻砂成型，经过浇铸，修整成器，使它达到设计要求。这种用水来测定物质密度的方法与阿基米德所用方法同出一理，可是中国劳动人民用这种方法却比阿基米德至少早了一百多年。

3. 现存最早的“以度审容”的标准量器——商鞅方升

商鞅方升在公元前344年设计制造，现藏上海博物馆。由于栗氏量已失传，因此商鞅方升是现存最早的“以度审容”的标准量器（见图4-2）。

图4-2 现存最早的以度审容的标准器——商鞅方升

商鞅方升内口长12.4774厘米，宽6.9742厘米，深2.323厘米，计算容积为202.15立方厘米，方升自铭16.2立方寸为一升，求得方升单位容积为202.15÷16.2＝12.478立方厘米/立方寸，可折算一寸长2.32厘米，一尺合23.2厘米。反之，如果长度确定了下来，容量也随时可以得到。用“以度审容”的方法便于复现标准容量以推广统一的量值。这些都足以说明当时制定单位制已具有很高的科学性。

4. 中国古代计量史上的瑰宝——新莽嘉量

白居易的放言五首第三首中的“周公恐惧流言日，王莽谦恭未篡时。向使当初身便死，一生真伪复谁知？”可谓妇孺皆知！然而，多数人只知道王莽是篡位的“巨奸”，却不知王莽在中国计量史上留下的民族瑰宝——新莽嘉量！

“新莽”意指王莽建立的新朝，“嘉量”意为古代标准器。新莽嘉量是王莽新朝时期建立的古代标准器，制作于公元九年（见图4-3）。

图4-3 新莽嘉量及铭文

新莽嘉量的制作材料是铜，因此又称“新莽铜嘉量”。新莽嘉量外形似一个容器，是刘歆依据《考工记》中对栗氏量的记载创造而成，又称“刘歆铜斛”，今藏台北故宫博物院。

新莽嘉量是一件包括了律、度、量、衡四个量的标准器：方尺、深尺是指“度”，容一斛是指“量”，重一钧是指“衡”，黄钟之宫是指“律”。

新莽嘉量包括了龠、合、升、斗、斛这五个容量单位，即上为斛，下为斗，左耳为升，右耳为合、龠。每一个量又有详细的分铭，记录了各器的径、深、底面积和容积。

新莽嘉量以斛量为主体，圈足为斗量，左耳为升，右耳上为合，下为禽量。外壁正面有八十一字总铭，背面分别刻斛、斗、升、合、龠量之径、深和容积。这样，在一器之上不但可以直接测得容量单位的量值，而且可以通过对径、深各个部位的测量，得到精确的计算容积，从而推算出当时的标准尺度。由“其重二钧”，称其总重，还可以得到重量之标准值。

新莽嘉量制作准确，刻铭详尽，在中国度量衡史上占有重要地位。南北朝时期，伟大的数学家祖冲之曾以新莽嘉量验证圆周率。近代著名学者王国维先生赞誉新莽嘉量为“旷世瑰宝”。

5. 世界上最早的游标卡尺——新莽铜卡尺

新莽铜卡尺是王莽建立的古代计量标准器之一，制作于公元九年。新莽铜卡尺于1992年5月在扬州市邗江县甘泉乡出土，现藏扬州市博物馆。该尺通长13.3厘米，固定卡爪长5.2厘米、宽0.9厘米、厚0.5厘米。新莽铜卡尺外形酷似现代游标卡尺（见图4-4）。

图4-4 外形酷似现代游标卡尺的新莽铜卡尺

新莽铜卡尺比欧美科学家发明的游标卡尺早了上千年。新莽铜卡尺的出土，纠正了游标卡尺乃是欧美科学家发明的旧有观念。

第二节 计量2.0时代

荆书典：1875年5月20日，法、俄、德等17个国家的代表在巴黎签署《米制公约》，公认“米制”为国际通用的计量单位制，并确立以实物基准向各国传递量值的基本计量制度，包括时间、长度、质量、温度、电流、发光强度和物质的量在内的7个基本单位的国际计量单位制逐步建立，为其后100多年世界各国测量量值的溯源和准确一致、科学技术快速发展和全球经济一体化提供了可靠的计量保障。

一、《米制公约》的签署

“米制”是18世纪末由法国创立的一种测量单位制，它以经过巴黎的地球子午线的一千万分之一作为长度单位，定名为“米”；以米的十分之一长度为立方作为容量单位，定名为“升”；以一升纯水在4摄氏度时的重量（质量）作为重量单位，定名为“千克”。这种单位制是十进制的，完全以“米”为基础，因此得名为“米制”。它最重要的特点是采用自然界的“量”建立测量单位，因此能够实现计量标准的统一。

1795年4月7日，法国巴黎塞纳河畔波旁宫中，议会通过了一系列决议，其中一项就与在全国范围内推行新的计量体系有关。鉴于当时的科学技术水平和实际需求，对这些计量单位的定义还是有诸多不合理之处：由于地球是不规则的球体，在取不同的经线作为参考时，一米的长度会有微小的差异；另外，“立方米”和“升”其实是体积单位的重复定义——这是为了实用的考虑，前者用于衡量供暖用的木材，后者则用于衡量液体和气体。

1799年12月10日，法国通过公制系统，“米制”正式成为法国的新计量系统。由于法国的“米制”完全建立在自然标准之上，因此这个计量单位制既不应属于任何个人，又可在不妨碍国家尊严的原则下，为所有国家采用。加上“米制”简便易行，伴随着法国的对外扩张，“米制”在欧洲大陆上逐渐流行起来，也被带到了欧洲以外的殖民地。第二次鸦片战争后，“米制”随着商贸、赔款等事宜传入中国，逐渐成为中国官方采用的度量体系。

然而，在实际操作中，把每个长度都放到子午线上进行比较，或者每次测量重量时都去打一立方分米的冰水，显然非常不切实际。因此，法国人根据标准定义制作“原器”，并规定所有度量工具都以原器为基础。

在对敦刻尔克到巴塞罗那（巴黎子午线的一段）进行实地测量后，1799年，法国根据测量结果制成了一根铂质金属杆，将此杆两端的距离确定为一米，此杆被称为“米原器”。由于当时测量技术的限制，误差不可避免，制作出来的米原器比子午线定义出的一米短0.25毫米，而当时的铂制千克基准等于1.000028立方分米最大密度纯水的重量。这样的误差并不影响计量制本身，但总会让人有一种“用了假米／假千克”的感觉。1872年8月，法国政府邀请一些国家派代表到巴黎组成“国际米制委员会”，与会代表普遍赞成采用“米制”，并认为应该按照巴黎档案局保存的“米”和“千克”复制出一些原器分发给各国使用。

1875年3月1日，法国政府召开了“米制外交会议”，有20个国家派出政府代表和科学家出席，会议批准了国际米制委员会的建议。

1875年5月20日，阿根廷、奥匈帝国、比利时、巴西、丹麦、法国、德国、意大利、秘鲁、葡萄牙、俄罗斯、西班牙、瑞典-挪威、瑞士、土耳其、美国和委内瑞拉共17个国家的代表在巴黎正式签署《米制公约》。为纪念《米制公约》的签署，5月20日被定为“世界计量日”。

《米制公约》由正文和附则两部分组成。公约正文共14条，附则22条。自1875年签署以来，仅在1907年、1913年和1921年对部分条款进行了修改，且修改仅涉及国际组织的工作范围、财务协议等细节，公约的主体内容始终未变。

《米制公约》的主要内容为：①在巴黎建立国际计量局。国际计量局在国际计量委员会（CIPM）的指导和监督下进行工作。国际计量委员会则受由各缔约国政府代表所组成的国际计量大会的管理。大会主席由巴黎科学院的在任主席担任。②国际计量局的职责：保管国际米和千克原器并提供校准；组织比对；建立新的国际计量标准；确定物理常数的定值以提高单位的准确度并保证其一致性；负责定义的调整工作。③国际原器的存放。④国际计量局的会费由各缔约国按比例缴纳。⑤《米制公约》由各国依其宪法程序批准。

《米制公约》附则共22条，主要内容为：①国际计量局的地位、选址要求、机构设置、设备配备、会费构成和管理规则。②国际计量大会的运作规则：由国际计量委员会召集；至少每六年在巴黎召开一次；任务是采取措施普及与完善米制，批准在两届大会期间确定的新的计量基本单位，听取国际计量委员会工作报告，改选国际计量委员会中1／2的委员；每个国家有一个投票权。③国际计量委员会的运作规则：由属于不同国家的18名委员组成；负责指导缔约国共同决定的一切计量工作，并监督国际原器的保管；至少每两年召开一次会议。④国际计量委员会与各缔约国政府的一切通信往来均经由驻巴黎的各国外交代表；一切应由法国政府决定的事项均向法国外交部提出请求。⑤国际计量局局长的选举规则和职责要求。⑥每个国家的会费比例不得少于总额的5‰和高于15%，以及具体计算方法、缴纳、拖欠及其处理等。

《米制公约》及其附则于1921年经过了一次修订，主要修订内容为：①第7条增加了国际计量局将负责建立与保存电学单位标准及其参考标准，负责确定物理常数的定义以提高计量单位的准确性，以及负责类似的定义调整工作。②第8条国际标准原器及其参考基准将存放在国际计量局，只有国际计量委员会可以进入存放处。③附则第6条关于会费的计算方法和缴纳、拖欠及其处理等。

二、国际单位制的诞生

《米制公约》签署后，计量标准趋于统一，国际计量局成为世界量值源头。国际计量局成立当年，便重新制作了高39毫米，底面直径39毫米，含铂90%、铱10%的合金圆柱体，作为千克原器。1889年，国际计量局又根据新的测量结果重制了米原器，同样由90%的铂和10%的铱打造，并将米定义为“米原器在0摄氏度时两端的两条刻度线之间的长度”。国际计量大会将原器的复制品分发给与会各国，作为各国的基准，并定期同原器校对。

1948年，第9届国际计量大会根据决议，责成国际计量委员会研究并制定一整套计量单位规则，力图建立一种科学实用的计量单位制。1954年，第10届国际计量大会决定采用长度、质量、时间、电流、热力学温度和发光强度这6个量作为实用计量单位制的基本量。

1960年，第11届国际计量大会通过决议，把这种实用计量单位制定名为国际单位制（SI）。在国际单位制中，将单位分成三类：基本单位、导出单位和辅助单位。严格定义的基本单位是：长度（米）、质量（千克）、时间（秒）、电流（安培）、热力学温度（开尔文）和发光强度（坎德拉）。基本单位在量纲上彼此独立。导出单位很多，都是由基本单位组合而成的。辅助单位只有两个，纯系几何单位。当然，辅助单位也可以再构成导出单位。各种物理量通过描述自然规律的方程及其定义而彼此相互联系。为了方便，选取一组相互独立的物理量作为基本量，其他量则根据基本量和有关方程来表示，称为“导出量”。

1971年，第14届国际计量大会通过决议，决定在前面6个量的基础上，增加“物质的量”作为国际单位制的第7个基本量，并通过了以其相应单位作为国际单位制的基本单位，最终形成了一套完善的国际单位制体系。体系确定之后，自然也需要像“米”“千克”一样给出七个基本单位的标准定义。国际计量局在定义时尽可能使用误差小的方式，去掉人为、主观因素，同时使物理量所依赖的对象尽量稳定不变。

国际单位制的推广与普及似乎终结了几千年来的单位混乱，但其实并没有，以下便是一个例证：

1983年，加拿大航空143号班机燃料检测棒出了问题，但苦于没有这种新机型的零件加以更换，于是机长建议先应急用手工方式计算燃料用量，完成航班飞行后再进行维修。然而，当时加拿大仍然在使用英制单位，并与公制单位混用，原本要加大概2万千克的燃油，在换算成体积的时候工作人员把它当成2万磅来计算，结果只加了不到一半的油量。导致的直接后果是，飞机在空中飞了一半航程就没油了，离最近的机场还有百余公里，根本不可能飞到。

这时，机长突然想起附近还有一个废弃的基米尼空军基地，他曾经在那里训练过，可以紧急迫降。由于当时飞机高度太高、速度过快，直接降落可能会出现危险，于是有丰富滑翔机驾驶经验的机长决定先滑翔降低高度再降落。可当飞机降低高度后，机长发现这个空军基地已经改建成了赛车场，场地上刚刚比赛完，观众都还没有散席。万幸的是，在前起落架没有放下的情况下，机长最终还是成功地迫降在这个空军基地，保住了机上所有人的生命。

这一起因单位混乱引起的事故也打破了当时民航飞机滑翔飞行的世界纪录，史称“基米尼滑翔机”。

作为第一批在《米制公约》上签字的国家，美国同样没有将国际单位制彻底推广。

美国人的计量单位最早沿袭自英国，但独立之后他们又逐渐制定出了一套独特的计量单位系统。他们修改了英制的一些单位，虽然名称是一样的，可是数值大小却发生了变化。

以盎司为例，英国人最早用盎司作为酒的容量计量单位，1盎司等于28.41毫升。而到了美国，1盎司被改成了29.57毫升。除此之外，美国的盎司还被当做重量单位，用于重量较小物品的计量，而且作为重量单位的盎司还分成多种，常见的有常衡盎司、金衡盎司、药衡盎司、纺织盎司：1常衡盎司等于28.350克；1金衡盎司等于31.1034768克；1药衡盎司等于31.1030克；1纺织盎司等于28.375克。所以在美国，1盎司黄金真的比1盎司棉花重。

1999年，美国国家航空航天局发射“火星气候探测者”号失败便是美国英制、公制单位混用问题最典型的案例：

“火星气候探测者”号在1998年12月11日发射，经过近一年的飞行之后，于1999年9月23日进入火星轨道。由于人为错误，导致探测器在低于预期的高度接近火星，最终因为火星大气层的压力而解体。

最后查明，任务失败的主要原因是人为失误。“火星气候探测者”号上的飞行系统软件使用的是公制单位“牛顿”计算推进器动力，而地面人员输入的方向校正量和推进器参数则使用的是英制单位“磅力”。

计量伴随着工业革命的出现而迅猛发展，同时又支撑了工业生产的持续进步。第一次工业革命中，温度和力值的测量推动了蒸汽机的研发，蒸汽机的应用又加快了对温度和压力测量的需求。第二次工业革命以电力的广泛应用为代表，电学指标的测量加速了对电特性的研究，电工仪表从简陋的电磁指示装置，改进为完善的高精度电特性仪表。20世纪40—50年代，在信息、新能源、新材料、生物、空间技术和海洋技术等诸多领域，掀起了信息控制技术革命。在其推动下，计量朝着极大、极小、极高和极低的高精度方向发展，促进了纳米技术、航天技术等现代科技的突飞猛进。原子能、半导体、电子计算机等新技术的广泛应用，推动计量的宏观实物基准逐步向量子基准过渡，遥感技术、智能技术、在线检测技术相继取得了新突破。新的发展要求革新计量方法，怎么革新？用量子。

2018年11月16日，国际计量大会通过了决议，国际单位制中的3个基本单位（千克、开尔文、安培）改由自然常数来定义，并于2019年国际计量日（5月20日）起正式生效。至此，国际单位制7个基本单位将全部由基本物理常数定义，量值的实现进入了量子化时代。至此，人类从以《米制公约》和国际单位制（SI）为标志的计量2.0时代步入了计量3.0时代。

【延伸阅读】国际米原器模型

1875年5月20日，共17个国家的代表在巴黎正式签署《米制公约》，确定米制为国际通用的计量单位，并决定成立国际计量委员会和国际计量局。

1889年，在第一届国际计量大会上，批准了“米”的定义，即1米的长度等于国际米原器在0摄氏度时两刻度线间的距离。国际米原器是国际计量局用含铂90%、铱10%的合金制成，横截面呈“X”形。铂铱合金的特点是膨胀系数极小，并且这样的形状最坚固又最省料。国际计量委员会从几个米原器中选出一个作为国际米原器，并将其他米原器分发给《米制公约》成员国作为国家基准。

然而，随着测量精确度再次提高，人们又发现米原器存在新的问题。因为金属膨胀，使得米原器和复尺之间的长度并不能精确相等，米原器自身也会由于环境不同产生细微但不可忽视的长度变化。即使已经使用了膨胀率很低的铂铱合金，这种误差还是太大了。

为了解决这个问题，国际计量大会对米原器及复尺的环境进行了更加苛刻的限制，要求周围空气为0摄氏度，气压为一个标准大气压，同时放置方法也有诸多规定。但由于材料、工艺等原因，在制作复尺时仍然会不可避免地出现约0.1微米的误差。

随着科学技术的发展，人们越来越希望把长度的基准建立在更科学、更方便和更可靠的基础之上。这样一来，用自然米取代实物米就成为一个必然趋势。

19世纪末，科学家在实验中发现镉的红色谱线具有非常好的清晰度和复现性。1927年，国际上决定用这条谱线作为光谱学的长度标准，这是科学家找到的第一个可用来定义米的非实物标准。人们后来又发现，氪86的橙色谱线比镉红线还要优越。1960年，在第11届国际计量大会上，决定用氪86橙线代替镉红线，由此把1米长度定为氪86原子在两个特定能级之间跃迁的辐射在真空中波长的1650763.73倍。米的定义更改后，国际米原器仍按原规定的条件保存在国际计量局。

但是，由于原子光谱的波长太短，又容易受到电流、温度等因素的影响，因此精度仍受限制。科学家发现，用激光代替氪谱线可进一步提高长度测量的精度。

1983年10月，第17届国际计量大会通过了米的新定义：1米是光在真空中1／299792458秒的时间间隔内的行程长度。此次关于米的定义是长度计量科学史上的一次革命，具有非常重要的科学意义。把光速作为一个精确的常数，可以把长度单位统一到时间计量上，这样就可以利用时间计量的高精度来提高长度计量的精度了。

世界计量日的由来

很长一段时间里，世界没有一个完全统一的计量标准，这给贸易、科研和人们的生活都带来了诸多的不便。直到1875年，17个国家代表在巴黎签署了第一个国际测量单位公约——《米制公约》，并成立了米制公约组织，规定了以铂铱米原器、铂铱千克原器为基准的长度基准和质量基准，从而为米制的国际化传播和发展奠定了基础。

1875年5月20日，17个国家在法国巴黎签署了《米制公约》，这是一项在全球范围内采用国际单位制和保证测量结果一致的政府间协议。一百多年来，国际米制公约组织对保证国际计量标准的统一、促进国际贸易和加速科技发展发挥了巨大作用。1999年10月11—15日，第21届国际计量大会把每年的5月20日定为“世界计量日”（World Metrology Day）。因此，2000年5月20日应该是第一个“世界计量日”。

国际法制计量组织（OIML）在2001年主席理事会上宣布，鼓励各国的国家计量机构利用5月20日“世界计量日”开展活动。“世界计量日”的确定，使人类对计量的认识跃上一个新的高度，也使计量对社会的影响进入一个新的阶段。因此，也有人认为2001年5月20日是第一个“世界计量日”。

第三节 计量3.0时代

荆书典：历史上，每一次计量单位制演进，都直接或间接推动了经济社会的发展。《米制公约》的签署，有力支撑了工业化进程。“秒”和“米”的量子化变革，催生了激光测长技术，成就了数万亿美元的卫星导航定位市场，推动了信息技术、精密科技、纳米材料、装备制造、太空探测等领域的重大突破和发展。

随着量子理论和技术的发展，20世纪60年代以来，时间长度“秒”、长度单位“米”等逐步由实物基准转变为量子基准，也带动了其他计量单位的量子化变革，不断催生蓬勃的科技革命。计量3.0时代以2019年5月20日为节点。计量3.0让国际单位制迈入了量子化时代，将使传统计量发生由传统的实验室测量到在线测量，由静态校准到动态实时校准，由单一参数校准到多参数耦合校准，由独立仪器、设备计量到系统综合计量校准的变化。

2018年11月16日，第26届国际计量大会通过表决，全票通过了关于“修订国际单位制（SI）”的1号决议。根据决议，国际单位制基本单位中的千克、安培、开尔文和摩尔分别改由物理常数（普朗克常数、基本电荷、玻尔兹曼常数和阿伏伽德罗常数）定义，新定义于2019年5月20日正式生效。随着国际单位新定义的生效，可以预见，在任意时刻、任意地点都能实现最佳测量的时代即将到来。

一、国际单位制变革的历程

科技发展，计量先行。从1795年4月7日“米制”（或称“公制”）正式登上历史舞台，到2019年5月20日国际单位制（SI）基本单位变革的决议生效实施，200多年来，计量界对“米制”的共同夙愿是，为全球测量提供普遍适用的基础。在全球计量学家的不懈努力下，SI单位定义中一个又一个实物基准被以量子物理为基础的自然基准取代。

2019年5月20日第20个“世界计量日”根据修订后的新国际单位制（SI），国际计量单位制的7个基本单位全部实现由常数定义，该修订将保证SI的长期稳定性和通用性，也从根本上打破了人类对实物原器的依赖，将开启任意时刻、任意地点、任意主体根据定义复现单位量值的大门。

二、量子时代的诞生打开了国际单位制（SI）量子化的大门

自古以来，人类通过对日月星辰的观察，把太阳从一个东升到再次东升定义为一个平太阳日（俗称一天），然后人为地将一天分为24个小时，1个小时分为60分钟，1分钟分为60秒。这样1秒就等于一天的1／86400，从而得到了秒长，也称为天文时。

工业革命初期，世界各地的时间还没有统一的标准，导致火车刮蹭与相撞事故时有发生。在1853年8月12日的美国东部罗德岛州，两辆火车迎头相撞，造成14人死亡。事故的原因在今天看来难以置信——两车工程师的手表差了2分钟。在这一时期，另一件重要的发明也诞生了——电报。电报能跨越遥远的距离即时通信，使得时间的校对变得准确可行。在铁轨和电报大规模使用的背景下，交通与通信网密集地相连，变得越来越复杂，人们对时间误差的容忍度越来越低。1884年10月13日，格林尼治时间正式被采用为国际标准时间。1937年，国际天文学会议提出了格林尼治时间的精确版——世界标准时（UT）。

地球自转和公转运动的周期不是恒定不变的，而是时快时慢。如果地球转速不同，“一天”的长度就不同，“一秒”的长度也就不同。随着量子物理学的建立，科学家们认识到，原子内电子能级间存在特征跃迁频率，具有比天文现象高得多的稳定度，更不易受到外界的干扰，更适用于

作为时间标准。

1955年，世界第一台铯原子钟诞生，1967年，第13届国际计量大会通过了新的秒定义，即铯133原子基态的两个超精细能阶间跃迁对应辐射的9192631770个周期的持续时间。至此，“原子秒”正式替代了原有基于地球自转和公转的“天文秒”，这标志着原子时的诞生，宣告了一个以量子定义时间的时代的到来。目前全球最好的铯原子喷泉钟不确定度已经达到了10^{-16}量级，相当于几亿年不差一秒。

时间定义的改变也催生了长度单位米的重新定义。1983年，第17届国际计量大会将米定义为，光在真空中，在1／299792458秒的时间间隔内所行进的路程的长度，这样的定义实际上把光速定义成了计量基准，而长度单位米则成了导出单位。这种定义的特点表现在，今后随着实验技术的提高，长度单位米的不确定度可以不断改进而无需改动米的定义。至此，长度单位“米”也完成了量子化。

鉴于时间和长度计量单位在量子化变革中获得的极大成功，2005年国际计量委员会决定启动其他计量基本单位的量子化重新定义。

2018年11月16日，第26届国际计量大会通过表决，全票通过了关于“修订国际单位制（SI）”的1号决议。新定义于2019年5月20日正式生效，人类也随之迎来全新的计量3.0时代。人们可以在任意时刻、任意地点进行最佳测量，满足了人们对基本计量单位更稳定、更精准、不受时空限制的需求。

三、国际单位制变革具有重要的意义

计量单位对人们的日常生产生活的影响是潜移默化的，任何一种制度或者体系都不是完美的，国际单位制也是如此。随着科技的发展，其缺陷也日益凸显。在计量2.0时代，定义长度单位“米”的国际米原器是瑞士SIP工厂制造、经国际计量局鉴定的米原器。作为权威长度基准器，它规

定1米就是米原器在0摄氏度时两端的两条刻度线间的距离；定义质量单位“千克”的国际千克原器是最后一个实物基准。全世界各国的米原器和千克原器都需要定期运送到国际计量局与其进行比对。这样不仅在运送原器的过程中会给原器带来损伤，也造成了诸多的不便。同时，国际米原器和国际千克原器本身也很不稳定，由于经纬度、湿度和温度等差异，各国保存的基准原器与国际计量局官方国际米原器和国际千克原器也有了一定的误差。

随着科技的发展，以实物为基准的国际单位制越来越不适应精确测量的要求，科学家们认为，应寻求用一种全球一致的“自然常数”而非某种主观的标准来定义单位，计量单位全面量子化成为必然。

国际单位制量子化演进，是人类利用自然法则创建测量规则的又一次重大变革，由此带来的影响广泛而深刻：一是将改变国际计量体系和现有格局。新的计量体系不再只依赖于通过实物基准向各国传递量值，而国际计量基准的量子化、量值传递溯源的扁平化将形成先进的多级全球计量量值中心或区域计量中心开展量值传递溯源。二是将有力支撑新一轮工业革命，通过量子计量基准与信息技术的结合，使量值传递链条更短、速度更快，测量结果更准、更稳，深度契合了以信息物理系统为基础、智能制造为主要特征的新一轮工业革命。三是将引发仪器仪表产业的革命性创新发展，全新的量子计量技术、传感技术与信息技术的高度融合，使所有的计量单位可以溯源至时间单位“秒”，集多参量、高精度的综合测量于一身，进而催生测量仪器仪表形态的全面创新。从深层次讲，国际单位制量子化演进更是一场从理念、制度到各领域的全方位变革，实现了“为全人类所用，在任何时代适用”的愿景。

计量单位量子化定义后，人们的日常测量活动与以前没有明显不同，从超市中的电子秤到工业大尺寸坐标测量机，再到实验室中的全血细胞计数，定义修订前后测量的数值都是一样的，但它实际上已经发生了“脱胎换骨”的变化。

四、国际单位制变革对我国的影响

国际单位制基本单位的量子化定义，实际是使用不变的自然法则创建不变的测量规则，能够实现从极小值测量到极大值测量，将原子和量子尺度的测量与宏观层面的测量联系起来。国际单位制的这次重大变革将首先对测量准确度水平要求较高的领域产生影响，对我国整个计量行业发展的影响也将逐步显现出来，这些影响具体体现在以下方面：

第一，实现国际计量基准量子化，量值传递溯源链路扁平化。实现国际计量基准的量子化、量值传递溯源链路的扁平化，将形成先进的多级全球计量量值中心或区域计量中心，并开展量值传递溯源。

当前，我国创新驱动发展战略、质量强国建设正在全面推进，科技创新进入了5G、大数据、区块链和人工智能时代，更加精准、快速、智能化的测量需求成为共识，而无所不在的物联网、工业互联网和智能传感器，使得量值溯源更加泛在，对量值溯源方式提出了颠覆性的诉求。传统的实物、逐级、长链条的量值溯源方式已经不能满足这种需求，量值传递、溯源的“扁平化”便成为必然要求。量值传递扁平化正是量子计量基准与信息技术结合的革命性产物，是未来计量技术创新变革的前提和支撑。物传物的计量体系与单一中心的国际计量溯源格局将成为历史，未来将形成以部分先进国家为主体的多级全球中心或区域中心，占领技术制高点，成为是否拥有国际技术规则主导权的关键。

第二，引领新一轮计量技术革命，引发量子计量技术研究热潮。量子计量的发展使得随时随地进行测量成为可能。我们在生产生活中都将能够直接应用最准的“标尺”，无处不在的精准测量将直接促进市场公平交易，实现精准医疗，改善环保节能等，惠及人类生产生活的方方面面。

高精尖测量技术正被加速研制和应用，不仅将改变传统的溯源方式，还将带来计量技术领域的革命性创新发展。例如，美国发起了“芯片上的国家计量院”计划，欧盟于2016年启动了“量子技术旗舰”计划，亚洲的日本和韩国也投入巨资布局量子计量研究。量子计量基准的研发和芯片尺度的计量标准，将带来高稳定、强可靠、自适应、多功能、低消耗的先进测量技术，将为人工智能提供可靠的感知，必将促进仪器仪表产业的颠覆性创新发展，也将为现代科技和军事发展提供新的契机。

2021年12月31日，国务院印发的《计量发展规划（2021—2035年）》中明确提出，到2035年，建成以量子计量为核心、科技水平一流、符合时代发展需求和国际化发展潮流的国家现代先进测量体系。下一步，我国应抓住国际单位制变革的重大机遇，构建起以量子基准为核心的新一代计量标准体系，进一步夯实国家计量基础技术，在国际计量界确立中国的先进地位。

第三，引发仪器仪表产业颠覆性创新发展，有利于我国实现弯道超车。国际单位制变革后，基于量子化定义的测量方法与信息技术、物联网技术相结合，可研制开发新型的量子传感器和量子计量标准装置，实现校准的在线化、精确化、实时化，必将推动量子计量技术的发展，带动整个仪器仪表产业的颠覆性发展。新的测量原理、测量方法和测量仪器将应运而生，测量仪器将朝着微型化、智能化、集成化、量子化、系统化方向发展，实现集多参量、高准确度传感器于一体的综合测量，以及抗干扰、免校准的实时测量。譬如，量子芯片计量和量子传感利用原子、电子、光子等可被精确控制和测量的特性，从而实现对磁场、加速度、重力、时间、压力、温度、惯性等物理量的高精度量值传递和溯源。当今全球量子技术还处在发展的初级阶段，仅有少量的产品实现了商业化，如量子通信和量子钟技术，因此我国在量子计量领域还大有可为，我国高端仪器仪表可借此绝佳时机实现弯道超车。

国际单位制的全范围准确性，为科学发现和技术创新提供了新的机遇。得益于更高的测量准确度，我们将可以测量极高、极低温度的微小变化，从而更加准确地监测核反应堆内或航天器表面的温度变化；在生物医药领域，我们可以准确测量单个细胞内某种物质的含量，并根据患者的实际需要，确定更加精确的药物剂量。

第四节 大陆股份，中国智慧计量的推动者

荆书典：从20世纪开始，我国传统的计量器具管理方法是：生产企业在计量器具出厂时给予一个出厂编号，这是生产企业对计量器具进行分类或按照特征自行编制的编号。这个编号只针对这一生产企业生产的计量器具具有唯一性，如果出现故障或其他问题，这个编号可追溯到计量器具生产单位的质量管理部门；而到了使用单位，一些大单位在使用时也会有个设备编号，这个编号只针对这一使用单位具有唯一性，方便管理；而到了第三方检定机构，尤其是法定计量检定机构，会对强检器具发放带有编号的检定证书。

智慧计量是广泛应用于各行业、产业、领域的基础技术，大陆股份的目标就是着力探索建立面向安全、节能、环保、贸易等领域计量器具设计、制造、检定、监管、售后服务整个生命周期的第三方计量器具监测信息公共服务模式，服务于工业、建筑、医疗、交通、商贸、环保和民生的物联网计量器具管理体系和基于唯一性识别编码的计量器具与数据应用服务体系，奠定国家诚信计量体系和大数据应用的技术基础。

计量是实现单位统一、保证量值准确可靠的活动，是科技创新、产业发展、国防建设、民生保障的重要基础，是构建一体化国家战略体系和能力的重要支撑，关系国计民生。为此，荆书典董事长带领济南大陆股份这家民营企业，勇敢挑战三十多年来没有变化的现有国家计量体系，向组织制定国内独一无二的计量器具唯一识别编码不断迈出坚实步伐。公司坚持

“做智慧计量的实践者”的理念，在智慧计量发展中构建了“一个中心、两个平台、三个体系”的发展规划，基于物联网技术，利用计量器具的唯一性识别编码构建“计量器具公共服务平台”；建设计量器具数据动态化、实时化、智能化采集的“计量数据应用服务平台”；打造为各领域提供数据分析服务的“计量信息服务中心”；着力打造智慧计量标准体系、诚信体系和评估评价认证体系。

“给每个计量设备都编上唯一的编码，把它们从生产、流通再到使用、维修、报废的全过程记录下来，汇集成大数据，为企业的生产过程做能效分析，记录下所有的经济信息。”这是2009年荆书典带领大陆股份团队经过多次调研论证后得出的结论。在此之前，大陆股份在做智慧计量、为企业进行能源管控的过程中发现，很多数据难以收集起来，究其原因就是对计量器具的管控不够。

2009年，大陆股份成为国家发改委第一批企业能源管理中心建设项目的承担单位，在贯彻GB 17167—2006，落实能源计量器具配置，加强能源资源管理的同时，大陆股份参与制定了部分能源消耗领域的地方标准和国家标准，大陆股份在这个时候也启动了物联网识别编码的研究与开发。

“宝剑锋从磨砺出，梅花香自苦寒来。”2013年5月，大陆股份起草的强检计量器具编码管理规范已经作为山东省地方备选标准进入验证阶段；2015年，大陆股份承担的国家标准《计量器具识别编码》获得了国家标准化管理委员会立项批准，同年10月25日，公司建设的全国首个“计量器具公共服务平台”上线。

通过支持国家对强检计量器具的管理工作，在2018年，大陆股份不断取得新的进展：

2018年4月15日，中国计量协会在上海举行会议，经国家质检总局批复，全国WTO／TBT通报评议委员会增设物联网计量专业组，开展物联网计量发展规划研究，为计量行业服务，荆书典担任首届专家组组长。

2018年6月，荆书典带领大陆股份团队历时两年主导编制的国家标准《计量器具识别编码》正式发布，基于该标准打造的计量器具公共服务平台成熟度显著增强。

2019年11月6日，荆书典带领大陆股份牵头建成了中国仪表行业首个工业互联网标识解析二级节点（仪表行业应用服务平台）。自此，计量器具终于可以精准地管理起来，经济社会的大数据也有了可追溯性，数字中国建设也向前迈了一大步。

“从秦始皇统一度量衡开始，中国正式进入计量1.0时代；计量2.0时代则是19世纪初到2019年5月20日，以《米制公约》和国际单位制（SI）为代表；计量3.0让国际单位制迈入量子化时代，将使传统计量发生由传统的实验室测量到在线测量，由静态校准到动态实时校准，由单一参数校准到多参数耦合校准，由独立的仪器、设备计量到系统综合计量校准的变化。”作为全国计量行业WTO／TBT通报评议专家及WTO／TBT通报工作协调委员会物联网计量专业组组长的荆书典表示，“计量3.0时代的到来，测量仪器和标准值将发生翻天覆地的变化，希望中国能够建立主导物联网计量的国际标准，让我们这个几千年前就有智慧统一度量衡的民族，在物联网计量时代为世界带来更多中国智慧力量”。

【延伸阅读】新中国的计量发展

计量是实现单位统一、保证量值准确可靠的活动，是科技创新、产业发展、国防建设、民生保障的重要基础，是构建一体化国家战略体系和能力的重要支撑。

1949年，新中国成功接收了来自各地的有关度量衡卷宗和仪器设备，并发布了度量衡器管理制度，开展度量衡器检定工作。

1950年，中央财政委员会技术管理局设立度量衡处。

1952年，为满足生产和科学研究的要求，我国向苏联等国订购了第一批计量基准器、标准器，至此，我国计量事业开始由传统的度量衡开始向近现代计量转变。

1955年1月，国家计量局成立，作为国务院直属机构，这标志着中国计量管理工作开始进入全国统一管理的新阶段。

1955年7月，国家科委将国家计量局内的科研和计量技术业务工作划出，单独成立中国计量科学研究院，负责计量科研和量值传递工作。

1959年，国务院发布了《关于统一计量制度的命令》和《统一公制计量单位名称方案》。自此，长期以来存在的计量单位名称各异、使用计量单位以及计量器具不规范的混乱局面初步得到抑制。

1976年，我国加入米制公约组织，成为当时米制公约组织的44个成员国之一。从此，中国同米制公约成员国在计量业务方面加强了联系，在计量科学方面进一步实现了与国际的接轨。同年，国务院颁布了《中华人民共和国计量管理条例（试行）》。

1984年，国务院发布了《关于在我国统一实行法定计量单位的命令》，法定计量单位以国际单位制为基础，全面吸收了国际计量科学研究的成果。该文件的发布标志着我国计量语言的真正统一，也意味着我国计量单位与国际单位制的接轨有了法律意义上的保障。

1985年，我国颁布了《中华人民共和国计量法》，标志着中国计量工作从行政管理走向法治管理，并逐渐与国际接轨。

2001年，国家质量监督检验检疫总局成立，负责统一管理全国计量工作，计量工作又进入新的历史时期。

2013年，国务院印发《计量发展规划（2013—2020年）》，这是中国历史上首次国家层面出台的计量事业发展中长期规划，也是我国在经济社会发展的重要阶段出台的计量发展专项规划，对全面提升我国的计量整体能力和水平具有重要意义。

2021年12月31日，国务院印发《计量发展规划（2021—2035年）》，全面开启了计量事业发展新征程，推动经济社会高质量发展。

第五节 计量3.0与中国制造2025

荆书典：在国际上，各国对计量工作都非常重视，都把计量产业作为国家支柱产业，同时也作为国际竞争力的重要基础。在西方一些发达的工业国家，计量检测被视为现代工业的支柱之一。据欧盟计量界的测算，他们在计量方面投入一欧元，在产业方面会带来四欧元的产出。而在现代化工业高度发达的德国，计量方面投入一欧元，在产业方面能够有六欧元的产出。

“中国制造2025”的本质是信息化与工业化的深度融合。工厂的智能制造系统在制造过程中能进行智能活动，诸如分析、推理、判断、构思和决策等，通过人与智能机器的合作，扩大、延伸和部分取代技术专家在制造过程中的脑力劳动，把制造自动化扩展到高度的智能化和集成化。在智能化生产过程中，通过专业检测设备检出次品时，不仅能够自动与合格品分流，而且能够通过SPC（统计过程控制）等软件分析出现质量问题的原因。这样的场景我们目前已经看到了雏形，相信在不久的将来会彻底成为现实。其实，在整个过程中，从设计到产品试验，从生产到产品检验，都离不开测量，都需要测量的数据作为支撑。

我国的计量技术机构应该积极参与到“中国制造2025”等国家战略中，结合我国新兴产业、新材料、新技术、新的高端设备的发展，争取能为其提供全产业链、全寿命周期的计量服务。同时也要了解企业在计量方面的需求和遇到的问题，尤其是在创新发展当中遇到的问题，并帮助它们解决问题。

制造业直接体现着一个国家的生产力水平，先进制造业是大国的支柱性产业，是区分国家发展程度的重要因素。然而，传统制造业曾被认为是“夕阳产业”。英国是世界上第一个发生工业革命的国家，有“现代工业革命的摇篮”和“世界工厂”的美誉，制造业曾经给英国带来300多年的经济繁荣。19世纪中叶美国兴起了以大规模生产体系为特征的制造方式变革，使美国迅速崛起，并逐步取代英国而成为世界上最大的工业国。20世纪70年代，美国提出去工业化，紧随其后，20世纪80年代，英国等西方国家也开始推行“去工业化”战略，这些国家的工业企业数量和工业产业比重大幅下降。

由于第三次工业革命的影响，虽然欧美等发达国家仍在工业领域占据技术高位，但普遍的“去工业化”依然使其在汽车、钢铁、消费类电子产品等制造行业的实力逐渐减弱。2008年全球金融危机爆发后，发达国家普遍陷入失业率上升、信贷增长乏力和财政状况恶化的困境，制造业再次成为各国竞争的焦点。为尽快走出金融危机阴影，恢复国内经济增长，降低失业率，美国及欧洲的发达工业化国家在总结和反思金融危机的教训后纷纷实施“再工业化”和“制造业回归”战略，大力发展先进制造业来应对危机。2009年年底美国启动了“再工业化”发展战略；2012年欧盟出台了“新工业革命”战略；2013年德国政府提出了“工业4.0”战略；2013年日本提出了“日本产业重振计划”，通过设备和研发促投重振制造业；2014年英国开展了“高价值制造”战略。2015年5月8日，我国也公布了中国版的“工业4.0”——“中国制造2025”，这是我国实施制造强国战略第一个十年的行动纲领，其要求力争用十年时间，迈入制造强国行列。

目前来看，欧美等发达国家以重振制造业为核心内容的“再工业化”并不是简单的“实业回归”，而是以信息网络、智能制造、新能源和新材料领域的创新技术为核心，是制造业的转型升级。可以说，它们的“再工业化”实际上是在走一条经济转型之路，是力图夺回和保持制造业制高点，推动经济结构和产业结构合理化，推动科技创新、技术创新，创造新的产业，培养世界级人才，为经济和社会长远发展奠定基础。

“中国制造2025”提出要以加快新一代信息技术与制造业深度融合为主线，以推进智能制造为主攻方向，从而实现制造业由大变强的历史跨越。被赋予助力我国工业经济“弯道超车”重任的智能制造，以工业互联网为关键基础设施，以大数据为核心驱动力，将催生出智能化、网络化的生产方式，扁平化、虚拟化的生产组织，以及定制化、服务化的产品，实现全球范围内产业链的互联互通。

随着我国工业互联网与IPv6的深入发展，工业互联网标识解析体系国家顶级节点的全面建成和二级节点平台的建设及广泛应用，推动着我国工业逐步向高端制造转型升级。据国家统计局发布的数据显示，2022年全年我国全部工业增加值401644亿元，比上年增长3.4%，占GDP比重达到33.2%。2022年中国制造业增加值占GDP比重为27.7%，中国制造业规模已经连续13年居世界首位。在世界500种主要工业品中，我国有超过四成产品的产量位居世界第一。

计量被称作工业生产的“眼睛”，也被称为工业生产的“神经”。“没有测量就没有科学”“科技要发展，计量须先行”，这些表明科技进步高度依赖关键计量技术的突破，计量已成为孕育科技创新的“种子”和驱动科技进步的“引擎”。计量贯穿于工业产品设计、研制、试验、生产、使用等各个环节，我国在推动制造业高端化、智能化、绿色化发展过程中，计量的发展显得尤为重要。在工业发达国家，计量检测被认为是现代工业生产的三大支柱之一。

近年来，我国在高铁、核电、载人航天、大飞机等重大工程技术领域取得的突破，也都离不开计量测试技术作为强有力的支撑。国务院印发的《计量发展规划（2021—2035年）》中也提到，计量测试服务能力要基本覆盖重要产业发展领域，支撑先进制造与质量提升，服务高端仪器发展和精密制造，提升航空、航天和海洋领域计量保障能力，服务人工智能与智能制造发展，服务数字中国建设，支撑碳达峰、碳中和目标实现，服务大众健康与安全，提升交通运输计量保障能力。在战略性新兴产业和现代服务业等领域，提供全溯源链、全产业链、全寿命周期并具有前瞻性的计量测试服务，这些将极大促进和有力支撑现代产业体系的构建。

工业互联网时代是以随时随地的精准测量为基础的，这些测量数据是工业大数据的主要来源，是工业大数据的基础数据。高度智能化的制造中，计量的对象可能不是现在常见的一些设备仪器了，我们要面对的可能是智能化、物联网化的在线仪器和设备。这些工业互联网时代的仪器设备所产生的数据将是工业大数据的主流。一个企业，从原材料进厂到制造过程控制，再到产品的出厂检验，给产品赋予了唯一识别编码，部分产品中还要嵌入传感器，都要对其使用过程进行监测，这些过程都要产生大量的数据。

当今时代，大数据已经渗透到每一个行业和业务职能领域，成为重要的生产因素。人们对于海量数据的挖掘和运用，预示着新一波生产率的增长和消费者盈余浪潮的到来。而大数据绝非仅仅是数据量大，大数据的核心问题是挖掘数据背后所能产生的价值。伴随着数字经济时代的到来，计量也在加速步入数字时代，正在发生从“有形”到“无形”的历史性变革。

从单位制看，量子化变革使国际单位制七个基本单位的“有形”实物定义全面退出历史舞台，基于物理常数的“无形”方法定义为计量发展开辟了广阔空间。从测量原理看，随着“传感器＋软件”测量方法的广泛应用，“无形”的算法和“有形”的传感器一样成为决定测量结果准确与否的关键。从计量器具看，智能化、网络化和嵌入式、芯片化成为计量器具发展的方向，越来越多的应用场景中“有形”的传统计量器具已经不复存在，自动测量、校准和传输成为智能化系统平台的标配。在工业制造和交通、电力、环保等领域，计量器具在线联网成为一种趋势，为“无形”的计量数据的采集、流动创造了条件。可以预见，计量数字化转型将是一场重大而深远的变革，有助于计量数据融合、共享和应用，将在全球数字经济健康发展中发挥更大的作用。

第六节 计量3.0时代给我们带来的变化

荆书典： 计量进入3.0时代，也就是量子化时代，以量子物理为基础的自然基准取代实物基准是今后计量的一大发展趋势，它使得在线测量、远程校准成为可能。今后，在线计量校准服务将成为主流。现代计量主管部门大力提倡产业计量也是顺应潮流的一大举措，找准产业计量的切入点非常关键。

首先，日常的校准工作流程会有所改变。检测时，工作人员发出指令，让仪器设备的测试接口进行对接，完成自检后按照设定的检测流程和随机参数（防止单点应对性作弊）开始校准。在这期间，若突然发生一个意外造成校准无法进行，反馈信号会及时传达至工作人员。根据反馈信息，工作人员重新发出指令解决问题，校准过程重新开始。完成检测后，检测数据和报告就会加密上传至服务器，客户经授权登录到客户端也可以查看；甚至VIP客户也可以在异地办公室内，通过网络实时查看实验室的检测状态，同步动态获取实时数据，并对实验数据进行备份，以便后期使用。需要说明的是，这样的校准不是1对1的，而是1对N的。这其中的关键点是保证检测仪器接口的对接和校准过程的自动分析。

其次，智能制造的计量服务对象之一是存在于智能工厂里的数以万计的计量设备仪器、制造机器人等。服务方式由被动维护、固定周期维护、预防性维护向预见性维护发展。那种破坏性小、影响不大的缺陷能够通过智能计量仪器在生产过程中提供的实时诊断信息被及时预见，从而在第一时间得到解决。

例如，在飞机结构全寿命周期的健康监测中，长期可靠、高精度的嵌入式传感测量设备可以高水平综合监测复杂健康指标参数，为飞机维护使用与增寿提供重要技术支撑；多参数集成的新型惯性导航量子传感设备将大幅提升装备的自主导航精度，带来导航方式的深刻变革；另外，航空发动机的复杂多参数监测与试验评价将在高精度嵌入式量子传感器的帮助下，完成长期在线高水平监测与维护，大幅节省校准与重新组装等带来的经济与时间成本。

最后，基于对检测数据的全面分析，既要从前端的数据获取以价值需求为导向制定的数据标准，更要从碎片化的数据中提取有用的信息。通过对历史数据的分析提炼，对各行各业海量的测量数据完成融合和解释后，使用大数据分析技术对其进行分析，从中学到关联规律，发现其中的矛盾，找到平常没有发现的特点，发现的规律往往是大数据小应用。在对海量数据进行分析时，除了传统的数据挖掘存储、分布式计算、统计学技术外，还需根据测量对象本身的性质及应用场合本身的特点获得大致范围，得到有效的分析数据。

更高的测量精度一直是人类孜孜以求的目标。从古代的日晷、水钟，到近代的机械钟，再到现代的石英钟、原子钟，随着时间测量的精度不断提升，通信、导航等技术才得以不断发展，不仅给社会生活带来极大的便利，也为新的科学发现提供了利器。自2019年开始实施新的国际单位定义，从实物计量标准转向量子计量标准后，高精度时间频率的测量和应用就显得尤为重要。原子钟所给出的频率和时间标准是目前测量精度最高的基本物理量。在微波段运行的原子钟已被广泛应用于导航、通信等领域。我国的北斗导航系统、美国的全球定位系统（GPS）等卫星定位系统中，每一颗卫星都载有多台微波段原子钟，通过对信号到达的时间进行精确测量来给出用户定位信息。由于在导航系统中的关键作用，星载原子钟被喻为卫星导航系统的“心脏”。

由于量子精密测量方法上的突破，在光波段运行的原子钟（简称“光钟”）具有更高的精确度与稳定度，有望达到10^{-21}量级（即万亿年的误差不超过1秒）。我国科学家研发的钙离子光钟的不确定度与稳定度均已达到10^{-18}量级，新一代时间测量与传递技术将为未来引力波探测、暗物质探测等物理学基本原理检验提供新方法。同时，对光信号的高精度相位控制与测量也会极大地提升未来星地一体量子通信网络的信息传递速度。

近年来，我国在量子精密测量方面不断追赶国际先进水平，技术突飞猛进，成果斐然。譬如，在原子钟、量子陀螺仪等方面的关键技术已经接近国际先进水平；在量子雷达、痕量原子示踪、弱磁场测量等方面已经达到国际先进水平，并取得了一批国际领先的成果。随着研究水平的不断提升和核心竞争力的进一步增强，我国量子精密测量领域将在科学研究、经济生活和国家安全等重大战略需求中发挥重要作用。

大数据是一座金矿，但是没有挖掘出来就是废铁一堆。计量3.0时代就是要加强对多源数据的多维度关联、评估及预测，及时发现问题，在产品全生命周期内实现最优服务。

大陆通工业互联网仪表平台不仅包括仪器仪表设备的管理、监控、维修、保养等功能，还涵盖了数据的采集、处理、分析和展示等功能，是计量3.0时代的有力平台支撑。计量3.0时代要求仪器仪表产品的标识在工业互联网上能识别，工业互联网仪表平台不仅能为仪器仪表赋予唯一识别编码，还依靠其强大的标识解析体系支撑工业互联网的互联互通。万物互联的计量3.0对于支撑构筑制造业和数字经济高质量发展的现代工业产业体系、支撑我国智能制造产业质量的全面提升将发挥重要作用。

【延伸阅读】计量文化

追溯计量单位制度的源头，说到底还是人们彼此沟通、减少误解的需要——日常使用的习惯单位以方便为第一原则，因此不需要很高的精度。虽然国际单位制越来越精确，但在日常生活中，“习惯单位”依旧占据主导地位。虽然大多数国家都采用米制作为标准单位，但美国、缅甸和利比里亚至今未官方推行米制。在英国，米制是官方度量系统，但日常生活中人们还是会频繁使用英制。至于中国几千年流传下来的尺、寸、分，以及民国时期定义的斤、两等“市制”，也没有因为国际单位制而出现消亡的迹象。

1. 身体的计量文化

（1）掬手成升：掬手成升，即用手来测量。两手合盛是掬，一只手盛的是“溢”。人们采用“掬手成升”的原始计量方法使生活中的商品交易等变得有据可依。

《小尔雅·广量》曰“掬四谓之豆”，即4掬等于1豆；《左传·昭公三年》载“四升为豆”，即4升等于1豆。

“掬手成升”在早期社会中确实为物品交换提供了一定的容量量值标准，但是现在看来，这个原始的标准是非常不准确的。人手的大小随着身体差异而不同，这会直接影响所“掬”容量的多少，故“掬手”所成的“升”差异很大。

（2）举足为跬：如何测量田地对于古代农业生活来说至关重要，于是古人发明了以步为依据的测量方法。先秦时商鞅规定“举足为跬，倍跬为步”，即单脚迈出一次为“跬”，双脚相继迈出为“步”。跬是早期社会中土地面积测量的最小单位。秦代曾规定“六尺为步”，相当于现在的1.4米，古语“不积跬步，无以至千里”便是从此而来。

（3）布手知尺：《孔子家语》载“布指知寸，布手知尺，舒肘知寻，斯不远之则也”，大意是：中指节上一横纹叫一寸，拇指同中指一叉相距为一尺，两臂伸长叫一寻。

咱们的祖先最早拿什么东西测量呢？最直接、简单的办法就是人的身体。不过“布手知尺”限于男子，女子的手小怎么办呢？古代人规定女人拇指指尖到食指指尖的长度为“咫尺”。

2. 成语里的计量文化

（1）“斤斤计较”：这是一个与重量（质量）有关的成语，它出自《诗经 · 周颂 · 执竞》：“自彼成康，奄有四方，斤斤其明”。这是一首赞扬武王和成康之治的诗，意思是“从成康时代起，拥有天下占四方，英明善察好眼光”，这里的“斤斤”形容明察。虽然这个成语后来被引申为对无关紧要的事过分计较，但无论从原始释义还是从计量角度看，“斤斤计较”无疑都有其正面含义，强调做事要严谨、细致。

（2）“分秒必争”：这是一个与时间有关的成语，意思是一分一秒也一定要争取，形容要抓紧时间。成语出自《晋书 · 陶侃传》：“常语人曰：‘大禹圣者，乃惜寸阴，至于众人，当惜分阴。’”意即大禹作为圣人都要珍惜一寸光阴，我们作为普通人，要更加珍惜时间，强调了时间观念、竞争意识、忧患意识。

（3）“尺有所短，寸有所长”：这是一个与长度有关的成语，比喻各有长处，也各有短处，彼此都有可取之处。成语出自屈原的《卜居》：“夫尺有所短，寸有所长，物有所不足，智有所不明，数有所不逮，神有所不通。”意思是说，在度量衡上尺要大于寸，尺比寸长；但若是尺跟里比，自然就显得短了；寸比尺短，但寸跟毫厘比，那自然也就显得长了。因此，世上没有绝对的东西，标准不同，结果也就不同。“尺有所短”说明再厉害的人也会有不足之处；“寸有所长”则是提醒人们要善于发现自己的优点，不能因为有短处而妄自菲薄。

（4）“失之毫厘，谬以千里”：成语出自《礼记·经解》：“《易》曰：‘君子慎始，差若毫厘，谬以千里’。”意思是说，开始稍微有一点差错，结果会造成很大的错误。这是一个包含着计量哲学理念的成语，有两方面的启示：一是不能犯方向性的错误，否则越走离目标越远；二是小错误的累加，最终可能会形成致命的大错误。

由此可见，计量文化就在我们身边，它不仅一直是中国传统文化的重要组成部分，并且还将继续影响我们社会生活的各个方面。计量文化学是文化学与数学、计算机科学的交叉学科，计量文化学的应用和发展对文化学研究的现代化有着十分重要的意义。

书典观察：

生产力决定生产关系，生产关系反作用于生产力。生产力和生产关系的这种矛盾运动循环往复，不断推动着社会生产发展，而技术革命推动产业变革，进而实现经济社会的加速转型和深刻变革。

18世纪从英国发起的技术革命是技术发展史上的一次巨大革命，它不仅是一次技术改革，更是一场深刻的社会变革，标志着人类从手工业时代进入了机械工业时代，开创了以机器代替手工劳动的先河。19世纪70年代到20世纪初，以电能的突破、广泛应用以及内燃机的出现为标志的第二次技术革命，推动了电力、电子、化学、汽车、航空等技术和资本密集型产业的兴起，标志着人类由蒸汽时代进入电气时代，社会生产力得到了极大提高。从20世纪40—50年代以来，原子能、电子计算机、微电子技术、航天技术、分子生物学和遗传工程等领域取得重大突破，标志着第三次技术革命的诞生，它催生了一大批新型工业，第三产业迅速发展。最具划时代意义的是电子计算机的迅速发展和互联网的广泛运用，开辟了信息时代，产业升级路径也从“劳动密集型”升级到“技术密集型”。近几十年来，特别是人类迈入21世纪以来，大数据、人工智能、量子信息、虚拟现实、生物技术、5G等技术实现突破和发展，新一轮科技革命和产业变革孕育兴起，催生了大量新产业、新业态、新商业模式，给全球发展和人类生产生活带来了翻天覆地的变化，一个新的数字经济时代已经到来。

第五章·数字中国助力实现中国式现代化[①]

荆书典：加快建设网络强国、数字中国是顺应信息革命大势的战略选择。党的十八大以来，中国把握新一轮科技革命和产业变革趋势，牢牢抓住全球信息化发展与数字化转型的重大历史机遇，高度重视、全面布局、统筹推进网络强国、数字中国建设。党的二十大擘画了全面建设社会主义现代化强国、以中国式现代化全面推进中华民族伟大复兴的宏伟蓝图，明确了新时代新征程上党和国家事业发展的目标任务，特别是高度重视信息化、数字化发展，就加快建设网络强国、数字中国提出了一系列新要求，作出了一系列新部署。

第一节 数字化的三个阶段

2019年10月，党的十九届四中全会将数据与土地、劳动力、资本、技术并列，首次明确将数据作为重要生产要素。2020年4月，中共中央、国务院发布的《关于构建更加完善的要素市场化配置体制机制的意见》中正式将数据作为生产要素单独列出，成为社会经济生产活动所需要的基本资源之一。《中华人民共和国国民经济和社会发展第十四个五年规划和2035年远景目标纲要》中提出，要以数字化转型整体驱动生产方式、生活方式

①本章参与编写人员：李少敏。

和治理方式变革，将数字化转型作为当前整个社会的发展建设重点。如今，数字经济已成为中国经济发展的重要引擎，数字科技革命正带来产业变革的新机遇，原有产业、城市能否借助工业互联网实现“弯道超车”，塑造发展新引擎，推动新型工业化，实现更高质量的绿色低碳发展，无论对于企业抑或城市，既是良机更是考验。

要了解数字化转型，就要了解“数字化”大致经历的三个阶段：信息化阶段、数字化阶段、智慧化阶段。

一、第一阶段：信息化阶段

信息化延续工业化的发展，提高效率，支撑企业更大规模的发展。信息化是指将物理世界的信息和数据转换为由两个基本字符“0”和“1”组成的二进制代码并录入信息系统，将线下的流程和数据迁移到电脑上进行处理，以此提高效率、降低成本并提升可靠性。通过信息化，我们把一个客户、一件商品、一条业务规则、一段业务处理流程，以数据的形式录入到信息系统中，把物理世界的信息转变成数字世界的结构性描述。由此可见，信息化阶段具有以下三大核心特点：

第一，从应用的广度上看，信息化的首要目的是支持业务信息流转，确保上下游能够高效协同，记录关键数据以驱动业务。信息化主要是单个部门的应用，很少有跨部门的整合与集成。信息化只能实现部分流程、部分信息和数据的线上化，其价值也主要表现在局部有限的管理和效率提升。

第二，从应用的深度上看，信息化只是将线下的流程和数据搬到了线上，并不涉及对流程的重构和对数据的打通及资产化处理。业务从原有的线下单据记录和流转，转向线上记录和流转，各节点的信息传递因为信息化而变得更加高效、准确，从而更加高效地驱动了流程，支撑更加复杂的流程和更大规模的业务。在信息化时代，企业内部各部门之间、企业与企业之间、企业与社会之间都没有建立连接。流程还是那些流程，数据也还是那些数据，它们分散地存储在不同的系统中，只是借助信息技术有限提升了存储、处理、传递的效率和可靠性，难以真正发挥出数据的价值。所以，在信息化阶段，首要目的是支撑业务流转，数据只是“副产品”。

第三，从思维模式上看，信息化优化了流程，但是没有改变流程。由于信息化需要对业务流程进行梳理，很多企业顺势也做了BPR等业务流程优化重组等事情，优化了业务流程和效率。但是信息化还是线下的流程化思维，是为了高效地、严格地、没有纰漏地对线下物理世界的活动进行管控。在信息化时代，流程是核心，信息系统是工具，而数据则是信息系统的“副产品”。

信息化大多是将传统业务交由信息系统来管理，即将业务从线下搬到线上，信息技术对业务起着提升效率的作用。在信息技术与产品融合方面，信息技术只是产品设计的辅助工具，即计算机辅助设计（CAD）和计算机辅助工程（CAE）。

二、第二阶段：数字化阶段

随着互联网的普及和应用，互联网开始向传统行业渗透，传统行业也开始主动拥抱互联网，于是“互联网＋”和“＋互联网”两个概念应运而生，数字化的概念也有了狭义和广义之分。

狭义的数字化是指利用信息系统、各类传感器、机器视觉等信息通信技术，将物理世界中复杂多变的数据、信息、知识转变为一系列二进制代码，引入计算机内部，形成可识别、可存储、可计算的数字、数据，再以这些数字、数据建立起相关的数据模型，进行统一处理、分析、应用，这就是数字化的基本过程。

广义的数字化则是利用互联网、大数据、区块链、人工智能等新一代信息技术，对企业、政府等各类主体的战略、架构、运营、管理、生产、营销等各个层面，进行系统性的、全面的变革，强调的是数字技术对整个组织的重塑，数字技术能力不再只是单纯解决降本增效问题，而成为赋能模式创新和业务突破的核心力量。

在数字化阶段，组织、企业都是基于数字化运营的，数字技术在现有业务流程中的应用对组织企业形式、企业业务生态，乃至整个社会分工、产业链带来了冲击，促进了社会资源、产业融合的重构及新业务的出现，这也是这个阶段的主要表现。与信息化相对应，数字化的核心特点有以下几个方面：

第一，从应用的广度上看，数字化不是一个部门、一个流程、一个系统的变革，而是在企业整个业务流程中进行数字化的打通，会牵扯到企业所有组织、所有流程、所有业务、所有资源、所有产品、所有数据、所有系统，甚至会影响上下游产业链生态。

第二，从应用的深度上看，数字化为企业带来了从商业模式、运营管理模式到业务流程、管理流程的全面创新和重塑。相比信息化的横向的流程平台建设，数字化更加强调纵向分析思考，更加强调对大数据、人工智能等数字化技术的深度使用。数字化打破了部门壁垒、数据壁垒，延伸到上下游产业链，实现跨部门、跨单位的系统互通、数据互联。在数字化时代，数据被全线打通融合并形成数字资产，赋能业务、运营、决策。

第三，从思维模式上看，数字化的底层逻辑是从数据中挖掘价值，推动数据参与决策，让数据来驱动业务。如果说信息化时代是以流程为核心，那么数字化时代一定是以数据为中心。在数字化时代，企业的思维模式应从流程驱动转向数据驱动。数据是物理世界在数字化世界中的投影，是一切的基础，而流程和系统则是产生数据的过程和工具。

数字化并不是对信息化的推倒重来，而是要基于对企业以往信息系统的整合优化，提升管理和运营水平，用新的技术手段提升企业的技术能力，以支撑企业满足数字化转型的新要求。

三、第三阶段：智慧化阶段

智慧化是指事物在网络、大数据、物联网和人工智能等技术的支持下，所具有的能满足人的各种需求的属性。智慧化有两方面的含义：一是采用“人工智能”的理论、方法和技术处理信息与问题；二是具有“拟人智能”的特性或功能，例如自适应、自校正、自协调、自诊断及自修复等。“智慧化”已经成为工业控制和自动化领域的各种新技术、新方法及新产品的发展趋势和显著标志。大陆股份的荆书典董事长将此阶段称为信息化时代的数字化，其也有以下三个特点：

第一，从技术层面看，无论是信息化阶段，还是数字化阶段、智慧化阶段，都是把物理世界的产品、流程、数据变成计算机世界的“0／1”二进制代码。现在的智慧化阶段虽然有了一个突破性的变化，以大数据、人工智能、物联网为核心的新一代技术把信息化和数字化的范围和深度做了革命性的变化，然而其把模拟量变成数字量的本质没有改变。

第二，从应用层面看，信息化到数字化再到智慧化，互联网、物联网在人与人、人与物、物与物之间建立了更为广泛、深入的连接，基于这些连接，让企业内外所有资源和全业务流程都与互联网技术产生真正的交互，并对内外数据的交互做分析和处理，进而改变传统的商业运作模式。智慧化阶段最终要实现业务在数字世界的开展，实现业务的数字化，使得企业能在一个数字化的商业环境中发展出新的业务、创新商业模式。也就是说，智慧化阶段的数字化会通过数字技术改变原有的业务流程、经营模式，包括研发模式、生产模式、营销模式、决策模式等。归根结底，这个阶段的数字化只是一个技术路线。

第三，从思维模式上看，社会的发展是新事物和旧事物交织融合的过程，计算机的应用推动了信息化的发展，计算机技术等电子信息技术的全面发展和进步将人们带入数字信息化时代，信息技术的进一步发展将人类带入信息数字化时代。在这个时代，数字技术将更加广泛地应用于各个领域，包括生产、服务、文化娱乐等方面，人们的生活方式、工作方式、社交方式等方面都将发生深刻的变化。伴随着基于IPv6的工业互联网的发展和应用，人类将进入一个全新的数字化时代。

第二节 两个数字化

荆书典：第一个“数字化”是信息化时代的数字化。这个数字化正是目前我们所经历的阶段，即通过数字化技术把模拟量变成数字量，变成能够让计算机所认识的“0／1”这种二进制代码，进而实现人与计算机的交互。不论是我们现在所说的元宇宙，还是AR、VR、MR，都是把物理对象变成三维的，通过数字化的手段展现在网络里面。MR甚至可以实现在新的可视化虚拟环境里，让物理对象和数字对象共存并实时互动。

第二个“数字化”是新型的数字化。这种新型数字化最重要，也是最基础的要素就是标识（ID）。标识（ID）是数字空间实现互通的基础资源、设施与服务，ID用来表示对象的唯一性，每个对象都有唯一的ID，就像是每个人的身份证号一样，标识系统是数字空间中最基础的体系。在新型数字化时代，不管是物理世界的转化对象还是转化的过程、方法和转化的结果，都会被赋予一个数字化的ID，为它们确定一个唯一的身份。这样，在基于IPv6的新的网络里，基于标识解析体系，所有对象都有唯一识别编码，记录对象的相关信息。

未来，给全社会要素一个唯一的ID，让技术转化的对象进入基于IPv6的新的网络里，确定它们的唯一身份，在虚拟空间中完成映射，从而反映相对应的转化对象的全生命周期过程。

新型数字化可以把转化对象变成一个数字化的产品，可以实现将物理实体或者是虚拟的数据等进入网络的对象变成生产要素，变成一个产品，这样就可以像股票一样交易。

以碳排放交易为例：碳市场交易中的碳数据核算难、碳数据造假等问题频出，如何实现碳数据精准量化、可追溯、能认证变得至关重要。新型数字化时代，首先要对能源采集的量实现可追溯，要对测量这些数据的仪器仪表赋予唯一识别编码，然后由工业互联网仪表平台进行记录。这些记录也被称为“碳足迹”，包括被测量的对象是谁，是哪台设备上的耗能量，是从什么时间段到什么时间段产生的量，量值有多大，等等。最后，对记录了这些属性特征的数据体再赋予一个标识代码，它就变成了数字产品。经过认证后，它就变成了可交易的、可追溯的数据产品。

将来，如果把众多的社会要素都给予一个唯一的标识，使它们数字化，有了标识的这些数字化的个体或者集合体就可以变成数字化产品，变成可交易的资产，就可以参与社会经济活动了。这个数字化的产品参与经济活动，增加了经济要素和经济增量，拉动社会发展，也就会引领、推动数字经济时代的发展。

一、从技术层面看新型数字化

从信息化时代的数字化到新型数字化，其背后是三种底层技术（各种智能终端、中央信息处理功能以及互联网）的广泛应用。

首先，各种智能终端包括手机、可穿戴设备、传感器和应用程序。这些设备可以自动产生和传输信息，比如，当我们用手机定位系统时，手机会自动向系统发送位置信息；当我们使用支付软件时，手机会自动向系统提供我们的信用信息等。个体不仅是信息的消费者，也是信息的生产者，这样就可以产生海量的数据信息，为大数据提供基础。

其次，中央信息处理功能的升级，主要体现为人工智能、大数据和云计算的广泛应用。在信息时代，数据处理是由一台计算机完成的，但互联网可以把计算能力集中在一起，通过网络向每个终端输出计算能力。终端只需要具备简单的处理和展示功能即可。

最后，互联网的升级。从有线互联网到无线互联网，摆脱了物理空间的限制，从3G到4G再到5G，网速越来越快，同时接入的设备也越来越多，响应时间越来越短，尤其是网络从IPv4升级到IPv6，智能驾驶、工业互联网等变得越来越成熟和普及。

二、从应用层面看新型数字化

新型数字化是把人们带入一个万物互联、万物智联的时代，是一切业务数据化、一切数据业务化的时代，是供应链、制造业和服务业的全面数字化，是人类全面进入工业互联网的时代。过去我们看一家企业的规模，我们看它的用电量，看它的员工数量，今后我们就要看它的数据使用量，看它动用了多少工业互联网的数据，看这些数据在多大程度上驱动了生产、驱动了管理、驱动了市场。过去制造业的投入是在设备上的投入、流水线上的投入、员工工资上的投入，现在是在数字化流程的改造、数字技术和人才上的投入，是在产品的数字化改造上进行投入。

在汽车行业，“汽车制造＋工业互联网”可以实现从传统大规模制造到以用户为中心的大规模定制的升级。一部汽车从下单到生产，可以简单透视工业互联网为汽车产业带来的制造升级和用户体验提升。在消费端，用户可以通过工业互联网平台定制并下单自己想要的汽车，定制内容包含汽车的外观颜色、内饰配置、车辆动力学配置等；在生产端，汽车企业接单后，经过联网的设计转化、计划系统、物料采购到达生产系统，智能生产线上的机器人将根据生产指令完成切割、冲压、涂装、组装、质量检测的作业流程，最后通过快速透明的物流将汽车运至消费者。

中国是出口大国，数字化跨境业务已经迅速蓬勃发展了起来。未来的跨境贸易也是建立在全球支付、全球物流还有数字化通关的新的基础设施之上，不是跨国公司和集装箱，而是中小企业和小包裹。过去天上飞的以客机为主，未来很可能大部分都是货机。

荆书典：新型数字化会真正撬动中国的内需，我们国家14亿人口的内需远远没有被发掘，数字技术的发展会让中国内需进入一个全新的阶段，未来中国14亿人口的内需会推动世界经济继续向前发展。内需消费不仅仅是富人的消费，低收入人群的消费才是实实在在可持续的内需力量，互联网的数字经济正在凝聚着这种强大的内需力量。中国的三、四、五线城市有巨大的市场和潜力，我们要争取找到300个100万人口的城市，100个300万人口的城市，这些城市的数字基础设施的改造、数字消费的发展，就是撬动下一波经济发展的发动机。因为数字技术，未来制造业有很多岗位肯定会被机器取代，将来创造就业的主力不会是制造业，而是数字时代的服务业。

三、数字化给我们带来的思考

近些年来，以云计算、工业互联网、大数据、智能化设备等先进技术为核心引擎的数字化革命席卷全球，数字产业化和产业数字化驱动着数字经济滚滚向前，数字政府、智慧城市、智慧农业、黑灯工厂（又称“智慧工厂”）等数十种数字应用场景已经由梦想变为现实。一度是全网热点话题的ChatGPT更是引发了“未来我的行业会不会被AI取代”的思考。新兴技术的进步在创造新的就业机会的同时，也可能造成了更多的行业、岗位的消失和人员的失业。

在未来的30年，可能会有许多工作岗位被数字化和人工智能取代，特别是那些重复性与标准化的操作劳动，很有可能会被大量替代。例如，汽车驾驶、食品加工、物流、行政职能、金融和法律服务等行业都将面临较大的替代风险，而未来新兴的职业则集中在数据分析师和客户体验专家、遥控交通工具操作员、帮助人们浏览和应用监控信息与技术的个性化保健助手和网上监护人等。世界经济论坛的研究报告预测，到2025年，未来职场中人与机器的工作时长各占50%。机器和人工智能在职场中逐步取代人类已是大势所趋。

首先，我们可以看到人工智能的快速发展和应用，这让我们意识到技术进步的速度和潜力是惊人的。其次，ChatGPT的普及也让我们看到了机器智能在一些领域的应用，从而启发我们思考如何更好地利用和发展这些技术，为人类的生活和发展带来更多的便利和益处。最后，ChatGPT的普及也引发了一些讨论，例如机器智能是否会取代人类的一些职业，这也促使我们思考人与机器之间的合作和共存方式。总之，ChatGPT的出现为我们提供了一个思考人工智能和人类关系的契机，也为我们未来的发展提供了一些思路和方向。

苹果公司CEO库克曾说："我并不担心机器会像人一样思考，但我担心人像机器一样思考。"人的发展是目的，技术是促进人更好发展的手段，人工智能不可能替代教师个性化的教学设计和生成性的教学实施以及学生主体有意识、有情感的学习。人类希望通过科学技术的进步，实现自己的愿望和梦想。然而，这也需要人类对于未来的思考和展望，更多地考虑自身的未来发展方向，以及与其他生命形态的共存和发展。

新型数字化也重塑和改变了技术公司和行业公司的关系。它们之间不再是过去简单的买卖关系，企业的数字化是不可能依靠一个外部的技术公司实现的，技术公司起到的作用只能是为公司提供更好的实现手段，但是真正的企业数字化涉及企业自身的业务发展战略，企业的商业模式、组织机制、人才结构、技术工具、企业文化等诸多方面。企业在数字化建设过程中，为满足多元化的业务需求，会部署多种信息系统。这些系统对每个零部件、机器设备、产品的命名不同，并且系统与系统之间形成了多个信息孤岛。大部分企业目前都存在"看不懂、管不了、查不到、连不上、用不了"的痛点，如编码方式不统一，上下游数据不互通；企业间无法实现数据交互，协同制造需求和计划不匹配；企业间编码方式不同，存在重复编码等诸多问题。

荆书典：接入工业互联网标识解析二级节点是企业数字化转型的关键支撑，这样企业可以实现全要素、全过程、全产业链的追溯。给每一个零部件、机器装备赋予一个唯一的数字身份后，通过标识解析体系实现各个系统之间的互联互通，企业的数据才能汇聚在一起成为有效的数据资产，指导企业的发展决策。

【延伸阅读】与数字化相关的技术

1.人工智能

用一句话理解就是，人工智能的主要目标是使机器能够胜任一些通常需要人类智能才能完成的复杂工作。它是一门跨学科的科学，如机器学习、计算机视觉等科学和技术，还涉及心理学和哲学等人文学科。该领域的研究包括机器人、语言识别、图像识别、自然语言处理和专家系统等。

2.云计算

云计算就是把各种计算资源集合起来，通过软件实现自动化管理，只需要很少的人参与，就能让资源被快速提供，也就是说，计算能力作为一种商品，可以在互联网上流通，就像水、电、煤一样，可以方便地按需取用，且价格较为低廉。

3.大数据

麦肯锡全球研究院（MGI）给出的定义是：大数据是一种规模大到在获取、存储、管理和分析方面大大超出了传统数据库软件工具能力范围的数据集合，具有海量的数据规模、快速的数据流转、多样的数据类型和价值密度低四大特征。

4. 5G

5G即第五代移动通信技术，是4G、3G、2G的延伸，有传输速度更快、时滞更短（接口延时在1毫秒左右）、容量更大、系统协同化和智能化水平提升等特点，主要的应用场景如车联网和自动驾驶、外科远程手术、VR游戏、物联网等。

5. 物联网

物联网即“万物相连的互联网”，是在互联网的基础上延伸和扩展的网络，是将各种信息传感设备与互联网结合起来形成一个巨大的网络，实现在任何时间、任何地点，人、机、物的互联互通。

物联网通过视频识别、红外感应器、全球定位系统、激光扫描器等信息传感设备，按约定的协议，把任何物品和互联网相连接，进行信息交换和通信，以实现对物品的智能识别、定位、跟踪、监控和管理。

6. 区块链

区块链本质是一个去中心化的数据库，同时作为比特币的底层技术，是一系列使用密码学方法相关联产生的数据块，每个数据块都包含了一批次比特币网络交易的信息，用于验证其信息的有效性（防伪）和生成下一个区块。区块链是分布式数据存储、点对点传输、共识传输、共识机制、加密算法等计算机技术的新型应用模式。

7. 星火·链网

“星火·链网”是在工业和信息化部的指导与支持下，由中国信通院牵头建设的区块链新型基础设施，以产业数字化转型升级为主要场景，以网络标识这一数字化关键资源为突破口，推动区块链的应用发展，实现新基建的引擎作用。“链”指的是区块链，作为信任机器，区块链提供了一种安全、高效、可信的技术方法，为解决机构与机构、人与人、设备与设备之间的高效协作问题带来机遇；“网”指的是互联网和工业互联网，是采用树状层次化治理架构搭建的国家顶级节点网络标识解析体系，为万物互联提供解决方案，同时也存在一定的安全可信风险。因此，链（区块链）、网（互联网、工业互联网）协同势在必行。加快区块链与互联网、工业互联网深度融合，有利于实体经济“降成本”“提效率”，构建诚信产业环境，推动我国经济体系实现技术变革、组织变革和效率变革。

第三节 数字化转型

荆书典：真正的数字化转型就是由信息化时代的数字化阶段转到新型的数字化阶段。在新型的数字化阶段，人们通过标识解析体系为物理实物（比如设备、产品）及虚拟实体（比如工序、流程）赋予唯一识别编码（ID），它们统称为“数字对象”。在新的网络里，通过标识解析，数字对象能够相互找到、相互信任，使“身份”有意义，进而实现万物互联、万物智联。

在数字化时代，数字技术早已融入我们周围的一切，所以数字化体验的质量将成为关键因素。用户体验是数字化战略的关键要素，通过数字化技术让生态循环更顺畅，让普通老百姓的体验更好，这一点对于每个人来说都非常重要，以至于我们难以容忍不可靠或不佳的数字化体验。

一、工业互联网是产业数字化转型的关键

数字经济事关国家发展大局，产业数字化是数字经济发展的重要特征。习近平总书记指出，发展数字经济意义重大，是把握新一轮科技革命和产业变革新机遇的战略选择；要把握数字化、网络化、智能化方向，推

动制造业、服务业、农业等产业数字化，利用互联网新技术对传统产业进行全方位、全链条的改造，提高全要素生产率，发挥数字技术对经济发展的放大、叠加、倍增作用。加快推进产业数字化，以数字技术赋能产业转型升级，对实现传统产业与数字技术深度融合发展，促进我国产业迈向中高端，具有十分重大的意义。

在数字化转型的大趋势下，工业互联网已经成为推动制造业高质量发展的重要手段、产业数字化转型的重要方向和关键支撑。通过数字化技术和互联网平台的应用，可以实现对制造过程的实时监控、数据采集和分析，从而优化生产流程、提高产品质量、降低生产成本，提高企业的核心竞争力。

当前，世界之变、时代之变、历史之变正以前所未有的方式展开。在世界百年未有之大变局的时代背景下，国内外发展环境发生了深刻变化。虽然我国经济发展稳步向前，构建新发展格局也已经迈出了新步伐，但不可否认的是，我国经济发展也正面临着需求收缩、供给冲击、预期转弱等方面的重大挑战。推进传统产业的数字化改造，以数字技术赋能产业转型升级，不仅将创造新的投资和就业机会，有效拓展国内需求，还将推动技术创新和产业变革，拓展生产可能性边界，有效对冲劳动力成本上升，提高生产效率和企业的盈利水平，形成更多新的增长点和增长极，为高质量发展开辟新空间。工业互联网作为推动产业数字化转型和智能化升级的重要支撑和关键技术手段，不仅能够优化生产流程，提高生产效率和品质，还可以实现智能制造，提高生产管理和控制水平，拓展数字化产业服务，提高产业附加值。通过工业互联网的应用，企业可以更加有效地管理和控制生产过程，提高产品的质量和效率，同时也可以降低生产成本，提高企业的竞争力和市场占有率。

二、工业互联网在产业数字化转型中的作用

（1）优化生产流程，提高生产效率和品质。推进传统产业的数字化转型，既可以通过推动人岗匹配、提供智能工具和技术等提高劳动生产率，又可以通过提高信息的准确性以及收集、处理、分析效率，合理进行产业时空布局，提高资本生产率，还可以通过激发创新提高全要素生产率。在工业互联网的应用中，通过传感器和互联网技术的联动，可以实现对生产设备和流程的实时监控和数据采集，形成全局性的数据分析和优化。这种方式可以帮助企业发现和解决生产过程中的问题，提高生产效率和品质，从而降低生产成本，提高企业的核心竞争力。

（2）实现智能制造，提高生产管理和控制水平。工业互联网可以帮助企业实现智能制造，通过物联网、云计算、大数据和人工智能等技术，形成数字化的生产平台和智能化的管理体系，实现对制造全过程的可视化、智能化和优化管理。工业互联网的应用可以将生产线上的各个设备、传感器、控制器等连接起来，形成一个巨大的信息网络，实现生产数据的实时采集、分析和共享。这样一来，企业管理者可以随时随地监控生产线的运行状态和产品质量，及时调整生产计划和流程，提高生产效率和产品质量。这种方式可以提高生产管理和控制水平，降低生产过程的人为干预和错误率，提高产品的品质和工艺水平，从而增强企业的市场竞争力。

（3）拓展数字化产业服务，提高产业附加值。工业互联网可以通过数字化技术和互联网平台，拓展产业服务领域，实现对生产过程的优化和智能化服务。通过数字化转型和智能化升级，企业可以更好地适应市场变化和消费者需求，可以拓展消费可能性边界，创造出新的消费场景、消费模式和服务种类，使消费者的认知和观念发生变化，提振消费意愿、丰富消费选择，激发潜在的消费需求，引导和促进新的消费；还可以提高产品质量和服务水平，从而增强企业的核心竞争力和市场影响力。同时，数字

化服务也可以为企业带来更多的产业附加值和经济效益，不仅能够拉动新领域、新部门的投资，而且能带动传统领域和部门的投资。此外，推进产业数字化有利于广泛使用数字技术、数据全面循环和流通，不仅使传统产业之间的技术关联更加紧密，还能推动产业之间的供需关联，从上下游分别延伸产业链。

（4）催生新产业、新业态、新模式。随着工业互联网标识解析体系国家顶级节点和国家工业互联网大数据中心的全面建成，平台化设计、网络化协同、服务化延伸等新模式不断涌现，推动转型方式从单点应用向综合集成转型，从生产外围环节向高价值的环节延伸。随着数字技术的发展和数字化改造的推进，出现了大量新兴产业。例如，数字技术与生物科学领域融合，创造出生物芯片产业；数字技术与医疗领域结合，衍生出新医疗科技产业，使就医方式、就医体验等得到了极大改善；数字技术与能源领域融合，发展出能源互联网技术，有利于优化能源消费结构，推动绿色发展。同样，数字技术与其他领域的融合能够创造出各种新产业、新业态、新模式，引发多领域、多层次、系统性变革。

（5）工业互联网平台成为产业数字化的重要载体。产业数字化转型中的核心问题是，实现物理世界和数字世界的连接；打破数据孤岛，促进数据融合；实现传统数据处理中心云化；解决在海量数据库中挖掘有价值数据的问题等。工业互联网标识解析体系是工业互联网新型基础设施的重要组成部分，是实现工业数据流通、信息交互的关键枢纽，是推动产业数字化转型升级的重要驱动力，基于标识解析体系的工业互联网平台具有更为精确的信息匹配能力、更为高效的运作效率和更为快速的信息反馈能力，在数字化改造中扮演着助推器和加速器的角色。特别是工业互联网平台的技术研发、技术应用、技术共享和培育产业等功能，推进了企业技术、人力、资本和数据等要素的全面联通和优化配置，促进服务链、技术链、数据链和资金链上下游更加协同，有利于加快产业数字化转型。

【延伸阅读】

在数字化转型浪潮下，一些传统领域以新一代信息技术为依托，主动打破固有模式，转变服务方式，从传统信息化迈向数字化阶段，业务质效得到显著提升。

（一）生活服务之“出行”

以租车出行为例，传统出租车行业应用了出租车管理系统、车辆调度系统等信息化系统。这些系统为现实世界的出租车运营提供信息服务，提升了运营效率，但没有改变出租车运营模式，这些是传统意义上的信息化。

现在的网约车实现了革新：一方面，网约车平台的运转依托用户画像、派单算法、反欺诈模型等一系列数字技术的支撑，不再是简单的业务线上化实现；另一方面，网约车运营模式也与传统出租车完全不同，平台从原来出租车公司收取“份子钱”的车辆租用模式变为通过提供线上司乘服务抽取佣金的有偿服务模式，打车方式从路边招手变为软件约车，司乘供需可以在线上精准匹配，大幅提升了出行效率，用车价格也可以根据流量、路况进行动态调整，用车模式被重新定义，这就是数字化。

（二）生活服务之“找房”

以房产中介为例，链家地产很早就建立了房产网络营销平台“链家在线”，可以在线发布房源信息，通过城市地图展现房产周边配套资源，客户可以根据个性化需求在线找房并在线联络房产经纪人。“链家在线”平台提升了房产中介业务运营效率，但只是对现实业务的部分线上化，没有改变运营模式，这就是传统信息化。

由链家地产转型的“贝壳找房”则是传统企业数字化转型的经典案例。作为链家地产的数字化双生业务，“贝壳找房”对传统房产中介业务进行了数字化改造。一方面，深化数据治理，构建“楼盘字典”。针对房产中介经营的核心数据“楼宇主信息”，构建了7级门址管理，覆盖400多个字段的主数据规范，通过主数据标准约束构建了一整套房屋主数据信息，实现了“活数据”“动态库”对真房源的支撑，形成“贝壳找房”数字化体系的数据底座。另一方面，“贝壳找房”的中介业务数字化变革不是简单的业务流程线上化，而是业务流程再造、组织运营重构的一整套机制，将复杂漫长的房产交易链条精细化镜像到数字空间并重塑流程。一次交易，从发现和录入房源到上门量房绘图拍照、发现和录入客户、带客户看房、谈判撮合交易、带客户办贷款、协助合同签订、办理过户，整个链条上的各个环节可由不同的人分别完成，交易成功后每个参与者根据在各个环节的贡献率进行分佣，房产中介运营模式发生了深层次转变，形成了行业数字化协作网络，这就是数字化。

（三）政务服务之“开发票”

以企业开具发票为例，1994年税制改革刚推行时，没有开票系统，企业只能手工开具手写发票或定额发票，效率低下，无法满足企业经营和税收管理的需求。通过实施金税工程，征管信息化水平不断提升，税务部门推出了税控设备和开票系统，企业可以在线开票；后续又推出增值税普通电子发票，替代部分纸质发票，进一步提升发票电子化水平。但是，在这一系列变化的背后，发票业务管理模式并没有真正改变，企业开展经营还是要经历税种核定、领票、开票、抄报、验旧等业务环节，只是发票信息的流动从线下转移到了线上，而普通电子发票和纸质发票从后端管理来看也是没有实质区别的。

反观金税四期工程正在试点的“全面数字化的电子发票”（简称“全电发票”），其背后的管理模式则发生了巨大变化：企业无须使用专用税控设备，通过电子发票平台即可直接开具“全电发票”；企业无须事先核定税种，也无须领票，发票的号段和版额限制也取消了；企业开票采取总额管理，每月开票额度是税收大数据系统根据企业纳税信用评级、风控评估结果综合核定的，并且采取动态管理。“全电发票”不是简单的业务电子化，而是一种全新的发票管理方式，它的实现依靠涉税数据全面归集利用、事前纳税信用评估体系、事后税收大数据风控体系等一系列基础条件支撑，如果没有这些前期发展成果，“全电发票”就难以落地，这就是数字化。

第四节 数字经济时代

荆书典：数字经济时代，是继农业经济时代、工业经济时代之后的第三个大经济时代。纵观人类社会形态的几次嬗变，本质都是包括了技术创新、制度创新和组织变革等的创新性技术条件，继而引发生产力的升级和变革，形成与新的生产力相适应的生产关系，推动经济、社会和文化发展的历史进程。农业经济时代对应的生产要素是土地及劳动力，工业经济时代对应的生产要素是资本与技术，数字经济时代的关键生产要素是网络、数据、数据分析、人才。

用发展的眼光来看，此轮以智能终端和可穿戴设备、工业互联网、大数据、云计算、5G为代表的新一轮全球技术变革浪潮掀起的数字经济，既是一种突破性的技术创新，更是工业生产力向信息生产力、数字生产力迈进的重大革新，正在推动社会经济形态由“工业社会”向以信息经济和网络经济为先导的“数字经济时代”迈进，并重塑与之相适应的一系列社会生产生活方式、企业组织形态、经济运行机制以及社会规则等。

一、什么是数字经济

数字经济是指市场利用网络和信息技术组织分工和专业化生产，以智能化、数字化、融合化为特征，以创新为驱动，以信息生产力为发展动力的所有经济活动的总称。

从目前发展阶段来看，数字经济包括数字产业化和产业数字化两大部分：数字产业化即信息产业部分，具体业态包括电子信息制造业、信息通信业、软件服务业等；产业数字化即数字经济融合部分，利用数据分析应用，给传统产业带来生产数量和生产效率提升，促进创新产品和商业模式，其新增产出构成数字经济的重要组成部分。

在这种经济形态中，信息、数据、网络一跃成为最重要的生产要素，不再是单纯的技术或作为生产过程中辅助其他生产要素的某种载体，它们本身已成为生产力（信息生产力、数字生产力）的一种。与农业经济、工业经济相比，数字经济具有知识智能性、开放共享性、全球性、网络外部性、虚拟现实性、开拓创新性和广泛融合性等新的特征。从经济效应上看，数字经济能够推动产业升级和结构优化，构建全球性的开放市场和重构社会经济制度和运行机制法则，从而重塑国际产业分工体系和全球竞争格局，并对政治、社会、文化、生活等方面产生深刻影响。

数字经济通过影响经济的生产、交换、消费与分配活动，全面影响经济社会的发展。

生产活动方面，数据、信息以及网络本身成为重要的生产性要素，生产资源由具有稀缺性的土地、资本等转变为信息资源，生产函数中信息、网络、技术、数据等的比重越来越大，知识积累和技术进步成为经济增长的重要源泉，并改变了生产成本结构、社会分工、产品定价、市场结构等方面。

交换活动方面，先进的通信技术和低廉的信息成本让交易成本下降、交易效率提升的影响体现在具体交易过程中的每一个环节。同时，数字经济中出现的许多新的商业模式都蕴含着适应和充分利用信息交换技术进步、改良和全新的交换方式。

消费活动方面，数字经济中消费活动的最大特征是需求具有规模和正外部效应，这与传统工业社会中的效用标准截然相反。新用户加入某一商品或服务的消费网络，不仅自己获得了效用，也增加了原来用户的效用水平和福利，优化了整个网络，这种外部性亦是基于对信息共享的需求以及信息社会产品生产和服务的规模效应，不同于工业经济中对物品和服务消费的排他性。

分配活动方面，数字经济条件下交换更多的是极难测度的技术创新活动，重要技术创新成果拥有者、高级技术人才等被赋予企业更大的剩余索取权，不通过产品市场和劳动力市场直接定价和交换实施，并对推动创新成果发展形成反作用力。

在全球经济一体化下，数字经济还改变了国际产业分工体系。效率极高的物流、资金流和信息流网络为全球市场的拓展奠定了重要的技术基础，国际分工的普遍化和细化使经济技术资源等生产要素得以在全球范围内整合和优化，从而促进规范经济行为的全球规则的建立，真正实现全球经济的一体化。

二、数字经济时代的关键生产要素

在全球经济面临转型挑战、结构调整的背景下，数字产业化和产业数字化加快推进，数据如同石油、电力一样成为战略性基础资源，数字经济已经成为发展最迅速、创新最活跃、辐射最广泛的经济活动，成为全球经济的新引擎。世界各国正积极加快互联网与实体经济的深度融合，利用新的信息技术改造提升传统产业，以信息化培育新动能，用新动能推动新发展，充分释放数字经济的放大、叠加、倍增作用，不断深化拓展数字经济合作，推进全球数字经济快速健康发展。

互联网是数字经济发展的基础。数字经济的基础设施是数据的采集、传输、处理、分析、利用、存储的能力以及设施与设备，还包括互联网（尤其是移动互联网）、物联网、云计算与存储能力、计算机（尤其是移动智能终端），以及将其连接在一起的软件平台。中国互联网协会副理事长何桂立曾表示："互联网是承载数字经济发展的重要基础，在数字经济发展过程中，要看网络里节点的变化、网络终端连接数的变化，以及互联网上数据流动的速度和量的变化。数据越大，数字经济发展的动能也就越大。"

数据成为关键生产要素，数字经济首先是数据经济，数据是数字经济的核心生产要素。人类社会利用实时获取的海量数据，包括主体数据、行为数据、交易数据、交往数据来组织社会生产、销售、流通、消费、融资、投资等活动，数据成为经济活动的关键生产要素。不同应用场景的海量数据蕴藏了巨大的价值，这些数据经过收集、挖掘和分析后，能够成为创造价值的重要组成部分。比如，大数据技术可以帮助企业形成精准用户画像，协助其根据市场需求痛点进行新产品开发，从而实现产品研发与消费端的高效对接，激发更多创新的出现。同时，消费领域与产业领域的数据打通可以打破不同行业的边界，实现跨产业互联，促进不同行业、不同价值链的高效协同，推动新商业模式和新业态的涌现。

数据分析在数据处理过程中占据十分重要的位置，在当今数字化时代已经成为各个行业和领域中不可或缺的一部分。随着时代的发展，数据分析也会逐渐成为大数据技术的核心。大数据的价值体现在对大规模数据集合的智能处理方面，进而在大规模的数据中获取有用的信息，为人们提供决策支持。要想逐步实现这个功能，就必须对数据进行分析和挖掘。而数据的采集、存储和管理都是数据分析步骤的基础，通过数据分析得到的结果，将应用于大数据相关的各个领域。

人才是第一资源，21世纪的发展和竞争，本质上依旧是人才的发展和竞争。在数字经济发展趋势之下，对于高质量人才资源的需求和要求更高，数字经济时代急需优秀的数字人才队伍。展望未来，数字经济各领域将需要以下几类关键人才：

一是数字化的基础研发人才。这种基础性技术人才既包括芯片研发工程师、业务架构师、软件工程师等传统信息与通信技术的专业人才，也包括用户体验设计、大数据专家等新型的数字化人才，这些人才将更聚焦数字化专业能力的打造，注重通过底层技术的研发推动数字经济基础的创新发展。

二是数字化的交叉融合型人才。这类人才擅长将数字新技术应用到不同的业务场景，助力各行各业实现数字化转型。例如企业中制定和执行数字化战略、开展数字化营销、精通数字化财务的人才，还有懂智慧农业、智能制造、智能交通、智慧物流、数字金融、数字商贸、数字社会、数字政府等数字化应用场景方面的人才。这类人才要将数字化应用技术与业务模式融合以创造新的价值。

三是数字化的治理型人才。人工智能时代模糊了物理现实、数字和个人之间的界限，带来了一定的伦理问题。所以，我们要培养相关的数字治理人才，从人类价值观角度，建立道德的人工智能，以规避发展人工智能的风险，推动经济和社会发展，提升人类的生活水平。

先进的数字基础设施是建设网络强国、数字中国的坚实底座。新时代十年，我国建成了全球规模最大、技术领先、性能优越的数字基础设施。“宽带中国”战略加快推进，建成了全球规模最大的光纤网络，网络接入带宽实现了从十兆到百兆、再到千兆的量级跃升。全国行政村、脱贫村通宽带率达100%，历史性地实现了全国行政村“村村通宽带”，千兆光网已通达全国所有城市地区，宽带网络平均下载速率提高近40倍。移动通信实现跨越式发展，建成了全球规模最大的5G网络和移动物联网网络，实现了从“3G突破”“4G同步”到“5G引领”，网络质量达到甚至优于发达国家水平。IPv6规模部署和应用取得显著进展，申请分配地址数量位居全球第二，活跃用户数达7.18亿。服务化网络架构、统一空口架构、极化码、大规模天线等多项技术进入5G国际标准，为全球移动通信发展贡献了中国智慧。算力基础设施也在不断夯实，“东数西算”工程深入实施，数据中心机架总规模超过590万标准机架，服务器规模近2000万台，算力总规模居全球领先水平。

三、数据在数字经济时代的价值

荆书典：当前，数据作为一种新的生产要素，是经济社会发展的基础资源和创新引擎。过去，我们把数据当作资源，不断积累，以期从量变到质变；现在，数据作为新型的生产要素，应合理规划治理，保持自我的核心竞争力；未来，数据作为关键策略，将保持增速，引领全球经济新生态。随着信息技术普及和互联网发展，数据经济与社会融合不断加深，产业数字化与数字产业化、数字高效化与数据要素化正成为数字化转型的标志性特征。

2020年4月9日，中共中央、国务院公布了《关于构建更加完善的要素市场化配置体制机制的意见》，明确要求加快培育数据要素市场，推进政府数据开放共享，提升社会数据资源价值，加强数据资源整合和安全保护。2022年1月12日，国务院发布了《“十四五”数字经济发展规划》，强调数字经济是继农业经济、工业经济之后的主要经济形态，是以数据资源为关键要素，数据要素是数字经济深化发展的核心引擎。数据对提高生产效率的乘数作用不断凸显，成为最具时代特征的生产要素。2023年3月，中共中央、国务院印发的《党和国家机构改革方案》明确组建国家数据局，负责协调推进数据基础制度建设，统筹数据资源整合共享和开发利用，统筹推进数字中国、数字经济、数字社会规划和建设等。

农业社会生产要素的核心是土地和劳动力；发展到两三百年前，资本和技术变成越来越重要的生产要素；随着数字经济时代的到来，数据成为效率空前提高、价值无限可能的新型生产要素。

数据是数字经济时代的“石油”，在未来的数字社会里价值不可估量。经济实体通过数字化转型服务不同的目标场景，通过运营过程的数据交替，来实现数据对经济实体的赋能。在这个循环过程当中，从数据采集、处理、集成、挖掘到知识决策，形成一系列的闭环，不断地体现数据的价值链。

数据的流动就像石油的燃烧，可以产生动力，而动力则带来价值。比如，数据流动能够带动技术流、物质流、人才流、资金流。数据也是数字经济时代的“钻石矿”，可通过挖掘提炼产生价值，体现在通过多维度、多领域数据揭示单一数据无法展示的规律，实现精准决策，增加确定性、可追溯性、可预判性，减少决策失误，降低风险。

而数据又与真正的石油不太一样，石油是非共享性、消耗性的资源，也就是说我拥有了石油的使用权，其他人就很难再拥有。而数据不是这样，我拥有了数据，我还可以用很低的成本把数据复制给其他人，其他人也可以同时拥有并使用这些数据。数据使用不存在消耗性，而且边际成本几乎为零。因此，数据一旦产生，只要不限制，就可以无数次地重复使用。供给无限，与传统的经济学理念所讲的“资源稀缺”“有限”不完全一致。

近年来，国家连续多次提及“数据要素”，其地位显而易见。要构建以数据为关键要素的数字经济，必须把数据当成战略资产，而不仅仅是资源。数字经济会产生海量的异构、动态分布、即时更新、快速生成的大量数据，既有传统的结构性数据，也有非结构性数据。为此需要加快培育数据要素市场，例如需要提高数据要素的配置效率；研究数据要素与其他要素之间怎么更好地配置，来产生1＋1＞2的效应；以及数据要素之间如何相互起作用。而数据一旦上升到某个临界点，到达一个大数据的规模之后，它就会产生特别大的效益，甚至边际效益可以大幅度地提升。

大数据产业作为以数据生成、采集、存储、加工、分析、服务为主的战略性新兴产业，是激活数据要素潜能的关键支撑。近年来，我国大数据产业快速崛起，逐步发展成为支撑经济社会发展的优势产业，数据资源

“家底”更加殷实，数据采集、传输、存储基础能力显著提升，大数据产品和服务广泛普及。2022年，我国大数据产业规模达1.57万亿元。

数字经济一方面强调数字要素，另外一方面还强调数据本身的确权。我们在数字经济与数字化转型过程当中，希望通过对数据价值的挖掘，来达成数据交易，激活数据要素市场。在这个过程当中，数据交易的前提是判断数据的权属，权属安全才能保障参与数据交易者的权益。由此可见，培育数据要素市场，需要从研究的角度，对数据权属安全有理论保障；同时，市场的活跃进展也需要有实践来推动。因此，理论研究与实践相结合，是构建数据要素市场相辅相成的两方面，缺一不可。

2022年12月，《中共中央 国务院关于构建数据基础制度 更好发挥数据要素作用的意见》提出，探索数据产权结构性分置制度，建立公共数据、企业数据、个人数据的分类分级确权授权制度。专家认为，通过建立数据资源持有权、数据加工使用权、数据产品经营权“三权分置”，强化数据加工使用权，放活数据产品经营权，加快数据产权登记制度体系建设，将为推动数据有序流转、鼓励数据开发利用、引导数据产品交易、释放数据要素价值提供制度保障。

中国信息通信研究院院长余晓晖认为，未来，要强化数据资源汇聚共享，推动公共数据授权运营，提升数据运营效率，发展个人信息数据授权、企业数据授权，增强数据集聚能力。要推进数据采集、标注、存储、传输、管理、应用等全生命周期价值管理，打通政府部门、公共机构、企业不同主体之间及不同主体内部的数据壁垒；要开展数据标准制定工作，建立包含数据基础术语标准、数据交换共享标准、数据安全隐私标准等在内的标准化体系；还要鼓励重点行业创新数据开发利用模式，结合重点行业应用示范，梳理遴选重点企业数据应用标杆，加大地方和行业企业对接及推广力度，复制推广典型应用。

四、工业互联网点亮数字经济

如果说数字经济的上半场是消费互联网，那么数字经济的下半场则是工业互联网。作为新型生产力，工业互联网将促进数字经济发展产生质的变革。通过数字与实体深度交融、物质与信息耦合，工业互联网大幅提升了生产资料、生产要素的效率，促进了生产关系变革，推动了经济增长的质量变革、效率变革、动力变革。当前，数字化浪潮席卷全球，工业互联网、物联网、区块链等数字技术手段与传统工业模式加速融合，新一代信息技术正在深度重构全球产业模式。

中国信息通信研究院工业互联网与物联网研究所副总工程师高琦认为，工业互联网是产业数字化的重要路径，沟通起跨行业、跨地域的离散制造流程。一件商品需要经过原料采集、工厂加工、产品供应等环节，最终流向市场。这一过程中，海量生产数据蕴含着巨大价值。而工业互联网标识能够解决工业互联网复杂场景和物品连接问题，继而实现“一批次一码”向“一物一码”的转变。以烟草行业为例，烟草的生产环节是流线制造，但分销管理环节是分布式的，商品将流向全国各地。在统一标识解析体系下，可实现对烟草流通环节数据要素的统一跟踪、管理和利用。

工业互联网发展迅猛，正在悄然赋能千行百业。工业互联网标识解析体系国家顶级节点向上连接国际根节点，向下连接行业二级节点和企业节点。二级节点是标识解析体系中直接服务企业的核心环节，有鲜明的行业特色。

仪器仪表产业作为国民经济的基础性、战略性产业，一直是我国在资金、技术、人才方面重点投入的产业。近年来，仪器仪表行业的亮点不断，我国已成为名副其实的仪器仪表产业大国。大陆股份建设了工业互联网标识解析二级节点（仪表行业平台），以自身企业为应用试点，实现了仪器仪表的全生命周期管理。以能源行业为例，基于大陆通工业互联网仪表平台的主动标识载体技术，热力企业可在平台上实时连接海量的仪器仪表与自动化设备，远程调节供热系统，让工人从“车间来回跑”变成“电脑前动动手”就能解决问题，同时提高能效，有效降低碳排放量。

中小企业的数字化转型是产业数字化的“最后一公里”。对于有能力的大企业，可通过自建二级节点接入国家顶级节点来完成数字化转型，而对处于转型初期的中小企业而言，“单兵作战”会面临数字化改造成本高、客户拓展能力有限等难题和痛点，对于这些没有自建能力的企业，可以接入目前获得国家互联网域名服务许可证的二级节点，完成数字化转型。企业通过标识解析系统为每一台接入的生产设备和每个生产产品赋予一个全球唯一的标识，基于这个标识，可以对设备和产品实施从产品设计、原料采购、生产工艺、生产流程、质量控制、运行情况到产品使用的全生命周期管理，实现生产网络化和数字化以及产品可控和可溯源。在标识解析二级节点及平台的支撑下，企业的人力成本、管理效率、综合效益等将会有较大提升。

2023年是第二个“工业互联网创新发展行动计划”收官之年，核心目标是完成整个工业互联网标识解析体系基础设施建设。中国信通院的数据显示，截至2023年3月30日，工业互联网标识注册总量达2590亿个。作为工业强省的山东，始终致力于工业企业数字赋能和产业融合发展。2023年5月5日召开的山东省数字强省建设工作推进会也提到，各级政府要把数字强省建设作为“一把手”工程，抓好工业数字化转型、企业数字化转型、产业链智能提升、园区平台赋能等各领域工作。

作为仪器仪表行业目前唯一一个获得许可授权的工业互联网标识解析二级节点平台，大陆通工业互联网平台在做好自身平台建设的基础上，以赋能地区传统产业高质量发展和产业数字化转型升级为目标，正在不断提升自身的价值与能力。例如与国内最大的水表及配件集散中心和产业基地临沂市兰山区联合打造建设的临沂市水表产业工业互联网平台，就是一个重要的应用。

五、我国数字经济规模和比重在世界名列前茅

数字经济是构建现代化经济体系的重要引擎。新时代十年，我国数字产业化与产业数字化协同发展、全面推进，数字经济在构建新发展格局、推动经济高质量发展中的关键支撑作用日益凸显。

目前，我国的数字经济规模全球领先。2012年至2022年，我国的数字经济规模从11万亿元增长到50.2万亿元，总量稳居世界第二，已连续11年显著高于同期GDP名义增速，数字经济占GDP比重相当于第二产业占国民经济的比重，达到41.5%。2022年，我国数字经济全要素生产率为1.75，相较2012年提升了0.09，数字经济生产率水平和同比增幅都显著高于整体国民经济生产效率，对国民经济生产效率提升起到支撑、拉动作用。第一产业数字经济全要素生产率小幅上升，第二产业数字经济全要素生产率十年间整体呈现先升后降态势，第三产业数字经济全要素生产率大幅提升，成为驱动数字经济全要素生产率增长的关键力量。

目前，我国正在加快数字信息基础设施建设，打通经济社会发展的信息“大动脉”；深入实施5G应用“扬帆”行动，进一步丰富拓展5G应用场景，广泛覆盖国民经济40个大类；工业互联网向网络、平台、安全一体化发展，已覆盖45个国民经济大类和85%以上的工业大类。截至2022年年底，工业互联网标识解析体系全面建成，全国顶级节点累计接入二级节点265个，服务近24万家企业。

国务院发展研究中心副主任隆国强说，数字经济的发展关乎构建国家竞争的新优势，决定全球未来格局。他说：“中国市场规模大，应用场景丰富，而且还有集中力量办大事的制度优势。我们要发挥好这些优势，加快全国一体化的算力网络和数据中心集群建设，在全球竞争中赢得主动。”

2023年中国国际大数据产业博览会上，京东云带来的数字基础设施、产业园区、智能营销、智能客服等20多项技术产品和解决方案集中亮相。京东云相关负责人表示："基于京东云的全自研多模态交互与形象驱动技术以及在对话式AI、生成式AI领域的技术积累，京东云言犀数字人已入驻超4000家品牌，带动商品交易总额（GMV）超6亿元。"

在广东，腾讯与广州地铁集团联合打造的新一代城市轨道交通操作系统——穗腾OS在降低建设及运维成本、提高工作效率以及促进各产业数字化、智慧化、无人化转型方面起到了积极作用。在江苏，浪潮通信技术有限公司基于云网融合基础设施，为苏州浪潮工厂打造了国内首个高端服务器主板制造5G全连接工厂。

我国数字经济规模和比重在世界名列前茅。中国信息通信研究院发布的《全球数字经济白皮书（2022年）》指出，2021年，测算的47个国家数字经济总量为38.1万亿美元，数字经济占全球GDP比重为45.0%。在国际比较中，按规模排序，美国数字经济规模位居世界第一（15.3万亿美元），中国位居第二（7.1万亿美元），德国位居第三（2.9万亿美元）；按占GDP比重排序，英国、德国、美国位列世界前三，数字经济占GDP比重分别为69.2%、67.5%和65.7%，中国排序位居全球第九。我国数字经济已经具备较为完善的产业体系和产品链条，有超大规模市场和海量数据资源，有丰富的应用场景和相关人力资本。据工业和信息化部最新统计，截至2022年年底，我国累计开通5G基站占全球5G基站的60%以上；截至2022年7月底，登录5G网络的用户占全球5G登网用户的70%以上；数据中心规模和算力资源也居世界前列，这为今后发展数字经济奠定了良好基础。

党的十八大以来，随着《国家信息化发展战略纲要》和《"十三五"国家信息化规划》的深入实施，我国数字化发展势头强劲，数字技术创新日新月异，数字产业集群发展迅速，为构筑自立自强的数字技术创新体系打下了坚实基础。我国电子信息制造业增加值年均增速达11.6%，营业收入从7万亿元增长至15.4万亿元，软件与信息服务业收入从2.5万亿元增长至10.8万亿元，年均增速达16.1%。在新兴的数字产业成长方面，大数据产业规模达1.57万亿元，工业互联网产业规模超过1万亿元。

国务院印发的《“十四五”数字经济发展规划》提出，到2025年，数字经济迈向全面扩展期，数字经济核心产业增加值占GDP比重达到10%。按照这一发展目标，“十四五”期间数字经济核心产业增长速度需要达到GDP增长速度的2.2倍。如果按照更低一点的要求来测算数字经济整体增长速度，即按照2012年到2021年数字经济名义年均增速为GDP名义年均增速的1.9倍计算，到“十四五”末期，数字经济占GDP的比重将达到47%以上，“十四五”期间数字经济增长对经济增长的贡献将达到80%。由此可见，未来数字经济将占据我国经济总量的半壁江山，成为经济增长的主要贡献者。

当前，信息化、数字化浪潮正在席卷全球、方兴未艾，创新性、渗透性、辐射带动性日益凸显，在世界范围内不断引发新变革、创造新机遇，加快信息化发展、推动数字化转型成为抢占先机、赢得数字经济未来的必然选择。

第五节 数字中国，为中国式现代化打造的重要引擎

一、《数字中国建设整体布局规划》的提出

2023年2月，中共中央、国务院印发的《数字中国建设整体布局规划》提出要“构建开放共赢的数字领域国际合作格局”“统筹谋划数字领域国际合作”“高质量共建‘数字丝绸之路’”“拓展数字领域国际合作空间，积极参与联合国、世界贸易组织、二十国集团、亚太经合组织、金砖国家、上合组织等多边框架下的数字领域合作平台，高质量搭建数字领

域开放合作新平台，积极参与数据跨境流动等相关国际规则构建”。这为我国未来打开数字领域国际合作新局面，加快构建国内国际双循环相互促进的新发展格局指明了道路和方向。

数字中国建设事关我国发展的大局，开展数字领域的全方位国际合作，是不断优化数字化发展环境的重要内容，是加快构建新发展格局的战略部署。

当今世界正经历百年未有之大变局，国内外发展形势、技术能力和战略举措正在发生深刻复杂的变化，数字领域国际合作在不断深化的同时也面临一系列新形势、新挑战。从国际环境看，数字技术的快速发展呼吁国际社会加快通过合作推动数字治理体系构建。数字技术的快速发展推动基础设施、要素结构、生产关系等发生深刻变革，对国际治理规则体系提出新的要求，原有治理体系无法妥善适用，全球数字治理体系改革和建设正处在关键窗口期。从战略部署看，我国数字领域国际合作多方统筹合力亟待强化。数字领域国际合作不仅仅是单纯的外交议题或数字化议题，其涉及外交、安全、通信、内容、技术等多个领域，包括政府、企业、学界、社会组织、个人等多种参与主体，强化统筹协调，形成多方合力，是做好数字领域国际合作工作的重中之重。当前，世界主要大国都在推进外交转型，统筹各种资源，实施跨领域、跨部门的总体网络空间外交战略。从产业基础看，我国具备为全球数字化发展赋能的实力。我国目前是全球数字经济第二大国，《数字中国发展报告（2022年）》指出，2022年我国数字经济规模达50.2万亿元，占GDP比重提升至41.5%，已建成全球规模最大的光纤、5G独立组网网络，电子商务在网上零售额、网购人数、移动搜索规模等多个方面均位居世界第一，数字中国建设成果丰硕，数字经济成为稳增长、促转型的重要引擎。

二、数字中国的建设目标和内容

数字中国的建设目标是实现数字经济强国的目标，打造数字化、网络化和智能化的现代化国家。《数字中国建设整体布局规划》提出了数字中国的整体框架和建设目标，明确指出建设数字中国是数字时代推进中国式现代化的重要引擎，是构筑国家竞争新优势的有力支撑。

在这份规划中，数字中国建设的时间表、路线图、任务书一一明确：按照“夯实基础、赋能全局、强化能力、优化环境”的战略路径，立足数字中国建设“2522”的整体框架，加强整体布局、整体推进，全面提升数字中国建设的整体性、系统性、协同性。

（1）数字政务：随着互联网的普及，政府机关的各项工作也逐渐数字化，它是数字中国的重要组成部分。

（2）数字工业：新时代工业互联网的快速发展，将推动中国制造业向高质量、智能化的方向转变，它是数字中国不可或缺的一部分。

（3）数字农业：数字农业是利用信息技术对农业生产数据进行监测和管理，通过数据分析，优化生产过程，提高农业生产效率和质量，它是数字中国的重要领域。

（4）数字医疗：数字医疗是把现代计算机技术、信息技术应用于整个医疗过程的一种新型现代化医疗方式，它利用人工智能和大数据等技术，对医疗数据进行分析和挖掘，为医生提供精准的诊疗建议，提高医疗服务的质量，是数字中国的一大亮点。

（5）数字金融：数字金融是通过互联网及信息技术手段与传统金融服务业态相结合的新一代金融服务，在给传统金融行业的发展带来冲击的同时，也以创新高效的优势为整个金融行业的发展指明了新方向。作为数字经济的重要血脉，它是数字中国建设的重要组成部分。

（6）数字教育：数字教育利用信息技术来提高教育教学的效率和质

量，肩负着支撑引领教育现代化，建设教育强国的重要使命，同时也将为中国式现代化提供智力支撑。

当今世界，数字技术正以新理念、新业态、新模式全面融入人类经济、政治、文化、社会、生态文明建设各领域和全过程，给人类生产生活带来广泛而深刻的影响。我国已进入中国式现代化的历史进程，新发展格局是中国面对百年未有之大变局的主动选择，也是应对当前形势下机遇和挑战的战略选择。把握时代发展大势和科技革命趋势，构筑自立自强的数字技术创新体系，具有重要的现实意义和深远的历史影响。

三、数字中国对构建中国式现代化意义重大

《数字中国建设整体布局规划》作为党的二十大后我国信息化领域的首个全面规划，文件着眼党和国家事业发展全局，首次提出新时代数字中国建设的整体布局，将建设数字中国上升到“数字时代推进中国式现代化的重要引擎，构筑国家竞争新优势的有力支撑”的战略高度。

该规划指出，到2025年，基本形成横向打通、纵向贯通、协调有力的一体化推进格局，数字中国建设取得重要进展；到2035年，数字化发展水平进入世界前列，数字中国建设取得重大成就，数字中国建设体系化布局更加科学完备，有力支撑全面建设社会主义现代化国家。

数字基础设施是推动我国经济社会高质量发展的战略基石，是生产方式、生活方式和治理方式数字化变革的基础支撑。面向数字中国建设2025年、2035年发展目标，在数字基础设施方面需进一步强化系统谋划、整体部署，结合不同设施技术特点、适用场景和需求趋势，适度超前、因地制宜地部署建设数字基础设施，推进网络、算力、应用基础设施全链条升级、协同化发展，夯实数字中国底座。

加快打造全球领先的数字基础设施，将为加快建设网络强国、数字中国提供战略支撑，从而更好地发挥数字时代推进中国式现代化的重要引

擎作用。当前，数字基础设施已深度融入我国新型工业化发展，以新时代工业互联网为代表的基础设施已全面融入45个国民经济大类领域，产业规模突破万亿元，进入规模发展期。数字基础设施的规模部署正形成全新的创新环境，推动大数据、人工智能、数字孪生等新技术与现有产业深入融合，为经济发展注入新的驱动力量。

荆书典：党的十八大以来，我国抢抓全球数字化发展与数字化转型的重大历史机遇，擘画网络强国、数字中国建设的宏伟蓝图，提出了“加快数字中国建设，就是要适应我国发展新的历史方位，全面贯彻新发展理念”“要加快科技自立自强步伐，解决外国‘卡脖子’问题”等一系列重要论述，指明了当前和未来我国网络强国和数字中国建设的重点方向及关键目标，为我们构筑自立自强的数字技术创新体系提供了强大思想指引。

当今世界，数字技术正以新理念、新业态、新模式全面融入人类经济、政治、文化、社会、生态文明建设各领域和全过程，给人类生产生活带来了广泛而深刻的影响。数字技术领域的竞争已进入新赛道，面向全链条和新技术研发体系的竞争范式逐步走向台前。当前，数字中国建设与发展早已越过许多国家正在经历的数字鸿沟，进入提升人民数字技能、促进数字生活智能化的阶段。我国已进入中国式现代化的历史进程，新发展格局是中国面对百年未有之大变局的主动选择，也是应对当前形势下机遇和挑战的战略选择。把握时代发展大势和科技革命趋势，构筑自立自强的数字技术创新体系，具有重要的现实意义和深远的历史影响。

人类历史的车轮驶进21世纪，时代巨变，沧海桑田。今天之中国，身处世界百年未有之大变局的时代方位，正在全力冲刺中华民族伟大复兴的战略全局。环顾宇内，每一位热血的中国人都为中国式现代化征程上一个个振奋人心的变化而激情澎湃。

神舟十六号载人飞船发射取得圆满成功，中国载人航天事业正不断引领世界风骚；中国国产大飞机C919完成商业首飞，中国大飞机从此将翱翔在人类的高空；2023年一季度中国汽车出口量达107万辆，超过日本居世界第一，中国新能源汽车弯道超车，成为引领中国制造的时代宠儿……毋庸置疑，中国在制造业领域取得的一系列亮眼成就，正在被世界广泛关注。

“中国智造”“中国创造”已成为近年来中国制造业发展的高频词汇，称呼变化的背后，映射着中国从“世界工厂”向“智造强国”发展的大趋势。这个时代巨变，得益于中国数字经济的强力上位。党的十八大以来，党中央、国务院相继出台一系列政策措施助力数字经济的发展，将其上升为国家战略。目前，我国已建成全球规模最大、技术领先的网络基础设施，数字经济发展规模全球领先。

工业互联网作为第四次工业革命的重要基石，是数字经济和实体经济深度融合的关键基座，是新型工业化的战略性基础设施，是数字经济发展的“新引擎”。新时代，我国深入实施工业互联网创新发展战略，推动我国工业互联网从无到有、从小到大，我国工业互联网已全面融入45个国民经济大类，进入规模发展期。工业互联网标识解析体系作为工业互联网网络架构中的重要组成部分，是我国工业互联网重要的基础服务设施，是支撑工业互联网互联互通的“神经中枢”。

叩准时代发展的脉搏，牢牢把握发展大势，顺势而为，总有一些人与众不同。他们目光敏锐，超前一步，抢抓机遇，创造出了新的商业奇迹；他们精神专注，躬耕行业，坚守初心，磨炼出了创新成果；他们用心担当，志存高远，追逐梦想，为振兴中华点亮了火把……中国工业互联网战略咨询专家委员会执行委员、全国WTO／TBT协调委员会物联网计量专业组组长、济南大陆机电股份有限公司董事长荆书典就是这样一个人。

他四十余年专注一件事——从进入大学到工作创业，他一直致力于把仪器仪表这双“工业的眼睛”擦得更亮。

他带领济南大陆机电股份有限公司，三十年磨一剑——牵头建成中国首个工业互联网仪表行业标识解析二级节点和拥有自主知识产权的大陆通工业互联网仪表平台，实现了仪表信息跨区域、跨行业的互联互通，构建了仪表行业协同发展生态，赋能传统企业转型升级和高质量发展，开创万物智联新时代，为数字中国建设赋能。

他坚持做百年企业——志在推动企业融入新一代工业互联网发展大潮，为数字中国建设铺下一块厚重的“大陆”基石。下面，就让我们走近他和大陆股份，感受他的创业与创新故事。

第六章·大陆书典：一位追梦者的创业故事①

古罗马诗坛巨匠贺拉斯说："我静静地走在一片树林里，想着那些贤人君子们能做些什么。"不知道有多少令人沉思的时光，接受采访的荆书典先生安静地望着窗外的车棚和北楼楼顶的太阳能光伏板，沉浸在过去的回忆中，创业的点点滴滴犹如电影一样，一幕幕地开始浮现。

第一节 土地不种误一季，人不读书误一生

孟德斯鸠说过："我们接受三种教育，一种来自父母，一种来自学校，另一种来自社会。"现实生活中，我们通常把"教育"作为一个词来使用，其实，它包含"教"和"育"两重含义。

《说文解字》中对"教"的解释是："教，上所施下所效也。"也就是上面做示范，下面来模仿。在荆书典的父亲看来，父母讲给孩子听的和做给孩子看的，叫作"上所施"；孩子模仿父母的言行则是"下所效"。言传身教，耳濡目染，以身作则，躬亲示范。对于荆书典来说，父亲的品行气度与平日里的一言一行，都像一面镜子，为他和他的兄弟姐妹们"照"出了一个光明的大世界。

①本章参与编写人员：邢传远。

1960年，荆书典出生在一个普通的农民家庭，兄弟姊妹七个，他是家里最小的孩子。在那个相对落后的年代，大多家长是不会对自己孩子的学习过分苛责的，但荆书典回忆说："也许是当时祖父家境还算过得去，抑或和父亲一样也非常重视教育，我的父亲读过私塾，有些文化知识，懂得知识对一个人的重要性。在父亲的教育和培养之下，我们姊妹七个，有五个加入了中国共产党，两个读过大学，两个当过兵，两个在村里当过书记、村主任。"

1977年10月21日，为了更快地发展国民经济，培养出能为国家建设做出贡献的新时代青年，中央开始了一系列的改革，中央人民广播电台等媒体以头条新闻的形式发布了一条消息，这个振奋人心的消息很快传遍了全国各地：教育部不久前在北京召开全国高等学校招生工作会议，决定恢复已经停止了10年的全国高等院校招生考试，以统一考试、择优录取的方式选拔人才上大学。这个消息一公布，无疑是给正在读高中的荆书典打了一针"强心剂"，也给所有的知识分子带来了对未来的希望。

20世纪70年代，我国教育实行小学五年制、初中两年制、高中两年制的"中小学九年一贯制"教育，荆书典读书时，实施的正是这种教育学制。1976年荆书典初中毕业后，他就读的李戈庄中学更名为李戈庄联中，原来的学校直接"升级"，开始有了高中。随着学校规模的扩大和学生数量的增加，师资力量就显得有些匮乏。即使这样，也并没有阻隔他们这群农村学生对知识的渴求。荆书典说："由于实行的是半工半读的教育制度，我们通常是和老师一起边劳动边学习，劳动结束后，老师还会在那昏暗的煤油灯下为我们加课。"

夜晚，荆书典踏着星辉回到家，摇曳昏黄的煤油灯下，劳累了一天的父亲还在认真地读着书。身教胜于言传，为了激励孩子们的成长成才，荆书典的父亲从不肯懈怠，在以身作则的基础之上，既做慈父，也扮严父，为的就是给予孩子们适当有效的教育，这对荆书典的成长影响很大。

《说文解字》中对“育”的解释是：“育，养子使作善也。”育，重在育人。在荆书典的父亲看来，就是教育孩子学会做人，主要是培养和塑造孩子的性格和思想，关注的是孩子个性的形成过程和思想的积淀过程，培养后代让他们多做善事、好事，做一个善人、好人。

在实践时效上，“教”或许可以立竿见影，“育”则相对需要较长时日，一时三刻难以彰显成效。荆书典回忆说：“我的父亲当年在那一片土地上也属于出类拔萃的人，他会木工，且有着精湛的手艺。他的为人跟他做的木工活一样踏实、真挚，既不会偷奸又不会耍滑；父亲处世也跟他做的木工活一样棱角分明，睿智、大气。”在培养和教导孩子方面，荆书典的父亲也有着自己的一套理论和方法：根据能力大小分配合适的任务。在干农活时则会出现这样的一幕：荆书典的父亲用大的扁担挑着大的水桶走在前面，荆书典的哥哥用中型的扁担挑着中型的水桶走在中间，荆书典则用小型的扁担挑着小型的水桶走在最后。浇菜时，荆书典的哥哥在父亲的指导下，效仿着父亲一畦一畦地浇，荆书典则在父亲的指导下，一棵一棵地浇……

随着年龄的增长，荆书典挑着的水桶也慢慢换成中型水桶和大水桶，肩上的担子也变得越来越重。

在学习这件事上，荆书典的父亲从不强求，他采取的教育方法是，学习时可以不干农活，学习累了可以出去玩耍，但玩的时间不能太长。在那个缺衣少穿、生产力低下、劳作基本靠人力的年代，永远有干不完的活，且大多都是苦活累活。荆书典父亲的这一做法，无疑给处在贪玩年龄段的孩子带来了极大的喜悦，加上父亲自己也在劳动之余读书看报，潜移默化地影响着荆书典和他的兄弟姐妹们。

“幸运的是，父母的格局都比较大，鼓励我们好好读书，而不是外出‘打工’。”在荆书典的意识里，并不富裕的家里始终弥漫着浓郁的书香。受父亲的熏陶，荆书典也从小养成了爱读书的习惯，上学时候的学习成绩一直名列前茅。“青出于蓝而胜于蓝”，在老师和学生一起参加高考的1978年，荆书典的成绩是乡镇第一名，考的分数比老师的还高。

每每忆及此事，荆书典都要感谢老师悉心的教导和父母持续不断的鼓励。无论是大学毕业后进入济南自动化仪表厂工作的间隙，还是创业期间忙碌的业余，荆书典阅读的习惯一直没有改变，直至今天。

谈及“读书无用论”这个话题时，荆书典的话可谓是一针见血：“当然，现在也有很多大学生在送外卖，在建筑工地、在工厂做一些非常基础的工作，看起来和没有读书的人差不多。但是你应该明白一点，读书多了，机遇就多了，外卖、建筑、工厂等只是他们的一个起点，而不是终点。对于读书太少的人来说，这些基础工作多半是一干到底的。”

“土地不种误一季，人不读书误一生。不管到什么时候，学生还是要以学习为主……”荆书典已记不清这是自己的父亲还是老师说过的话了。在他的眼里，父亲对于孩子的教育，并不是一味地要求孩子做到更好、更优秀，而是将自身作为榜样，给予孩子正面、积极的示范；老师也不只是将知识倾囊相授，而是与学生并肩而行，共同学习，共同成长。

“恢复高考的消息公布后，也同时唤醒了我们老师们尘封已久的‘大学梦’，那段时间，学校掀起了一场轰轰烈烈的‘学习热潮’，一时间‘陋室青灯黄卷在手，教室内外书声朗朗’。”天道酬勤，上天不会辜负真正努力的人，1978年高考那年，荆书典所在的李戈庄联中有三名学生考上了大学，三位老师也同时考上了大学，这在当时整个平度还是比较轰动的。那是一个特殊的阶段，李戈庄联中在这一届学生毕业之后就并到了乡镇中学。

如今，再回忆起那段挑灯夜读的高中时光，教室里、农田边、煤油灯下学习的场景一幕幕闪现，飞进荆书典的脑海，点亮了一个个深藏在心底的旧梦。

第二节 从大学生到副厂长

1978年的初秋，济南的热浪并未褪去，仍有夏的余韵。怀揣着梦想和对未来的无限憧憬，荆书典来到了山东工学院冶金系。

20世纪70年代后期，我国工业基础还比较薄弱，工业企业设备简陋、技术落后，发展也相对缓慢。1977年举行的中国共产党第十一次全国代表大会和1978年举行的第五届全国人民代表大会第一次会议上，重申了实现“四个现代化”的目标，并把它规定为新的历史发展时期的总任务。在这一背景下，荆书典就读的冶金系轧钢专业无疑是炙手可热的专业，学生毕业后极大概率会被分配到钢铁厂，将来成为一个“铁钢大王”也未可知。

然而，荆书典与仪器仪表行业结缘，似乎在冥冥之中早已被注定。在轧钢专业学习了一年基础课之后，不只是这个专业，山东工学院的整个冶金系（包含教课老师）都搬到了青岛，独立为山东冶金工业学院，而学生则留在了山东工学院。1978年这一年还比较特殊，1977级和1978级大学生先后在这一年的春季和秋季入学，1982年同年毕业，按过去习惯称谓，则同属1982届。当时这个系的两级学生分到了学校的其他专业，荆书典所在的班级当时有40个人，被分到了电子系。

在半导体专业和自动化仪表专业的分配上，学校采取了以姓氏笔画排名的方式“排序选择”，荆书典的姓氏笔画较多，在班里的后20名，被分配到了自动化仪表专业（见图6-1），从此就与仪表行业结下了不解之缘。生命是令人唏嘘的，因为很多时候改变人生轨迹的不是那些周密的规划，而是那些不起眼的瞬间、不经意的细节，很可能是它们就出人意料地改变了整个人生。时至今日，荆书典还在感叹那次专业分配，他说：“当时对自动化仪表还是没有什么概念的，迷迷糊糊就上了自动化仪表专业这条船，从此人生的航向就彻底改变，没想到四十多年眨眼过去，大半辈子都在干仪表这个事儿。”

图6-1 山东工学院电机系仪表七八班毕业留念（后排左一为荆书典）

透过他的话语，我们似乎看到了四十多年前的山东工学院校园，一名清瘦的青年，孜孜不倦奋力拼搏的影子。既然被分配到了这个专业，就得学出点名堂，就得学出点真本事，就得为将来干事打好基础，这种从小就求上进的品格，让荆书典没去关注太多其他的事。他一门心思学起来，门门功课名列前茅，这让他在自动化仪表专业打下了深厚的专业功底，也成为他后来不断在仪表行业领域实现创新超越的基础。

1982年，荆书典从大学毕业，被分配到济南自动化仪表厂，负责精密仪器设计研发，他回忆说：“电子技术一直是更新发展非常快的，毕业不到一年，社会上就推出了单板机的学习班，我就报名参加了。那时候在厂里干工人，赚的钱也很少，不断地外出学习还需要家里的接济。”但这并没有阻止荆书典学习的脚步，不管是在学校还是进入社会参加工作，在学习这件事上，荆书典始终记得父亲的谆谆教诲，“行有余力，则以学文”，荆书典父亲的解释是，在学校里学完知识以后，若还有剩余的精力，就可以去学其他的文化知识了。不管你未来想当作家也好，当科学家也罢，或是做像他一样的专业技术人才也行，只要是你感兴趣的，你都可以去学。“活到老，学到老”，就是要持续地、不断地学习，也就是“艺多不压身”。

“那时候对仪表行业的认识还不是特别深，认识不到仪器仪表是工业生产的‘眼睛’等等。但是‘干一行爱一行，专一行精一行’的理念始终根植在我的心中，工作了几年以后，我发现这虽然是一个基础行业，但它有着不可替代的重要性，值得为之奋斗终生。”现在看来，也正是那时候的不断学习，让荆书典掌握了先进的技术和方法，才有了他后来一步步升为副厂长的成绩。

1983年学习完单板机归厂后，荆书典就开始着手设计研发，这一干就是两年多。在此期间，厂里批准成立了新产品车间，荆书典兼任新产品车间主任。车间里虽然人数不是太多，但个个都是技术能手。

经过两年多数百个日夜的研发试验，电脑数据采集仪这个新产品在1985年开始陆续推向市场。凭借着技术的先进性和产品的创新性，仅1986年一年销售额就达到了53万余元，这在厂里引起了不小的轰动，因此也得到了领导的重视。产品进入成熟期后，厂里把新产品车间并到装配车间，鉴于荆书典的贡献和能力，厂里决定车间主任由荆书典来担任。

时间慢慢向20世纪90年代迈进，做技术出身的荆书典越来越感觉到厂里技术创新成果的转化困难，负责技术管理的自己提出的许多创新想法也都无法施展，非常苦闷。也是在这一阶段，荆书典被提升为副厂长，负责开拓市场。

专业技术人才自然懂得产品的优点及应用，知道产品的市场在哪里，他说：“开始开拓市场的时候，成效还是很不错的。但是到了20世纪90年代初，企业的经营状况开始每况愈下了，原来的产品同质化严重，市场竞争激烈，被迫陷入价格战，新研发的产品又无法落地，很是着急却又无可奈何。”

也就是在这个阶段，1991年3月，全国扶贫开发工作会议召开，提出要将全国性扶贫开发工作进一步推向深入。没过多久，济南市委市政府组织干部下乡扶贫，荆书典也就报了名，在商河县扶贫了两年。正是这一阶段的经历，让荆书典做事更加务实了，也能站在局外人的视角审视和分析仪表厂的未来，并系统地规划了自己要走的路。

“感谢济南自动化仪表厂对我的培养，没有那些体验和经历，也就不可能有我这些能力的增长，感谢那个时代，感谢厂里的领导、老师、前辈的教育。”荆书典是学工科出身，做精密仪器的研究，对自己要求非常严格，生活中既不抽烟又不喝酒，加之性格也有些内向，所以进厂以后不太爱交流，也不与领导主动沟通，只是一门心思埋头苦干。

也正是踏实苦干的作风和求真务实的态度，让荆书典负责的党政工团不论是在厂里还是在局里，甚至在市里都是先进的。济南自动化仪表厂的徐厂长曾在荆书典的办公室拍着荆书典的肩膀笑着说：“我到你办公室的次数，比你到我办公室的次数还多。”不只是厂长，荆书典的师傅和同事们也经常跟他说，你不要以为你自己干好就行了，你要经常到领导那里去汇报汇报，既让领导知道你做的事，领导也需要了解你工作的情况。

虽然不善于交流让荆书典暂时在发展和成长上受到了些许的影响，但他踏实沉稳的做事风格和勇于担当的奉献精神却让领导和同事们对他更加信任。

荆书典在济南自动化仪表厂担任团委书记期间，有一次厂里组织部分员工去爬泰山，由荆书典担任领队。爬到山顶后，同事们都已经觉得疲倦，坐在地上大口地喘着粗气。此时荆书典的双腿也如灌铅似的沉重，再也不想迈出一步，汗水也一个劲儿地往外冒。作为领队，荆书典强撑着身体，清点着人数。“少了一个人！”荆书典第一次清点完人数后下意识地认为自己太累了，点错了。当他确定确实少了一个人时，刚才的疲惫感瞬时消失了，在安排好山顶的人员后，他开始下山找寻。“当时脑海中闪过的第一个念头就是，这个人掉队了。具体在哪里掉队的，没有同事能说清楚。同事们也都是太累了，哪还有余力顾得上别人。在那个通信技术还不发达的年代，又没有手机可以直接联系，所以我只能顺着来时的路下山寻找。”来到中天门，荆书典一眼就望见瘫坐在地上的同事，两人相视一笑，手紧紧地握在了一起，随即荆书典也瘫坐在同事的旁边喘起了粗气。

扶贫的日子里，荆书典始终关注着仪表行业的最新动态，闲暇之余，他一遍又一遍地回忆着自己从一名大学毕业生到副厂长的历程，分析和研判着仪表厂的前景。

“1992年，又是一个春天，有一位老人在中国的南海边写下诗篇……”熟悉的旋律永久地记录着1992年这个不平凡的年份。在中国的历史上，1992年这一年，太多人的命运被改写，太多的梦想被现实照耀，太多的不可能变成现实的宏伟蓝图，成为西方人眼中一个又一个奇迹。不管多少年过去，这一年都将深深镌刻在人们的记忆深处。

1992年2月下旬，荆书典在广播中突然听到关于邓小平同志南方谈话的消息，几乎就在那一刻，创业的念头像闪电一般突然窜过脑海。邓小平同志的南方谈话从根本上理清了计划经济、市场经济与社会主义、资本主义之间的内在联系，旗帜鲜明地指出要靠改革开放促进经济发展，坚持党的基本路线不动摇，抓住时机、发展自己，大胆地试、大胆地闯。“思想要再解放一点，胆子要再大一点；看准了的，就大胆地试、大胆地闯。”

这几句话犹如一股强劲的东风，吹散了荆书典思想上的迷雾，也就是从那一天开始，创业的念头始终萦绕在他的脑海中，挥之不去。

有些念头一旦萌生，便如同野草般疯狂滋长。孙子兵法有云“谋定而后动”，在一个个夜深人静的时刻，荆书典望着满天的繁星，谋划部署着如何迈出第一步。

1992年10月，党的十四大确立了社会主义市场经济体制的改革目标，提出以公有制为主体、多种经济成分长期共同存在和发展，掀起了新一轮改革开放热潮，为民营经济发展注入了无限的生机和活力。这同时也为荆书典注入了新的思想，那一年的春节，荆书典一边整理着自己的想法和规划，一边了解着成立公司的政策和手续。“最低注册资金为10万元人民币”“需一次性出资”等条件让荆书典不得不重新考虑自己的规划。

扶贫结束的日期一天天靠近，荆书典的心绪开始变得不安起来——回仪表厂继续担任副厂长，如果厂里不能完成转型，产品不能得到升级，新的技术成果不能完成转化，那仪表厂势必会在经济大潮之下慢慢没落，最后破产重组，那自己的研究成果也将永远停留在理论阶段；选择创业，也就是选择了与风险和未知同行，在理论阶段的科研成果将有极大概率会转化为产品和应用，自己的梦想也将有实现的那一天，最主要的是，自己已经深深爱上了仪器仪表这个行业。

恰在此时，国家相继出台了一系列鼓励民营经济发展的优惠政策。这些政策像一缕春风，给痛苦彷徨的荆书典带来了信心和勇气，也坚定了他创业的信心。

“一人踏不倒地上草，众人踩出阳关道。”荆书典将自己创业的想法告诉了要好的同事和好朋友，好消息一个又一个地传来：

济南高新技术产业开发区作为1991年经国务院批准设立的首批国家级高新区，肩负着“发展高科技、实现产业化”的重任，对科技企业有特殊的政策，最低5万元注册资金就可以。

1992年高新区成立了济南高新技术创业服务中心，可以为企业的注册等提供帮助。

有4个自然人和1个仪表厂愿意与荆书典一起共同成立一个公司，每人出资1万元人民币……

就这样，1993年下半年，扶贫归来后的荆书典向组织申请，没有再回济南自动化仪表厂担任副厂长，而是于当年12月20日创建了济南高新开发区华兴机电研究所，并在济南市解放路41号租了3间办公房，踏上了真正的创业之路。

这实在是一个大胆的决定：是“铁饭碗”重要，还是去把握那个渺茫的创业机遇重要？答案是：因人而异，因时而异。对荆书典来说，辞去国有企业的副厂长职位，放弃未来广阔风光的发展潜力，去搞自主创业，在当时很多人看来，荆书典的决定真有点不可思议，甚至不知自己几斤几两了。家人对此也是忧心忡忡；一些亲朋好友甚至对此根本不看好，持很深的怀疑或排斥态度。然而，荆书典对自己认准的事情，往往能表现出义无反顾的勇气和“虽九死其尤未悔”的执着。

众所周知，辞职创业要冒很大风险，承担很大的压力。万一失败了，不，失败了又怎样？！不过意味着从头开始，如果我们肯把人生拉长，赤条条来赤条条去，人又何必惧怕一无所有？再者，人不尝试，不豁上自己的全部身家去赌一把，怎么就能笃定一定会失败？在决定人生转折的路口，相信自己其实需要很大的勇气。然而，相信自己有个前提：判断一定要准确。在访谈中，荆书典在谈笑风生间说了一句话，就透露出这样的人生哲理：胆子大是一方面，关键是要相信看准的这个事，这样付出奋斗，这事才能成。

第三节 数字拼成的创业画卷

1993年12月20日，星期一，农历十一月初八，济南高新开发区华兴机电研究所在解放路41号正式挂牌成立，高春任董事长，荆书典任总经理。

当年的出资协议书上显示，济南高新开发区华兴机电研究所（有限公司）是由济南华兴电器仪表厂与高春、荆书典、时广礼、哈仲基、张兆慈共同发起出资组建的集科、工、贸于一体的经济实体，实行自主经营、独立核算、自负盈亏，并以全部资产对其债务承担责任的合作制企业。五个自然人和华兴仪表厂共同出资6万元，这是他们最初的创业资本。

说起时广礼，荆书典尊敬地称呼他为“时广礼教授”。当时的时广礼担任山东工业大学自动化系的副主任，是名副其实的教授级科研人才，为了支持荆书典创业，也为了将更多的科研成果转化为生产力，他毅然辞去了学校的行政职务，把技术转化成果投入到公司的发展上。跟荆书典一起创业的张兆慈则是他在济南自动化仪表厂的同事，张兆慈当时担任厂里工艺科的科长，是做机械专业、模具设计的专业技术人才，也是公司工艺的保障。

虽然有得天独厚的条件和志同道合的创业伙伴，创业的路途也并非一帆风顺，在荆书典看来，那年的冬天显得格外漫长。在1993年，6万元对于一个普通家庭来说算是一笔巨款，但对于一个搞科技研发的公司来说，可谓是杯水车薪。买了一台电脑花费2万多元，装了一部电话花费6000多元，加上房租和购置办公家具等，6万元在短短不到一个月的时间里所剩无几。

特殊时期必须特殊对待。荆书典咬紧牙关，毅然决定发起人不发工资，而且一停就是半年多。当时下这个决定对于荆书典来说是何其艰难：一是自己砸了“铁饭碗”，执意出来创业，本身家里和周围亲朋都不同意；二是自己出资的1万元之中，有5000元还是东拼西凑借的；另外背后还有家庭需要照顾，且初创公司的前途还未可知，在外人看来，颇有些“孤注一掷”的味道。用荆书典现在的话来说就是：“依据当时的情况，这也是必要的、合情合理的孤注一掷行为。当时仪表厂的状况是，我们的研究成果转化不了，没有新的产品问世，老的产品已经跟不上时代的发展了。我们当时都有一个信念，靠我们的聪明才智，靠我们自己的双手去奋斗，一定能够闯出一条路。”在他的带领和影响下，和他一起创业的合作伙伴也受到了“同样待遇”。

同样，为了节省开支，他们承揽的项目都不雇工，时广礼教授也和荆书典等人一样骑着自行车去工地，背原材料、装卸车，手拿冲锋钻干最苦最累的活，包括一切货物的装卸也全部由他们几个创始人完成。现在回想起来，他们已记不清经历了多少“白加黑”“5+2”连轴转的日子。“苦心人，天不负”，荆书典和他的创业伙伴终于迎来了创业以来的第一单——济南火车站锅炉改造工程。这个项目的合同额是30多万元，虽然利润不是太高，但对于荆书典和公司来说意义重大，可以算是第一桶金。

“党的二十大报告中指出，科技是第一生产力，人才是第一资源，创新是第一动力。在企业初创时，我们就真切地感受到了科技和人才的重要性，企业站稳脚以后，我们就开始打造核心技术，研究智能化仪表和计算机控制系统。”在荆书典的脑海中，企业初创时的艰辛，吃苦流汗并不是第一位的，赚钱的多少似乎也不是最重要的，重要的是体现劳动的价值和验证自己选择的路是正确的。一次临沂之行更加坚定了他以技术立身的企业发展理念。

1994年春天，临沂新华陶瓷有限公司从意大利引进了一套二手设备，因为图纸资料不全、设备老旧和电脑系统密码的缺失，整个机器组装起来后无法开启。对方联系了多家单位，始终也没有解决。经别人推荐，找到了荆书典团队，当时对方也只给了一个周左右的时间。

虽然荆书典有着十余年的行业经验，包括电脑数据采集和集成电路的一些技术，但是面对这台意大利设备，心里还是没有底气的：设备不熟悉，以前没有调试过这样的设备；语言文字看不懂，整个机器上都是意大利文；机器通电后开不了机，不知道问题出在哪个环节。“接到这个活以后，我们就集体商议解决方案，说实话，当时也没有把握能修好。因为我有开发电脑数据采集仪的一线技术，对集成电路也比较熟悉，加上时广礼教授的技术和经验，还是有一点信心的。”

拆设备，测试机器状态，饿了就啃一口随身带的干粮，困了就闭上眼打个盹。荆书典和他的团队成员在车间里待了整整三天两夜，终于找到了故障点，是一枚芯片和部分组件坏了。换完芯片和组件，通电后，机器的显示屏亮了，能开机了。荆书典和同事们你看看我，我看看你，露出了胜利的笑容，工厂里的工程师更是为他们竖起了大拇指。然而，笑容仅仅持续了不到一分钟，荆书典看着机器屏幕上的意大利文傻眼了，他望向车间里的其他人，大家也都摇摇头，都不认识。

“马上去买意大利语的词典！”根本来不及多想，荆书典马上安排同事去新华书店购买。新华书店没有，第二天在山东省图书馆借到了一本意大利语的词典。“时间过得很慢”，回想起那一夜，荆书典依然记忆犹新，从下面这段荆书典与时广礼的简短对话中就能看出创业的不容易：

荆书典：就是临门一脚的事儿，差那么一点点了。

时广礼：忙活三天了，会不会前功尽弃？

荆书典：半年都熬过来了，这三天算什么。

时广礼：这半年来，难得有睡得早的一天，你三天没怎么合眼了，明天还要忙活，快点睡吧。

荆书典：有教授在，明天的硬仗一定能够打赢。

或许是实在太累了，或许荆书典信心十足，那一夜，反正是睡得特别香甜。

一拿到词典，荆书典和时广礼就跑到车间，一人一本词典，一人一个小本，一个单词一个单词地翻译。翻译完才知道，这个机器自带有语言转换模式，可以转换成英文。在荆书典和时广礼教授的共同努力下，机器密码得以破解，他们设置了新的密码，按照工厂的要求调试了机器，此时刚好是第五天。

“最美人间四月天，赏花踏青正当时”，四月的沂蒙大地百花盛开，和煦的春风带着温暖的味道拂过走出工厂大门的荆书典，他和他的同事们脸上都洋溢着灿烂的笑容，对美好的未来充满着希望。最后，临沂这家工厂支付了五万元的维修服务费。

执掌过四家世界五百强企业的宁高宁提出过企业成长论：企业在成长过程中，要经历七道分水岭，“走对了三道就是及格，走对了五道就是成功，走对了七道就是伟大”。华兴机电研究所在成立仅仅一年后，就遇到了一道分水岭中的一个台阶，也是这个台阶，才诞生了“大陆机电”这个名字。

1995年1月1日，华兴机电研究所正式改名为“济南高新区大陆机电研究所”，并进行了工商变更登记。董事会由荆书典、时广礼和张兆慈组成，荆书典任董事长并兼任总经理。自此，荆书典带领“大陆机电”，靠着他的经营理念和技术开始在齐鲁大地上生根发芽。

对于“百度”名字的来历，百度老总李彦宏对此曾做过解释：从小就喜欢唐诗宋词，对中国传统文化的认同感非常强。当时的想法是，网站的名字要有中文的含义，要让中国人能明白。还要有简单的拼音，能表现搜索的含义，但不能很直接地就叫搜什么，要有文化的底蕴。想来想去，辛弃疾的这句词“众里寻他千百度。蓦然回首，那人却在，灯火阑珊处”就突然冒出来，当即就拍板了，因为“百度”两个字把想要表达的东西全都涵盖了。

对于“大陆”名字的来历，大陆股份董事长荆书典同样有着自己独特的想法：学的相关专业，从事仪器仪表行业，对于数字有着独特的认知，当时的想法是，起初6个人用6万块钱成立了公司，“6”又等同于汉语词语“六”。“六”在中国是一个吉祥数字，象征着和谐、吉利、关爱、孕育等，给企业取名“大陆”，即“大六”，也有“六六大顺”之意，具有祝福事业发达的意思。

公司的标志以“大陆”拼音首字母为主要设计要素，力求体现其雄壮、刚毅、稳健、求实的特质。标志中，将“L”变形为“6”，隐含了六人六万元起家的创业史，彰显着艰苦奋斗精神，把事业做大做强的信心和决心。标志中还突出两个圆，它象征追求圆满的愿望，透露出与时俱进的紧迫感（见图6–2）。

图6-2 济南大陆机电股份有限公司品牌——大陆通

在有了一定资金积累后，荆书典就把资金投入到研发中，开始研究智能化仪表和计算机控制系统。1995年9月4日，大陆机电注册资本由6万元增加到20万元；1997年3月6日，注册资本由20万元增加到42.8万元；1999年3月10日，注册资本增加到100万元；2000年10月31日，经济南市工商行政管理局核准，大陆机电研究所由股份合作制企业改制为有限公司，企业名称变更为“济南大陆机电有限公司”，此时公司注册资本已达到400万元。从注册资本的变化可以非常清晰地看到大陆机电的发展速度。

企业的发展与环境息息相关，大陆机电的发展与济南高新区密不可分。企业初创时的“解放路41号”不仅仅是大陆机电的办公地点，也是济南高新技术创业服务中心（下称“创服中心”）最初的孵化基地。作为国家科技部首批认定的国家级科技企业孵化器，也是济南高新区最早的孵化器，入孵的第一批企业里就有大陆机电。在孵化器里，入孵企业可以享受返税优惠，地方留存的部分50%返还给企业，这为大陆机电的发展积蓄了力量。

在济南高新区优惠政策的帮助下，大陆机电发展迅速，1995年企业规模达到孵化毕业条件。1996年，公司随创服中心搬到华龙路的创业大厦，大陆机电又成为首批入驻创业大厦的企业，接受创服中心的孵化，后成为首批毕业的企业；也是在那一年，公司被认定为高新技术企业。

1999年，济南高新区东拓发展，大陆机电跟随济南高新区的发展脚步，来到齐鲁软件园的梯形大厦落户，又成为软件园的首批入驻企业，以及山东省首批认定的5家软件骨干企业之一。

2000年，济南高新区扶持高新技术产业，鼓励高新技术企业建立自己的生产基地。荆书典大胆谋划，在现今的新泺大街和开拓路交叉口处买下了40亩地，规划建设大陆机电企业园。“那时候园区周边都是庄稼地，还没有开拓路，新泺大街也很窄，正在拓宽。”荆书典说，大陆机电是第一个与高新区签订买地合同，在齐鲁软件园基地建设企业园区的民营企业。

2003年8月，大陆机电园区建成，公司从齐鲁软件园搬入了大陆机电园。是年，正是大陆机电成立十周年，回顾这十年的发展历程，荆书典用的词是“连年成倍增长”，究其原因，一是大陆机电在“以技术安身立命，以管控一体化为核心”的企业发展方向上的准确把握；二是诚信经营，站在用户的角度去思考问题、解决问题；三是不间断地学习，提升企业的技术水平和为客户服务的能力。也正是在那一年，大陆机电遇到了一个分水岭，企业由高速发展转入了求生存的阶段。

第四节 踏过寒冬迎春来

美国著名思想家爱默生在《英雄主义》一书中说过：“生命只是在智者看来才是一次欢宴，而从隐秘谨慎的角落和烟窗的边缘看去，生命则长着一张危险而粗糙的脸。”这是英雄本色，它坚韧不屈，它是一种无畏的勇敢和永不枯竭的坚定。一个人最难能可贵的品质，就是不管自己吃多少苦、受多少磨难，也不辜负别人的期望；一个企业之所以能成长和成功，是企业担负一切责任，把信誉视作生命，把员工视作同伴，把合作伙伴视作上帝，将产品和服务做到完美、无可挑剔和问心无愧。

一路走来，面对企业发展路上的一个个望而生畏的艰难困苦，面对一个个难以逾越的发展之坎，荆书典和他的大陆机电始终坚守这些生命信条，不断踏平坎坷成大道，不断修炼一名优秀企业家的精神本色，不断培育一家优秀企业的成功底蕴。

融资问题始终是民营企业一个不可逾越的“瓶颈”，尤其对于民营科技企业来说，更是其软肋，对于发展中的大陆机电也不例外。处于高速发展期的大陆机电在2003年就遭遇了资金短缺这样一场突如其来的考验。

为了扩大生产规模，2002年大陆机电投入2000多万元，在济南高新区开建大陆机电园区。因为种种原因，本该当年拿到的土地证没有准时拿到，导致办公楼建成后房产证也无法按时到手。由于缺少两证，大陆机电就无法进行抵押融资，一时间出现了巨大的资金短缺。

巨大的经济压力像一座大山一样压在荆书典的肩膀上。那段时间，荆书典召集企业管理层开了一次又一次的紧急工作会议，商量着对策。有的主张暂时停发工资，等缓过这一段时间再说，但荆书典认为员工的工资长期拖欠，会严重影响员工的生活水平和职业信任度，一旦拖欠时间过长，极易导致离职潮，影响企业的长久发展；有的主张民间借贷，荆书典深思后认为，民间借贷犹如一把“双刃剑”，它在为公司解燃眉之急的同时，其高额的借贷利息也有可能成为压倒企业经营的“最后一根稻草”，这无异于饮鸩止渴；还有的主张向企业员工融资，因为员工作为企业的内部人员，对企业的发展和经营状况了解更为深入，具有更高的信任度和认可度，也可以提高企业的信用度，增强企业的市场竞争力，这听起来是一个有百利而无一害的万全之策。

“病急不可乱投医”，越是关键时刻，越是要保持冷静，荆书典保持冷静的方式就是读书。

在他看来，书中不止有“颜如玉”和“黄金屋”，还蕴含着人生的智慧和哲学，那无穷无尽的知识像一艘船，能带领着他从狭隘的地方，驶向无限广阔的海洋。在一个难以入睡的夜晚，思绪突然将他拉回到少年时代，父亲朴实的话语又一次回响在他的耳畔："知识对于一个人来说固然很重要，但是自身的道德修养却更加重要。一个人只有提高了自己的道德修养，再去学习文化知识，才会离成功更近，成为一个对社会和他人有益的人。"

"对社会和他人有益的人"，荆书典不自觉地念出了这几个字，反复咀嚼着，也坚定了以下决心。

第一，绝不能拖欠员工的工资。

企业家的第一责任就是做好做强企业。但一个企业的成功，是一群人的成功，不是一个人的成功。做企业的领导者，首先格局要大，只有分好"蛋糕"才能做大"蛋糕"。企业与员工之间是利益共同体、事业共同体、命运共同体。企业的艰难员工肯定是知道的，自己要做的就是给他们信心，让员工相信自己把他们当成是同伴，而不是工具，不能损害同伴的利益。员工的心是从众的，是趋利避害的，当看到危险、看到灾难的时候，大部分人是坚定不了信心的，大家是恐慌的，是沉不住气的，是忧虑的，这是人性。如果此时向员工融资，势必会引发员工对工作的担忧，对公司发展和业务正常开展都不利。

第二，绝不能搞民间借贷。

荆书典想到了发生在自己身边的一个民间借贷案例：济南有家公司创建于1994年，主要产品有各型摩托车曲轴箱体、通用汽油机配件等，是济南轻骑摩托车股份有限公司的合作商。从表面上看，公司当时规模做得比较大，生意也还算红火，还有固定的厂房和设备，拥有十余项专利技术，可谓实力雄厚。2000年，这家公司想要扩大生产规模，急需资金进行周转。那个年代，民间借贷市场并不发达，大部分融资需求依赖于银行等传统金融机构。想着银行贷款手续烦琐，周期长，资金也只是用于短暂的周转，这家公司便向民间借贷公司借了500万元，合同约定，借款期限为6个月，借款期间月利息5%，如果借款逾期，逾期息每天按借款总额的0.5%支付逾期利息。转眼间6个月过去了，到了双方约定的还款期限，该公司的业务款却怎么也收不上来，最终这家企业不得不破产重整。

企业家应该有远大的志向和崇高的使命，应该有强烈的事业心和家国情怀，敢破敢立，敢作敢当，懂得取舍。在综合分析发展前景、评估企业的盈利能力后，荆书典采取了最为保守的限制合同签订、压缩合同数量等措施。

2003年年初的一天，荆书典拿起一份份合同看了一遍又一遍，反复思索了良久，还是首先拨通了华泰纸业集团的电话。电话真的接通后，荆书典并没有按照纸上写好的方案交谈，而是直接开门见山地将原由告诉了华泰纸业，希望退掉与其签订的350万元合同。对方也是爽快之人，立即将此事向董事长汇报。经过交流和沟通，很快办理好了退合同手续。当时的负责人说："我们签了合同一般是不可以退的，但因为跟大陆机电有过合作，了解荆书典的为人，知道他是确实遇到困难了，也就答应了。"

回忆起那段经历，荆书典说："舍弃千辛万苦拿来的订单，心里也是非常痛苦，但再难也得讲诚信，接了单子如果做不了，就会砸企业的牌子。"像这样推掉和退掉的合同，三年里累计达2000多万元，此时的大陆机电像一朵凌霜傲雪的红梅迎着风霜雨雪坚守在寒冬之中，等待着春天的到来。

在时间的长河中，一个企业的生存发展，从来不是由其发展的速度所决定，而是由它每一步的稳妥前行而决定。也正是在那一个阶段，荆书典更加坚定了自己的"四不做"原则，且将它融入公司的企业文化：

第一，没有钱的客户不合作，即效益不好的客户项目做完后资金回收相对困难。

第二，没有信用的客户不合作，即信用不好的客户在项目进展过程中往往会有较高的风险。

第三，水平低的项目不做，即有些客户为了省钱会选择低层次的产品、低层次的服务，往往后期麻烦不断。

第四，不赚钱的项目不做，即企业经营的目的就是盈利，赚钱才能维持公司的长远发展和体现员工的劳动价值。

这“四不做”原则，虽然让大陆机电的发展速度缓慢了一些，但也让它避开了一些风险，一步一个脚印，平稳地向前发展。

2005年，大陆机电终于拿到了期待已久的土地证和房产证。苦苦支撑了3年后，公司慢慢走出寒冬，迎来了崭新的春天，同时也在新产品、新技术研发上取得了重大进展，获得了DCLS3000计算机控制系统软件、企业信息管理与过程控制数据动态联接系统软件、大陆企业资源计划系统软件ERP等一系列的软件著作权。

“即使在没有多余资金的那一段时间，大陆机电也在苦修内功，不断研发新的软件系统。”在科技创新这条道路上，荆书典带着他的团队，从未停歇过。2006年，大陆机电ERP系统上线运行。

困难，只有对弱者来说才是困难，对于强者来说，困难反而是一笔财富，因为这部分人会把困难当成机遇或试金石。他们凭借勇气和智慧，撕碎困难，垫在脚下，不断实现人生的攀高和进阶。正像法国浪漫主义作家雨果说的那样：“上天给人一份困难时，同时也给人一份智慧。”

创业路上的磨难可谓九九八十一难，但荆书典是一个从不畏惧困难的人。这段破茧成蝶般的经历，让他深刻领会到，民营科技企业更要重视信誉建设，把信誉视为企业的生命。在公司最困难的时候，大陆机电也没有将困难和危机转嫁给上下游合作伙伴和员工，宁可牺牲发展速度也不拖欠工程货款和建设用款，宁可收缩规模也不做影响信誉的事，宁可荆书典自己借钱和抵押贷款也不拖欠员工的工资。

在荆书典看来，大陆机电的发展正如高脚酒杯的断面：开始时为了生存，尽可能多地承揽工程，把战线拓宽；当站住了脚，有了技术积累，便需要突出主项、收缩战线，即便有的项目还很有市场，该放弃的也必须主动、勇敢地放弃，因为只有收缩战线，才能集中力量在某一领域做精，只有做精才能做强；当企业在某一领域、专业做强后，再像酒杯的肚子那样再次扩张，才能做大，取得更好的经济效益。因此，做强比做大更重要。

走出寒冬后，如何推动企业尽快进入发展新轨道？荆书典给出的回答就两个字：创新。2007年，在荆书典的带领下，拥有自主知识产权的DCS控制系统（即DLCS—3000e生产过程控制系统）研发成功。

“这是一套室内空气测量监控系统，可以在2至5秒的延迟时间中，实时地测量室内温度、空气湿度及二氧化碳浓度，并能根据预先设置的参数进行智能调控。以生产车间的二氧化碳为例，当装置检测到较高的二氧化碳浓度时，液晶显示屏上会迅速地显示出当前空气中二氧化碳含量，并能通过室内空气净化和与外界空气循环，从而将室内空气各项参数控制在预置值。”目前，该系统已被广泛应用于化工、电力、冶金、造纸等行业。

2009年10月，大陆机电研发的山洪灾害监测预警系统平台通过国家防汛抗旱总指挥部组织的评测，成为山东省唯一一家通过国家水利部专家评审且广泛应用于各地的山洪地质灾害预警系统。

在美丽的西子湖畔有着很多美丽的故事，感人至深，许仙在西子湖畔遇到了美若天仙的白娘子，荆书典在西子湖畔则促成了大陆机电与法凯涞玛的牵手。

AIRCLIMA始创于1974年，隶属于法国国家电力公司（EDF）集团，是专业从事节能空调设备和蓄冰空调系统研发的机构，有着多年蓄冰节能产品、地源热泵、工业制冷的研发和推广经验。2006年，AIRCLIMA进入中国，其独资公司法凯涞玛冷暖设备（杭州）有限公司设立在了风景秀丽的西子湖畔。

结合公司的自身业务，看准公司与法凯涞玛之间的合作空间，荆书典带领大陆机电创新大胆地与法凯涞玛开展了深度合作，双方合资生产热泵机组，这个技术的核心就是从处理的水中提取热能为建筑物供暖和制冷，完全替代常规的取暖和制冷方式。冬天供暖时以处理后的中水为热源，夏天制冷时以处理后的中水为热汇。毫无疑问，这种技术更符合国家政策，也具有广阔的市场前景，可以应用在锅炉厂、污水处理厂等众多企业中。

然而，由于技术太过超前，投资成本高，许多企业对此怀有疑虑，短期内要想让企业大规模投入比较困难。怎么办？荆书典力排众议："那就建一些示范项目，通过现场说法，邀请相关厂家前来参观，通过这一系列的工作，经过时间考验后，我们再大力推广自己的技术。"

2008年，荆书典以BOT的方式承建了济南孙村污水处理厂，并将此厂作为该技术的示范项目之一。经过处理后达标的中水常年温度在12—25摄氏度，大陆机电通过安装与法凯涞玛合资生产的热泵机组，利用中水为冷热源建成了中水源热泵空调系统，实现了全厂的取暖制冷。孙村污水处理厂目前日处理水量20000吨，取60%的系数，按12000吨／天测算，可供热面积为58200平方米，可供冷面积为29100平方米，且有较好的可扩展性。据测算，该系统比常规空气源空调机组节能30%—50%，是一种低碳节能的建设方案。

此外，荆书典还利用合同能源管理的方式，为鲁西化工集团投资承建锅炉余热利用项目，约定由该项目节能带来的效益由鲁西化工与大陆机电共享。这一项目的成效已被实践证明。

第五节 牵头制定国家标准

无论是在哪个国度，想做大事的人很多，但做成功的却很少；或许每个人对成功的定义各有不同，不管是王侯将相，还是贩夫走卒，都将始于尘土，归于平凡。但人这一辈子，总要完成点使命，或者留下点痕迹，才不至于枉度此生。在这个社会，我们已然目睹了太多雄韬伟略的口头“战略家”，也领略过了不少激情澎湃的“成功学大师”的“风采”，还见识过一些甘于混日子的不得志者，但我们更希望看到更多心无旁骛、潜心研究的专注者和精益求精的执行者。

和仪器仪表、计量器具打了一辈子交道，荆书典面对这一路上不断涌出的不解和质疑，并没有随波逐流和放弃，而是永远怀揣着敢于探索未知的勇气，发扬不畏艰险的精神，提升勇于突破的能力，突破思维定式，跳出舒适圈，走前人未走之路，思旁人未有之想。从着手做到结果，过程漫长而艰辛，很多人半途就已放弃了，导致看不到明天的结果；也有的人不见结果不罢手，成为坚持下来的极少数。

从2009年开始，在政府领导和行业专家的指导下，荆书典带领大陆股份的骨干人员潜心研究能源计量器具识别编码方法，并首先申请了发明专利。从2012年开始，大陆股份建立了计量器具公共服务平台，并于2015年10月25日正式上线为全国服务。同年，大陆股份作为主承担单位组织并制定的《计量器具识别编码》（GB/T 36377—2018）国家标准正式获得国家标准化委员会立项，2018年6月7日发布，自2019年1月1日起实施。这个项目与国家标准前后共经过了10年的研究实践，最终在2019年1月正式实施，进一步成就了2019年国家工业互联网重大创新发展工程——工业互联网标识解析二级节点/仪器仪表行业公共服务平台项目建设与运营，这是一个里程碑式的国家战略工程项目。这个举动就很好地诠释了荆书典的这种品格。

问及大陆股份为什么做标准时，荆书典并没有直接回答，而是讲了这样一个故事：改革开放之后，初步富裕的中国国民对音视频产品的需求极大，在该领域大批中国企业如雨后春笋般冒出。然而，由于缺少知识产权意识，在利益的驱使下，很多厂商开始海量仿制录音机、磁带等，贴牌的、盗版的冲击着正版市场，真假难辨，价格便宜，老百姓更愿意买单，导致这种现象屡禁不绝。

2001年12月11日，中国加入世界贸易组织（WTO），并成为《知识产权协议》的缔约方。面对加入WTO的新环境，我国的知识产权遇到了尴尬的局面——2002年1月9日，深圳普迪实业发展有限公司运往英国费利克斯托港口的3864台DVD，被飞利浦通过当地海关扣押；紧接着，惠州德赛视听公司出口到德国的DVD播放机于当年的2月21日也被当地海关扣关3900台……

据统计，2002年2月至3月间，有100多家中国企业生产的DVD机在欧盟被海关强硬扣押。消息传回国内，中国相关部门立即通过国际组织向欧盟海关询问缘由。得到的答复是：这些产品没有获得专利授权，不能登陆，更严禁销售。接着，欧盟的传票像雪片一样飞到中国厂商手中，3C公司联合欧盟国家海关要征收每台20美元的专利费，MPEG-2作为最基础的标准专利也包含其中。此后，6C、1C等公司相继挥起专利收费“大棒”，毫无思想准备的中国厂商们心惊肉跳，乱作一团，火爆的中国DVD产业迅速衰落。

标准不仅是技术问题，还和经济利益紧密相关，和国家利益紧密相连。音视频编解码标准很重要，它是“根”上的标准，涉及所有音视频领域。高昂的专利费用不仅砸醒了中国的DVD企业，也让中国的技术专家备感忧虑。国产DVD机虽然产销量巨大，但产品核心专利和技术标准全部为国外企业所掌握。DVD机的生产涉及多项专利，其中最为重要的音视频标准正是MPEC-2。

在接下来两年多的时间里，中国电子音响工业协会代表中国企业，多次与这些专利联盟展开谈判。最终，双方签订的协议条款是：中国每出口1台DVD，应向国际6C联盟支付4美元专利使用费，向3C联盟支付5美元专利使用费，向1C（汤姆逊公司）支付售价的2%（最低2美元）的专利使用费，向杜比公司支付1美元，向MPEG-LA公司支付4美元。这样折算下来，

1台DVD合计要支付至少16美元的专利使用费。

据有关方面不完全统计，跨国公司追溯性的收费要求一次就收取了27亿元人民币。每出口一台DVD，国内生产企业就要向各个专利权人交纳专利使用费近20美元。整个行业的“命门”，一下子被西方国家死死掐住。

也是在那时，标准就像一颗种子，在荆书典的心里深深地扎下了根。他说：“‘欲知平直，则必准绳；欲知方圆，则必规矩。’《春秋》里老祖宗已经将标准的重要性告知我们，平直的标准用准绳来判断，方圆的标准用规矩来判断。没有标准，无以知方圆，更无以证曲直。但是，刚刚加入WTO的中国企业，哪里知道技术标准这么重要，需要付出的代价会这么地大。”

综观大陆股份的发展历程，开始做数字化仪表，后来做计算机控制系统，这既是基于企业自动化与安全生产的需要，也是基于当时的市场需要。而到后期实现信息化，就要和管理结合起来，解决工业生产优化控制和高效管理的问题。

“大陆股份的核心技术路线就是管控一体化。那几年，凭借其技术的先进性，为鲁北化工、太阳纸业、山东钢铁等企业提供自动化控制与能源管控等服务，以实现降本增效。推动能源管理的过程，需要把数据收集起来进行分析，再进行系统性优化。”荆书典在2009年以前为企业进行能源管控时发现，很多数据难以精准收集，原因就是对计量器具的管控不够。从20世纪到现在，传统的计量器具管理方法是：生产企业在计量器具出厂时自定义出厂编号；大单位在使用时会有个本单位的设备编号；而到了第三方检定机构，对强检器具又会发放一个有新编号的检定证书。“生产、流通、检定、维修之间各自为营，信息难以打通，尽是信息孤岛。”基于此，专业做自动化仪表的荆书典在用心思考着。

国家质量监督检验检疫总局、国家标准化管理委员会2006年发布了《用能单位能源计量器具配备和管理通则》（GB 17167—2006），规定了用能单位能源计量器具配备和管理的基本要求。

针对能源计量器具方面，有七条规定：

第一，用能单位应备有完整的能源计量器具一览表。表中应列出计量器具的名称、型号规格、准确度等级、测量范围、生产厂家、出厂编号、用能单位管理编号、安装使用地点、状态（指合格、准用、停用等）。主要次级用能单位和主要用能设备应备有独立的能源计量器具一览表分类。

第二，用能设备的设计、安装和使用应满足GB/T 6422、GB/T 15316中关于用能设备的能源监测要求。

第三，用能单位应建立能源计量器具档案，内容包括：计量器具使用说明书；计量器具出厂合格证；计量器具最近两个连续周期的检定（测试、校准）证书；计量器具维修记录；计量器具其他相关信息。

第四，用能单位应备有能源计量器具量值传递或溯源图，其中作为用能单位内部标准计量器具使用的，要明确规定其准确度等级、测量范围、可溯源的上级传递标准。

第五，用能单位的能源计量器具，凡属自行校准且自行确定校准间隔的，应有现行有效的受控文件（即自校计量器具的管理程序和自校规范）作为依据。

第六，能源计量器具应实行定期检定（校准）。凡经检定（校准）不符合要求的或超过检定周期的计量器具一律不准使用。属强制检定的计量器具，其检定周期、检定方式应遵守有关计量法律法规的规定。

第七，在用的能源计量器具应在明显位置粘贴与能源计量器具一览表编号对应的标签，以备查验和管理。

“能源计量器具配备和管理的基本要求有了，但是国家使用的仍是几十年前的社会计量体系，已经远远满足不了经济社会发展的需要了。2009年，大陆股份成为国家发改委第一批企业能源管理中心建设项目的承担单位，在贯彻GB 17167—2006，落实能源计量器具配置，加强能源资源管理的同时，参与制定部分能源消耗领域的地方标准和国家标准。”在一个行业研究得越深，越能知道缺少什么，“以技术安身立命，以管控一体化为核心”，那一段时间，荆书典经常望着大陆股份的企业发展理念发呆。

正像传言中苹果掉在牛顿的脑袋上才有了万有引力的发现，很多创新都是不经意而为之。2009年7月，大陆股份获得济南市政府颁发的“2008年度济南市节能先进企业”荣誉。也是在那个7月，普通的不能再普通的一天，荆书典在整理自己的工作包时，他的二代身份证“啪”地一声掉在地上。

在弯身去捡拾身份证时，荆书典的手停在了那里，望着地上的身份证，一个想法突然冒出来：“每个人都有自己的身份证号，一辈子的轨迹都在一个小小的身份证里。我们是否可以给每个计量设备都编上唯一的编码，把它们从生产、流通再到使用、维修、报废的全过程记录下来，汇集成大数据，这样就可以为企业的生产过程做能效分析，记录下所有的经济信息。”

对于行动力很强的荆书典来说，有些想法一旦出现，便会毫不犹豫地去实现。他捡起身份证，拿出手机就拨通了山东省计量科学研究院总工程师曹瑞基的电话。电话一接通，荆书典就打开自己的话匣子，跟曹总工聊起来。他兴奋地向对方阐释自己的奇思构想，两人忘我地讨论起来，一边讨论，荆书典一边在笔记本上记录；一边是电话里两人思想的碰撞，一边是笔记本上沙沙的写字声。不知不觉一个多小时过去了，荆书典的笔记本也记录了六大页，可谓字字珍贵。

此时，夕阳透过窗户，照耀在地板上，形成一道金色的光带，让整个房间都变得温暖而明亮起来。

挂断电话，荆书典在办公室里来回地踱着步，反复咀嚼着他跟曹瑞基交流的想法。“当时给曹瑞基总工打电话，完全是潜意识里迸发出来的，因为曹总工是享受国务院特殊津贴的专家，国家质检总局的学术技术骨干，主持编写过国家质检总局计量检测人员培训教材《电磁计量》，还参与编写过多项国家标准，是这个领域的专家型人才。我有了这个想法之后，就想第一时间向他求教，验证可行性。”

一切伟大的创新，也许就是源于有心者的最初冲动的想法。那次通话后，荆书典就一头扎进了“计量器具识别编码”这片创新的蓝海，一发不可收拾。

这个基于身份证而引发的深度思考，改变了一个行业的格局。身份证上最启发荆书典思考的，是身份证号码那一串数字。

这一串数字有18位这么长，而且每个人的号码都是不一样的，它的编排规则是什么？每段数字到底代表什么意思呢？荆书典通过搜索与研究，查清了二代身份证号码的编排规则：

身份证号码由18位数字组成，它们的含义如下：

（1）前1、2位数字表示所在省份的代码。

（2）前3、4位数字表示所在城市的代码。

（3）前5、6位数字表示所在区县的代码。

（4）第7—14位数字表示出生年、月、日，其中7、8、9、10位是年，11、12位是月，13、14位是日。

（5）第15—17位都是同一地址辖区内的，以及同年同月同日出生人的顺序码；同时第17位兼具性别标识功能，男单女双。

（6）第18位数字是校检码，校检码可以是0—9的数字，有时也用X表示。

那么，这个神秘的X尾号又是什么意思呢？

作为尾号的校检码，是由号码编制单位按统一的公式计算出来的，如果某人的尾号是数字0—9，都不会出现X；但是如果尾号是数字10，那么就得用X来代替，否则身份证号码就变成了19位，而19位的身份证号码就违反了国家标准，并且我国的计算机应用系统也不承认19位的身份证号码。X表示罗马数字的10，用X来代替数字10，可以保证公民身份证符合国家标准。

标准到底有多重要？标准是经济活动和社会发展的技术支撑，是国家基础性制度的重要方面；标准化在推进国家治理体系和治理能力现代化的过程中发挥着基础性、引领性作用。

人的身份证号码是根据GB 11643—1999中有关公民身份号码的规定，由17位数字本体码和1位数字校验码组成的。“由此可见，国家标准的规格极高，由国家市场监督管理总局、国家标准化管理委员会审核，在社会中认可度极高，制定国家标准的要求以及审核也都是非常严格的。我们大陆股份牵头申请国家标准，需要走的路还很长。”研究完身份证号的编码规则，荆书典的大脑在飞速地旋转着，筹划着怎样将此事一步步落地。

也就是从那一天开始，荆书典再也停不下来了。接受采访期间，荆书典讲起那段经历时滔滔不绝：“2009年到2011年，在这3年多的时间里，我们公司专门组织团队研究确定了方法，申请了发明专利。当时高新区的质量技术监督局还未改名为市场监督管理局，时任局长徐勇和副局长梁成亮都是标准化领域的专家，对我研究领域内的知识非常熟悉。我多次上门拜访，与他们进行深入的交流，首先获得了济南高新区（质量技术监督局）的支持；另一个就是山东省标准化研究院和山东省质量技术监督局，因为前期已与山东省计量科学研究院总工程师曹瑞基等有过深入的交流和多次座谈，且曹瑞基总工始终积极地参与编码标准的研究，致使工作向前推动较快。

也就是在那段时间，我一心扑在了标准的制定上，经常到各个省份交流学习，在公司的运营发展和常规业务管理方面明显有些力不从心。2011年10月23日，我正式辞去了公司总经理的职务，将工作重心集中于公司的战略规划和长远发展上。”

告别了总经理的职务，荆书典有更多的时间和精力用在标准的制定上。不止是制定标准，他还要打造基于标准的公共服务平台，提高公司的核心竞争力。“2012年到2015年，这3年的时间，我们一边构建公共服务平台，一边前往各个省份的标准化研究院沟通交流，一边到市里、省里和国家申请标准的立项工作。好在功夫不负有心人，计量器具公共服务平台于2015年10月25日正式上线；公司牵头申请的《计量器具识别编码》于2015年12月24日也获得了国家标准化管理委员会立项批准。”

2015年12月24日是平安夜，原本不过西方节日的荆书典在那一天破天荒地买了6个苹果。在荆书典的认知中，苹果有“平安果”的美称，寓意平平安安，除了“平安”这一层寓意外，苹果一般还象征着欢乐。所以，在出差频繁的荆书典看来，这一天买苹果带回家也寓意着以后的生活都能欢欢乐乐的。而之所以买6个苹果，因为“6”这个数字对于荆书典来说意义非凡，6个人、6万元开辟的“新大陆”如今迈上了新的征程。

又是一个历经十年的摸索，由荆书典领衔打造的我国首部《计量器具识别编码》，于2018年6月7日正式发布。“主要起草单位中，济南大陆机电股份有限公司排在第一位，主要起草人中，曹瑞基和我分列第一、二位。”荆书典回忆起当时的情景，依然有些兴奋。

第六节 计量器具公共服务平台诞生记

国家标准《计量器具识别编码》在国家标准委正式立项后，荆书典更加忙碌了。一边是选择合适的协作单位起草标准的内容，一边是完善计量器具公共服务平台。目标有了，方向明确了，干劲也更加足了。2016年12月，大陆股份设立了全资子公司山东大陆计量科技有限公司，专门负责智慧计量业务的开拓。

“国家标准的制定周期是比较长的，流程也是相当复杂的，尤其是对于我们民营企业来说。在标准立项之前，我的想法就是，先将自己的想法转化成一种技术，再升级为专利，这也算是万里长征的第一步吧。”

著名企业家稻盛和夫说过，能讲述自己的想法，并将其变成现实的人，就是具备胆识的人。

荆书典不仅是一个具备胆识的人，他还有大智慧，他深深地知道一个想法从诞生到变为现实，需要经历许多步骤，但很多想法从诞生之初便被扼杀了。

荆书典在2009年提出建立编码标准想法的时候，其实只有少部分人支持，甚至遭到了一些标准化行业领域专家无情的打击，他们引经据典地论证这个想法由大陆机电牵头来做不现实、不可实现，下面就是相关的一段对话：

行业专家：现在的计量器具也有识别编码，根本没必要再建立一套编码体系。

荆书典：现在的计量器具不是有一个编码，而是有多个编码。制造企业在计量器具出厂时会编制一个出厂编码；到了使用单位，为了管理方便，使用单位又会对该计量器具给予一个设备编码；而到了第三方检定机构，又会对该计量器具发放一个另外编码的检定证书。这就导致计量器具在生产、流通、检定、维修各个环节都是各自为营、自行管理，信息难以打通，无法满足互联网时代的发展需要。

行业专家：存在即合理，你要做的不也是一套编码体系吗？跟检定机构的有啥区别？

荆书典：我要做的是给予这个计量器具一个唯一识别编码，就像人的身份证号一样。

行业专家：制定标准谈何容易？制定完标准，你也保证不了他们都用你组织制定的新标准。

行业专家虽然苛刻、不近人情，不过这也是新生事物发展的必然过程。作为创新者，荆书典不但不灰心，反而觉得行业专家的一些说法是现实的，是有道理的，也并非针对他这个人。当然，这也是习以为常的惯性思维在作祟。因为在大多数行业专家的认知中，不断完善计量体系属分内之举，但组织制定国内独一无二的计量器具唯一识别编码，不应该是荆书典和一家民营企业能做或能做成的事情。

“明知山有虎，偏向虎山行”，这并非荆书典的莽撞之举，他相信自己从事仪表行业30多年的经验总结，相信功夫不负有心人，坚持不懈制定详细规划，靠持续努力终能够取得成功。

在与众多行业专家一次又一次的交流中，在一次次被怀疑与被否定中，荆书典就像一块海绵，不断把否定吸收转化为营养，他不断充实和完善着自己的规划。是的，制定完标准也保证不了计量器具企业、检定机构、使用单位等会使用这个标准，但至少能推动这个行业的发展。如何推动这个行业的发展呢？荆书典想到的方法就是——建平台。

2014年12月，大陆股份获得发明专利“一种实现计量器具信息溯源的系统与方法”（专利号：ZL201410666605.4）。基于此专利，计量器具公共服务平台应运而生。

计量器具公共服务平台作为一款基于计量器具全生命周期管理服务的计量服务平台，以物联网为基础，以数据驱动为核心，向大数据应用服务延伸。平台以二维码和电子标签为载体，通过唯一性识别编码给计量器具一个“身份证”，面向计量器具使用单位、检定机构、生产企业、监管部门、社会公众提供全方位的管理信息服务，帮助用户建立一套从生产、使用到检定等信息互联互通和数据共享的服务系统。

规划建设计量器具公共服务平台，还与荆书典的一次考察经历有关。2012年的一天，荆书典去一处工业园区考察，园区负责人听说荆书典的企业是从事管控一体化系统集成和服务的国家火炬计划重点高新企业，便诚恳地向他请教道："目前园区有50多家企业，水电是独立核算的，园区有一个总表，每家企业也都有一个独立的总表，会计每月都会统计企业的水电使用情况，按理说数字没错。但是园区收上来的费用与园区实际缴纳给水电公司的费用有差距，而且差距还比较大，您说这事该怎么解决？"接下来，有了下面的对话：

荆书典：毋庸置疑，肯定是有些用电多的单位或个人对电表或者线路做了手脚。

园区负责人：我们也怀疑是有些企业"偷电"，但就是查不出是哪家企业。

荆书典：肯定是用电量大的企业。

园区负责人：这可不能随便怀疑。

荆书典：用来计数的是仪表，你们把企业的这些仪表精准管理起来，给这些仪表一个唯一的识别编码。

园区负责人：有啊，每块仪表我们园区都统一赋码了。

荆书典：你们那叫内部码，我说的是唯一识别编码。

荆书典见园区负责人理解不了，自己一时半会也解释不清，又问道："那他们检校仪表或者更换仪表，你们园区知道吗？"

园区负责人一时语塞，想了一下，说道："一个园区那么多家企业，一个企业就有很多仪表，再说，更换和检校仪表也不是我们的职责。管理那么细，我们得增加多少人员啊！"

荆书典说："那就建一个平台。"这句话从荆书典嘴里脱口而出之时，他的思绪立即回到目前研究的识别编码上来，于是他耐心地向园区负责人解释道："要做到仪表数字的精准，就要管理好这些仪表，要管理到你们收集的这些数据来源于哪块仪表，而不是只记录哪个企业用了多少水电。”二人接着对话如下：

园区负责人：那我们现在需要做什么？

荆书典：现在需要做的就是要给园区所有仪表一个唯一的识别编码。这样不管这个仪表在哪家企业使用，产生的所有数据你都能追溯到，如果企业调了表或换了表，平台系统也会显示，管理者也能及时知道。不止如此，你还可以进一步追溯这块表的质量：是哪家企业生产的；什么时间出厂的；什么时间流通到使用单位的；安装在哪家企业的什么位置；这块仪表是哪家检校机构检校的，误差是多少，这些都可以知道了。

园区负责人：哪里有这样的平台系统？

荆书典：我们正在开发这样的平台和制定编码标准，留个联系方式，咱们可以多沟通。

荆书典在和园区负责人详细沟通后，又带领技术团队前往公司服务的电厂、造纸厂等企业、第三方检校机构、仪表生产企业等详细调研，汇总了它们的具体需求，在开发平台的功能模块和功能点上进行了有机结合，让开发出的平台更加实用、管用、好用。

从客户的需求出发，弄清楚客户真正需要什么，并帮助客户解决问题，这种以问题为导向的方式使计量器具公共服务平台一经研发成功后，就率先在公司客户和合作伙伴园区进行了示范应用并获得了肯定，在完善后向全国推广应用。

“在计量器具公共服务平台备案的计量器具，将形成唯一的识别编码，就像是人的身份证一样。扫一扫这个识别码就能知道这台计量器具的生产日期、检定机构、安装位置、负责人员以及是否正常工作等各种信息。”平台一经上线，荆书典就带着团队到全国各地对接交流，在监管部门，他介绍说，通过该系统，能够对强制检定的计量器具进行无遗漏巡查；在生产企业，他介绍道，唯一识别编码的实现有利于计量仪器仪表在生产、使用、检定、维修、报废等全生命周期的信息共享和溯源，有效地进行管理，对产品的生产做能效分析，更好地发现问题；在园区，他介绍道，唯一识别编码的实行，可以让园区企业对计量仪器仪表的状况有更多的了解，管理和检修也会变得更加方便。当出现问题时，园区管理者可以通过计量仪器仪表的“身份证”，直接查到仪器仪表的来源，找到第一责任人，增加了计量器具的安全性，让生产制造商更注重自己的生产质量。

不到两年的时间，该平台已在国内20多个省市的数千家企业落了地，为能源管理、节能量交易、碳交易和大数据建设做出了重要贡献，同时也为《计量器具识别编码》编制工作的开展提供了可靠的数据支持和宝贵的案例参考。

2018年6月7日，大陆机电组织编制的国家标准《计量器具识别编码》（GB/T 36377—2018）由国家市场监督管理总局、国家标准化管理委员会在《中华人民共和国国家标准公告》（2018年第9号）中正式发布。得到消息的那一刻，荆书典和他的团队正在积极筹备中国计量器具产业创新联盟的成立，忙碌地穿梭在会议室和办公室之间。荆书典虽然知道这一天迟早会到来，但仍按捺不住内心的激动，立即安排编制团队的所有成员一起开会，他要将这个好消息亲自告诉大家，面对面地对大家说一声“你们，辛苦了！”

编制团队微信群突然下发了一条紧急通知，要求团队成员暂时放下手中的活，到会议室召开紧急会议。在这几年中，这样的紧急通知见多了，大家也都见怪不怪，纷纷拿着本子来到会议室坐好。那一天，荆书典记得很清楚，正是全国高考的第一天。推开会议室门的那一刻，荆书典也记得很清楚，他的眼眶有些湿润，说话的声音也有些颤抖。宣布完这一消息，荆书典记得更清楚，会议室异常地安静了有十多秒，随后爆发出热烈的欢呼声和掌声，泪水竟悄悄地打湿了他的眼眶。

荆书典望向团队成员，不只是自己，每个人的脸上都挂着泪水。那泪水不止代表着成功，更代表着这几年团队成员的默默付出、艰辛和委屈。作为一个创新研究的团队，不能给公司带来直接的利润，如果失败，还会给公司造成不小的损失，团队成员承受的压力可想而知。荆书典深切地知道，承受被质疑压力的不仅仅是自己，团队的每一位成员都在默默承受，而且时间还那么长。

荆书典不记得那天自己有没有说散会，只记得走出会议室，团队每个人的脸上都洋溢着自信与自豪的笑容，团队成员在接下来的工作中更加地努力和大胆。

回到办公室的电脑前，荆书典的电脑屏保正显示着一个在烈日下努力奔跑的少年，下面两行排列整齐的文字与他那一刻想说的话格外契合：愿每个人的努力都有一份回报，褪去浮躁，安静努力就好，上天终不会辜负每一个奔跑的孩子。

第七节 大陆通工业互联网仪表平台铸就百年大陆梦

工业互联网战略咨询专家委员会成立于2018年，是根据《国务院关于深化“互联网+先进制造业”发展工业互联网的指导意见》，在工业互联网专项工作组下设立的，推动我国工业互联网发展的战略性、全局性、专业性决策咨询平台。

该委员会作为工业互联网领域高级别“智囊团”，以贯彻落实党中央和国务院关于推动我国工业互联网发展的各项决策部署为宗旨，充分发挥市场在资源配置中的决定性作用，以探寻工业互联网发展规律和尊重我国发展实际为基础，坚持科学、客观、公正的原则，围绕工业互联网发展有关的重大问题，开展相关咨询、论证活动。

2023年6月15日，在工业和信息化部与江苏省人民政府主办的2023年工业互联网大会期间，工业互联网战略咨询专家委员会举行了换届，会上现场公布了第二届工业互联网战略咨询专家委员会名单，中国工程院院士周济担任主任委员，中国工程院院士邬贺铨、工业和信息化部总工程师田玉龙等担任副主任委员，大陆股份董事长荆书典受聘为“工业互联网战略咨询专家委员会”执行委员。

回溯工业互联网萌芽破土的时代，传统产业转型升级的理念伴着全球化浪潮浩浩荡荡，在广阔的想象空间和巨大的市场份额之下，跨国企业间的博弈与合作拉开了帷幕。作为全世界唯一一个拥有完整工业体系的国家，我国高度重视工业互联网的发展，并已探索出一条中国特色工业互联网发展道路。

能成为工业互联网战略咨询专家委员会执行委员，彰显了荆书典在工业互联网领域的专家地位，也彰显了他带领大陆股份在工业互联网发展过程中的成功探索与实践，还彰显着一个大国对这一领域人才的尊重。

“中国的工业互联网发展之路，本身就是一个属于国家和民族的奋起直追、工业重塑的故事。以前，工业互联网需要布道者。现在，工业互联网、数字化转型需要实践者，需要脚踏实地去做的人。我给大陆股份的定位就是探索者、实践者和思考者。”从最初制造智能化显示仪表到设计制造工业控制计算机系统，由计量器具公共服务平台转而升级研究开发工业互联网仪表平台，荆书典带领着大陆股份，一步步走向工业互联网的台前。

2019年1月1日，由大陆股份主导编制的国家标准《计量器具识别编码》（GB/T 36377—2018）正式实施，那个阶段，基于此标准研发的计量器具公共服务平台用户已经超过了5000家，且反响都不错。2019年9月，大陆股份牵头，联合华为公司、中科院沈阳自动化研究所、国家超算济南中心、浙江中控等单位成功中标2019年国家工业互联网创新发展工程项目，建设工业互联网标识解析二级节点（仪表行业应用服务平台，即大陆通工业互联网仪表平台）。这是国家工业互联网基础设施建设和网络体系建设的重要组成部分。

文学经过时间的沉淀后方成经典，历史经过时间的沉淀后才能看得更清晰，而工业互联网平台的价值也会经历一个漫长的过程才更能显现出其意义的重大。问起为何要花费这样多的时间和金钱开发大陆通工业互联网仪表平台，荆书典的回答也显得意味深长：

"'春蚕到死丝方尽，蜡炬成灰泪始干。'父亲那种为大家庭真诚自愿付出的行为，其实就是一种伟大的奉献精神。现在回想起来，无论是父亲的谆谆教导，还是老师与我们在田边共同背诵，无形之中都深深鼓励着我要好好学习，教导我要有一颗为国奉献之心。自承担建设工业互联网标识解析二级节点（大陆通工业互联网仪表平台）以来，已经持续投入了1.6亿元，这对于我们这样一个体量并不算大的民营企业来说，是非常艰难的。有些志同道合的人理解，说我这是一种奉献，既然是深耕于仪器仪表行业的专家，就应该为行业做贡献，不只是力所能及，而是要全力以赴。但大多数的人还是说我傻，说我这是在浪费钱，不相信我能做成功。"

2021年12月10日，工业互联网标识解析二级节点（仪表行业应用服务平台）提前通过项目验收；2022年8月26日，大陆股份获得我国互联网域名服务许可证，这标志着该二级节点正式取得在全国开展域名注册服务的官方认证资质。至此，大陆通工业互联网仪表平台正式成为仪器仪表行业首个上线的、唯一获得我国互联网域名服务许可证的工业互联网标识解析二级节点，将赋能仪器仪表行业的高质量发展。

"百年大陆梦的支撑，就是大陆通工业互联网仪表平台。"荆书典看好中国工业互联网未来的发展。"在全球，标准之争已建立'赢者通吃'的国际法则。随着我国牵头组织制定的工业互联网标准的陆续发布，工业互联网破局'势在必行'。"

2022年11月3日，根据国家市场监督管理总局官网发布的消息，国际电工委员会（IEC）正式发布了由我国牵头组织制定的《面向工业自动化应用的工业互联网系统功能架构》，该标准成为全球首个工业互联网系统功能架构国际标准。

“作为工业互联网领域的核心基础类标准，该标准首次规范了工业互联网系统的端边云架构，有效填补了国际标准的空白。对于规范各国跨行业、跨领域工业互联网平台的架构建设，促进我国工业互联网平台产品的全球应用推广而言，该标准均有重要意义。大陆通工业互联网仪表平台于2022年入选了山东省跨行业、跨领域工业互联网平台，下一步我们的目标就是要在山东，立足在济南，打造为全球服务的新一代仪器仪表的集散地。”在荆书典铿锵有力的话语里，听出了他对中国工业互联网产业发展的信心和底气。

“实现百年大陆梦，我的理念就是始终坚持以客户为中心，为客户提供有价值的服务，这也是企业文化的一部分。如果我们提供的服务没有价值，那也体现不了我们公司的价值，更无法谈及做百年企业。”

大陆通工业互联网仪表平台的价值体现在，其面向全国仪器仪表制造、使用、检定、监管等产业链用户，提供可信的标识注册和标识解析服务，形成了基于标识解析的仪表全生命周期管理应用、自然资源数据管理应用、仪表网络化协同应用等多个应用场景，促进了仪器仪表的质量管理、重要产品追溯、产品全生命周期管理；作为跨行业、跨领域的工业互联网平台，逐步聚焦连接设备、软件、工厂、产品、人等全社会要素，提高生产效率、降低生产成本、提高产品质量和安全性，实现智能制造和促进产业升级等。随着数字化技术的发展，标识解析体系的建设与规模应用不断推进，工业互联网二级节点平台的价值变得越来越大。

“数字经济浪潮已势不可挡，并正在主导和重塑全球经济增长新赛道，传统产业的数字化转型已迫在眉睫，而工业互联网正是其重要支撑。如果将工业互联网比作一个有机体，那么工业互联网平台就是中枢神经，仪表平台就是神经元，在工业系统中具有举足轻重的作用和地位。因此，大陆股份面向仪器仪表全产业链开展了‘锦绣伙伴’招募计划，主要包括产业、行业、区域三种类型的锦绣伙伴，赋能传统产业的数字化转型升级。”在荆书典看来，这是时代赋予大陆股份的责任和使命。

谈及当今的经济形势，荆书典表示，这是经济发展的变革阶段，因为这是一个产业调整的阶段，老的产业受到挑战，新的产业还不是十分明朗，投资者会非常谨慎。科学技术方面的变局有很多，如5G代替4G，IPv6新一代的工业互联网代替IPv4的互联网，计量进入3.0时代等。在荆书典看来，量子计量可以说是个千年变局，工业互联网可以说是个百年变局，5G等技术可以说是几十年的变局。在国家层面，目前需要做的就是让“老产业焕发新生机，新产业释放新动能”。

随着科技的飞速发展，传统产业正面临着前所未有的挑战。在全球经济一体化的大背景下，传统产业的生产效率、成本控制、市场竞争力等方面都受到了极大的挑战。数字技术的发展与应用，正让物联网、大数据、人工智能等新兴产业，凭借其高效、灵活、创新的特点，逐渐改变着产业结构，为经济发展注入新的活力。在此情况下，传统产业亟须进行数字化转型，以适应新的市场环境，实现可持续发展。

目前来看，工业互联网已然成为数字化转型的重要组成部分，在未来的发展中将扮演越来越重要的角色。

对于工业互联网的发展特点，荆书典认为，当前5G、人工智能、区块链等新兴技术正与工业互联网平台深度融合，在工业等领域涌现出了一大批典型的应用场景。同时，特色型工业互联网平台也开始逐步向特定行业、区域深耕发展。特色型工业互联网平台聚焦特定行业和区域，加大垂直深耕力度，提升平台的服务能力，形成差异化发展格局。

大陆股份的大陆通工业互联网仪表平台在持续夯实和推动对现有仪表产品标识赋码、供应链管理与售后服务、可追溯仪表大数据管理等专项应用升级改造的基础上，加大了对数据标识和数据确权等方面的技术研发。对此，荆书典表示：

“目前，公司正积极推动研发数据标识，尤其是仪表测量大数据标识的发展，利用区块链、AI、大数据等技术，并联合信通院、工联院、中科院等团队开展平台数据确权工作，打造跨行业、跨领域的工业互联网平台，建设服务于不同行业的应用场景，构建仪表行业协同发展生态，赋能传统企业转型升级和高质量发展，开创万物智联新时代。”

“作为我国工业体系数字化转型的基础设施，工业互联网平台对于推进两化融合发展迈上新的台阶、促进我国工业经济现代化发展具有重要意义。建设工业互联网标识解析二级节点可以实现区域资源配置优化与高效，促进产业协同创新，促进重点区域的规模化应用和迭代升级，打造一批辐射带动能力强的工业互联网发展高地，培植壮大经济发展新动能，从而带动整个中国互联网产业的发展。”

以大陆通工业互联网仪表平台为新的起点，以百年大陆梦为引领，以赋能传统企业数字化转型为目标，荆书典正带领着大陆股份在攀登更高的山峰。

第八节　“双碳”背景下赋能节能减排

环保是一个永恒的主题，在“双碳”战略背景下，世界经济将从能源的资源转型逐步走向能源的技术依赖，技术的创新必将成为未来经济发展的重中之重。自20世纪70年代以来，节能减排成为中国发展工业经济的一项基本国策，特别是党的十八大以来，我国把绿色低碳和节能减排摆在突出位置，能源利用效率大幅提升，二氧化碳排放强度持续下降。

在环保这条路上，荆书典带领大陆股份已经走了很长的一段距离。公司创立之初，荆书典就注意到，很多“污染物”其实是放错了地方的资源，很多“污染物”去了不该去的地方。“比如石油是好东西，但到了不适合的地方，它就成了污染物。”

大陆股份通过测控技术，先把那些看上去是污染物的物质测准了，分析准了，然后确定合理的工艺和手段，把那些物质提取出来，还原为无污染而且有用的物质，这就变成了社会财富。以治理造纸行业里的污染为例，这种测控技术特别起作用，它使治污过程变成了新产品的生产过程，无形中拉长了产业链。“大陆股份是国内第一个利用这种测控技术，完成了工业化生产的过程，它综合了化学、物理和生物学多门学科，以环保工程为主，将形成新的良好的经济切入点，国内多家媒体曾经报道了大陆股份的这种治污新思路。”

同样，在节能减排这条路上，荆书典以大陆股份自有的园区为“试验田”，以企业自身建设运营的项目为“标杆”。

2012年12月，大陆股份园区南楼，即德风科技企业孵化器竣工验收，该楼采用地源热泵技术，夏季将室内空气当中的热量提取出来，送到百米深的地下土壤中储存完成制冷，冬天再把土壤中储存的热能提取上来加热室内空气完成供暖。2014年4月，大陆股份以“创业苗圃＋孵化器＋种子期投资＋加速器”的发展模式和综合孵化器的发展方向设立全资子公司山东德风科技企业孵化器有限公司，专门负责园区企业的孵化服务。也是在这一年的3月13日，大陆股份在全国中小企业股份转让系统（俗称“新三板”）正式挂牌，股份代码为430663。根据荆书典的说法，“挂牌新三板后，公司的综合融资能力显著增强，有更多的资金投入到管控一体化系统升级，加强能源计量器管理，实现可再生能源在区域内的最大限度的高效利用。”

站在国家级科技企业孵化器——德风孵化器12楼的会议室窗前，可以清晰地看到大陆股份办公楼顶和车棚的光伏太阳能板整齐地排列着，让原本闲置的边角地摇身一变，成了公司节能减排的“新标杆”和一道亮丽风景线。“我的初衷是，依托企业多年来在自动化控制领域的专业优势，利用光伏发电、蓄电等技术对太阳能等可再生能源进行开发利用，通过标准引领、模式创新，实现新能源在区域范围内最大限度的高效利用，实现可持续发展。”

大陆股份园区的光伏发电项目是2015年12月底实现并网发电的，目前运行效果良好。该项目为大陆股份办公楼区域，安装总面积1500平方米，其中车棚安装面积332平方米，实现装机容量130千瓦，电网接入采用380伏低压侧就近并网接入方式并入电网，光伏发电系统直接接于就近配电室的主配电柜内，光伏发电系统采用的是“自发自用，余电上网”的方式，优化控制管理进一步提高了光伏发电及利用效率。该光伏电站每日平均的发电量为520度，年均发电量约为18.98万度，平均每年节约标准煤53.6吨，减少二氧化碳排放139.4吨，减少二氧化硫排放1.5吨。年均收益约13.28万元，20年寿命期总收益额达265.6万元。此项目是国家鼓励发展的节能环保项目，具有显著的经济和社会效益，可实现名副其实的低碳经济可再生能源利用和能源供应的安全可持续发展。

同样，于2015年12月31日建成并网发电的孙村污水处理厂光伏发电项目，25年运营期内总发电量约807万度，占全厂总用电量的12%左右。每年减排二氧化碳369.54吨，运营周期内节约标准煤约3260吨，生态效益十分显著。

面对这些成果，荆书典表示：“互联网让世界变成‘地球村’，十多年前我就在公开场合讲过，碳价值可能成为未来国际货币的锚定物。碳排放其实是看不见、摸不着的。企业排放了多少，又减少了多少，这些都需要对碳排放进行数字化的、精确的计量和认证。从属性来看，碳资产天生注定就是一个数字化的资产。”准确地计量、认证碳数据是建立碳市场、实现双碳目标的基石。

随着我国工业互联网标识解析体系全面建成，工业互联网平台服务能力的不断提升，将会有效解决碳数据可追溯、可核查、安全性的问题。“碳数据可信可靠性的提升将有利于碳市场的发展。大陆通工业互联网仪表平台可以通过标识给每个设备、产品乃至数字资产赋予一个全生命周期的‘身份证’，可以为工业体系中的每一个对象、要素做一个唯一标记；然后再通过解析系统对标识背后蕴含的信息进行解读查询，如这个产品是哪个企业生产的、经过了哪些步骤、应用了哪些原材料和工艺、过程中产生了多少碳排放等，这样就形成可信的、不可篡改的数据。”在可信碳数据的道路上，荆书典带领着团队不断研究和探索。

采访荆书典期间，我们无形中也受到了感染和影响，所谓“近朱者赤”，他对工业互联网标识解析体系和物联网计量的痴迷，他的爱学习、勤思考和苦专研，深深影响着我们，以至于在下笔写作本书时多次回想起他说过的话。“有人说大陆股份是山东自控技术人才的‘黄埔军校’，我听后从不生气。”荆书典很清楚，现在社会上一些竞争对手，就是自己原来的同事或学生。“培养人才，有什么吃亏的啊？实际上是这些人的能力水平都提高了，才能带动这个行业的繁荣。大环境有了，市场扩大了，大家就都没有亏吃。大陆通工业互联网仪表平台以万物互联为起点，驱动数据智能应用，架起物与物的数据信息交互通道，这是一个蕴含着多个万亿元规模的市场。”

2023年6月，备受社会各界关注的《2023工业互联网500强》正式对外发布。凭借自身在仪器仪表工业互联网领域的赋能实践，大陆股份成功入选榜单，位列146位。这是对一家省级跨行业、跨领域工业互联网平台，沉淀30多年先进行业经验，不断探索新模式，推进行业标识解析体系应用，构建仪表行业发展新生态并成就一个行业的认可。

与此同时，在山东省工业和信息化厅公布的《2023年山东省“一企一技术”研发中心名单》中，大陆股份也成功入选，这是继获评省级“流程控制工程技术研究中心”“软件工程技术中心”“企业技术中心”后荣获的又一项重大荣誉。山东省“一企一技术”研发中心是目前省级规格最高、影响力最大的技术创新平台评定等级标准之一，入选该名单标志着企业拥有了在所处行业和领域内着力突破掌握关键核心技术、抢占科技战略制高点的创新平台。

所有这些成绩，让荆书典更加信心满满，他说：“要做一家百年企业，靠团队的专注与专业，致力于构建仪器仪表行业工业互联网标识解析产业新生态。我们的理想就是要积极融入我国工业互联网，让‘取之不尽，用之不竭’的数据资源助力数字经济发展，为数字中国建设贡献一份积极的力量。”

“晴空万里风正好，百舸争流勇者进”，作为一位专注创新的行业专家，一位致力于赋能行业的创新企业家，一位充满家国情怀的时代担当者，我们相信荆书典董事长必将带领大陆股份书写新的经典。未来已来，我们拭目以待。

附录：工业互联网标识管理办法

（工信部信管〔2020〕204号）

第一条：为促进工业互联网标识解析体系健康有序发展，规范工业互联网标识服务，保护用户合法权益，保障标识解析体系安全可靠运行，根据《中华人民共和国网络安全法》《中华人民共和国电信条例》《互联网信息服务管理办法》《互联网域名管理办法》《电信业务经营许可管理办法》《通信网络安全防护管理办法》等法律法规和规章，制定本办法。

第二条：在中华人民共和国境内从事工业互联网标识服务应当遵守本办法。

工业互联网标识是指工业互联网中使用的用于唯一识别和定位物理对象或数字对象及其关联信息的字符。

工业互联网标识服务是指从事工业互联网标识解析根节点的运行和管理、国家顶级节点的运行和管理、递归节点的运行和管理、标识注册和管理、标识公共解析等活动。

提供工业互联网标识服务的机构（以下统称标识服务机构）包括工业互联网标识解析根节点运行机构、国家顶级节点运行机构、标识注册管理机构、标识注册服务机构、递归节点运行机构。

工业互联网标识参照互联网域名有关规定管理。

第三条：工业和信息化部对境内标识服务实施监督管理，主要职责是：

（一）制定工业互联网标识管理政策文件、发展规划和工业互联网标识解析体系架构；

（二）管理根节点运行机构、国家顶级节点运行机构、标识注册管理机构、递归节点运行机构；

（三）管理工业互联网标识服务；

（四）负责工业互联网标识解析体系的网络安全管理；

（五）依法保护用户信息和合法权益；

（六）负责与工业互联网标识有关的国际协调；

（七）管理其他工业互联网标识服务相关活动。

第四条：各省、自治区、直辖市通信管理局对本行政区域内的标识服务实施监督管理，主要职责是：

（一）贯彻落实标识管理政策文件、发展规划和工业互联网标识解析体系架构；

（二）管理标识注册服务机构、递归节点运行机构；

（三）协助工业和信息化部对标识服务机构进行管理；

（四）管理工业互联网标识服务；

（五）负责工业互联网标识解析系统的网络安全管理；

（六）依法保护用户信息和合法权益；

（七）管理其他工业互联网标识服务相关活动。

第五条：鼓励企事业单位依法在境内从事工业互联网标识服务，不断提升服务质量，推动技术创新和应用实践，加强国际交流与合作，支持相关行业组织积极加强行业自律，促进工业互联网标识服务健康有序发展。

第六条：标识服务机构应当根据《互联网域名管理办法》《电信业务经营许可管理办法》的有关规定，取得工业和信息化部或者省、自治区、直辖市通信管理局（以下统称电信管理机构）的相应许可。

根节点运行机构应当取得“互联网域名根服务器设置及其运行机构”许

可。国家顶级节点运行机构、标识注册管理机构应当取得“互联网域名注册管理机构”许可。标识注册服务机构应当取得“互联网域名注册服务机构”许可。递归节点运行机构应当取得“域名解析服务”增值电信业务经营许可。

未取得上述相关许可，任何组织或个人不得从事工业互联网标识服务。

第七条：为保障标识解析体系稳定运行，标识服务机构应当根据国家工业互联网标识解析体系架构制定完整的系统对接方案，确保相关标识服务系统对接。根节点运行机构应当与国家顶级节点运行机构同步境内解析路由数据，标识注册管理机构应当与国家顶级节点运行机构同步境内标识注册数据，标识注册服务机构应当与国家顶级节点运行机构同步标识注册数据和标识解析路由数据。

第八条：标识服务机构使用的编码、网络地址、网络专线等网络资源应当符合相关法律法规和电信管理机构要求。

第九条：根节点运行机构、国家顶级节点运行机构、标识注册管理机构、标识注册服务机构应当在显著位置公布标识服务的内容、时限、费用，保证服务质量。

第十条：标识注册管理机构及标识注册服务机构面向用户提供标识注册服务，应当要求用户提供真实、准确、完整的身份信息。

标识注册管理机构及标识注册服务机构应当对用户提供的身份信息的真实性、完整性进行核验。

用户提供的身份信息不准确、不完整的，标识注册管理机构及标识注册服务机构应当要求其予以补正。用户不补正或者提供不真实的身份信息的，标识注册管理机构及标识汪册服务机构不得为其提供标识注册服务。

第十一条：标识服务机构应当依照法律法规和规章的规定收集、存储和使用用户信息。标识服务机构在提供标识解析服务时，不得擅自篡改解析信息。

第十二条：标识服务机构应当依照相关法律法规和电信管理机构要求设立投诉受理机制，并在其网站首页和经营场所显著位置公布投诉受理方式，及时妥善处理用户投诉。

第十三条：标识服务机构应当遵守相关法律法规和国家标准，落实网络与信息安全保障措施，具备相应的技术、服务和网络安全保障能力，具备与业务规模相适应的网络与信息安全专业人员，并明确专门的责任部门与责任人。

标识服务机构应当建立网络安全防护技术手段，依法记录并留存标识注册日志、标识解析日志、维护日志和变更记录，各日志留存时长不少于六个月，保障标识服务的质量和标识服务系统安全。

第十四条：标识服务机构应当遵守相关法律法规和电信管理机构要求，建立健全的网络与信息安全监测技术手段和应急制度，定期备份标识注册、标识解析、业务运行等数据，配置必要的网络通信应急设备。

标识解析系统出现重大网络与信息安全事件时，标识服务机构应当按照相关规定及预案及时进行处置，并立即向电信管理机构和相关部门报告。

第十五条：电信管理机构依法对标识服务及其安全开展监督检查工作，标识服务机构应予以配合。

第十六条：标识服务机构应当建立相应的业务管理系统和安全保障系统，建立健全的监测、处置、应急、备份等操作规程，具备与其服务规模相适应的业务管理和安全保障能力，并按照电信管理机构要求上报相关数据。

第十七条：标识服务机构开展标识服务违反相关法律法规和规章规定的，由电信管理机构依照相关法律法规和规章规定给予相应的行政处罚。

第十八条：本办法下列用语的含义是：

（一）根节点运行机构：是指依法取得许可，在标识体系中承担根节点功能，在境内运行和管理根服务器，提供标识解析、数据管理等服务的机构。

（二）国家顶级节点运行机构：是指依法取得许可，承担国家顶级节点服务器运行和管理，提供标识解析、数据管理等服务的机构。

（三）标识注册管理机构：是指依法取得许可，承担面向标识注册服务机构的标识注册和管理，并负责管理注册服务器运行的机构。

（四）标识注册服务机构：是指依法取得许可，承担注册服务器运行和管理，提供面向企业用户或者个人用户标识注册、解析和数据管理服务的机构。

（五）递归节点运行机构：是指依法取得许可，提供工业互联网标识递归解析服务的机构。

第十九条：工业互联网标识的管理应符合国家物品编码及标识相关管理要求。

第二十条：本办法自2021年06月01日起施行。

参考文献

[1] 邬贺铨：《加快IPv6规模部署 支撑网络强国建设》，《中国网信》2022年第3期。

[2] 朱铎先、王柏村：《以人为本，构建智能制造新体系》，《中国经济周刊》2020年第23期。

[3] 傅荣校：《工业互联网发展的多维度观察——基于概念簇、战略、政策工具视角》，《学术前沿》2020年第7期。

[4] 肖宇亮：《仪器仪表行业"5G+工业互联网"发展研究》，《仪器仪表标准化与计量》2020年第6期。

[5] 任语铮、谢人超、曾诗钦等：《工业互联网标识解析体系综述》，《通信学报》2019年第11期。

[6] 王莹：《谈计量管理工作中存在的问题及对策》，《科技导刊·电子版》2019年第22期。

[7] 《[IPv6]让万物互联成为可能》，《网络传播》2018年第5期。

[8] 罗建、姜玲：《计量发展史》，《科学咨询（科技·管理）》2018年第2期。

[9] 陈世平：《计量的变革之路》，《张江科技评论》2020年第5期。

[10] 黄阳华、卓丽洪：《美国"再工业化"战略与第三次工业革命》，《中国党政干部论坛》2013年第10期。

[11] 王书升、姜鲲：《“计量日”里话计量》，《中国计量》2020年第6期。

[12]《工业互联网创新发展20问》，《中国计量》2019年第8期。

[13]《美交出互联网域名管理权　互联网全球共治迈重要一步》，《光明日报》2016年10月3日。

后 记

当夏末的暖风伴着温润的细雨洒满整座济南城，大明湖里的荷花飘着幽幽的清香沁着游人的心脾；当趵突泉喷涌的泉水打破易安旧居的宁静，顺着护城河缓缓流入大明湖，泉城广场绚丽的灯光和静静流淌了几千年的泉水相映衬，美丽的泉城济南正焕发出全新的活力。作为全国重要的工业基地，济南市工业门类齐全，产业基础雄厚扎实，可谓“家底”殷实。随着新一轮科技革命和产业变革的不断演进，数字经济和实体经济深入融合发展，工业互联网已成为把握时代机遇、推动实体经济高质量发展的关键支撑。

近年来，济南市借助工业互联网发展的东风，以全面建成国内领先的工业互联网创新发展示范高地为目标，加快推进工业互联网发展部署，抢抓国家和山东省战略布局，不断提升城市发展的能级。在这方面，济南大陆股份就是发展的一个典型。作为本书的作者，《联合日报》社总监郭晨曦先生、经济部张玉玺先生很早就关注着大陆股份，从十年前就开始宣传推介济南大陆股份绿色低碳发展的典型经验，五年前在主流媒体第一次全面公开报道了荆书典研究员关于计量器具平台的建设工作，并发表了《荆书典：中国物联网计量的开创者》一文。值此大陆股份成立三十周年之际，在复盘了企业创始人荆书典先生四十余年专注一件事（工业仪器仪表事业）、三十年磨一剑（承担工业和信息化部工业互联网创新发展工程项目，建成大陆通工业互联网仪表平台）后，与山东省青年作家协会秘书长李庆辉联合，在统筹策划和全面总结的基础上完成了本书，以期通过本书的出版，为中国数字经济的发展添砖加瓦。

作为一本主要记述工业互联网、标识解析体系、计量和数字经济等方面较为专业的图书，本书创作者在与大陆股份董事长荆书典先生深入探讨交流的基础上，深入了解了大陆股份三十年来服务数万家企业的经验与实践，尤其是大陆通工业互联网仪表平台推进企业数字化转型的路径与典型应用场景。本书以大陆通工业互联网仪表平台的发展历程为蓝本，经过半年多的调研、采访、研讨和创作，加上与行业专家的深入座谈交流，仔细打磨，数易其稿，最终完成了创作。

本书的顺利出版，首先要感谢大陆股份董事长荆书典先生。作为中国工业互联网战略咨询专家委员会执行委员、全国WTO／TBT协调委员会物联网计量专业组组长，他既有站在行业高度，对工业互联网和物联网计量高屋建瓴般的洞察；又有专注仪器仪表行业四十年，带领大陆股份作为主承担单位组织并制定《计量器具识别编码》（GB/T 36377—2018）国家标准和牵头建成中国首个工业互联网仪表行业标识解析二级节点“接地气”的实践经验。正是有了这些前沿的理论知识和一线的实践经验，才有了支撑起本书的“筋骨”和“血肉”。其次要感谢大陆股份的曾京蕊、李少敏、邢传远、李小康、马海峰等人为我们的创作提供了翔实的材料和相关的数据，并为我们的书稿提出了宝贵的修改意见，才得以让书中呈现的内容更加真实易懂。此外，本书的出版得到了山东大学出版社的大力支持。在此，我们对所有参与本书出版工作的同志表示衷心的感谢！

工业互联网的大幕已徐徐拉开，一个全新的数字经济时代正加速到来，我们正在经历百年未有之大变局中的重要一“变”。在这个时代，数字技术将更加广泛地应用于各个领域，人们的生活方式、工作方式、社交方式等都将发生深刻的改变。

本书虽然在编写过程中做了大量调研和采访，借鉴查阅了相关资料，但因为作者的能力和水平有限，认识和把握肯定有不全面、不准确之处，还请广大读者不吝批评指正。

作 者

2023年10月